Ross Steele

CIVILISATION PROGRESSIVE DU FRANÇAIS

Avec 600 activités

www.cle-inter.com

Crédits photographiques

p. 10 : Hoa Qui/Zefa/Eugen – p. 12 : Les Editions Albert René, Goscinny – Uderzo – p. 18 : Scope/J. Guillard – p. 20 : Production Perig/Shutterstock.com – p. 22 : Igor Plotnikov/Shutterstock.com – p. 24 : Baillou/Fotolia ; Guillaume Le Bloas/Fotolia – p. 26 : Dutourdumonde Photography/Shutterstock.com – p. 28 : Sorbis/Shutterstock.com – p. 30 : Surkov Dimitri/Shutterstock.com – p. 32 : Jorg Hackemann/Shutterstock.com – p. 34 : JFBRUNEAU/Fotolia – p. 36 : Gaspar Janos/Shutterstock.com – p. 38 : img85h/Shutterstock.com – p. 40 : Atelier d'Architecture Anthony Béchu/aaab – p. 42 : Philip Bird LRPS CPAGB/Shutterstock.com – p. 44 : Collection Christophel © Films A2 / MK2 Productions / Georges Pierre – p. 46 : PUNTO STUDIO FOTO AG/Fotolia – p. 47 : Aimohy /Adobe stock – p. 48 : ggw1962/Shutterstock.com ; Stefano Ember/Shutterstock.com ; Styve Reineck/Shutterstock.com ; Capture Light/Shutterstock.com – p. 49 : Nikelser/shutterstock.com – p. 50 : Archives Larbor/BNF – p. 52 : Guillaume Louyot Onickz Artworks/shutterstock.com – p. 56 : MC93 © Brossy & associés – p. 58 : LOCAL.9221. JPG : tableau Louis XIV, Hyacinthe RIGAU © BIS / Ph. H. Josse © Archives Sejer – p. 60 : LOCAL.9391. JPG : tableau Jeanne d'Arc au sacre de Charles VII, INGRES © BIS / Ph. H. Josse © Archives Sejer ; Roger-Viollet – p. 62 : Archives Nathan – p. 64 : Archives Larbor – p. 66 : Magnum/H. Cartier-Bresson – p. 70 : Archives Nathan – p. 72 affiche jacques Séguéla – p. 76 : Rostislav Sedlacek/Fotolia – p. 80 : Irina Palei/Shutterstock.com – p. 82 : iMAGINE/Fotolia – p. 84 : Tutti Frutti/Shutterstock.com – p. 86 : Botond Horvath/shutterstock.com – p. 88 : eyetronic/Fotolia – p. 90 : tony4urban/Shutterstock.com – p. 92 : Aurélia Blanc, Eric Vernazobres / TV5MONDE – p. 94 : David Wolff - Patrick/Gettyimages – p. 96 : Carole Castelli/Shutterstock.com – p. 98 : photo © RMN-Grand Palais (domaine de Compiègne) / Daniel Arnaudet – p. 100 : Roman Yanushevsky/Shutterstock.com – p. 101 : iconeer/Gettyimages – p. 102 : Costi Iosif/Shutterstock.com – p. 104 : Jakob Fischer/Shutterstock.com ; MORANDI Tuul et Bruno / hemis.fr – p. 106 : EQRoy/Shutterstock.com – p. 108 : · ┬® Paradis Films / Jean Marie Leroy /COLLECTION CHRISTOPHEL – p. 110 : Marc Bruxelle/Shutterstock.com – p. 112 : BarryTuck/Shutterstock.com ; Sergey Dzyuba/Shutterstock.com – p. 114 : mobil11/Shutterstock.com – p. 116 : HUANG Zheng/Shutterstock.com ; PHB.cz (Richard Semik)/Shutterstock.com – p. 118 : Gamma/R. Gaillarde – p. 120 : nui7711/Shutterstock.com – p. 122 : © Jacques Loic/Photononstop – p. 126 : MNStudio/Shutterstock.com – p. 128 Joseph Sohm/Shutterstock.com – p. 130 : Robert Kneschke/Fotolia ; Vector Art Design/Fotolia – p. 134 : Paolo Gallo/Fotolia – p. 136 : Olga Besnard/Shutterstock.com – p. 138 : goodluz/Shutterstock –p. 140 : Olga Besnard / Shutterstock.com – p. 142 : Rawpixel.com/Shutterstock.com – p. 144 : Ga Fullner/Shutterstock.com – p. 146 : Collection Christophel © 2010 Les productions du tresor / Europacorp / Caneo films / M6 films – p. 148 : ©John Foley/Opale/Leemage – p. 150 : Pathe films / Collection Christophel ; ©Patrice Normand/Opale/Leemage – p. 152 : Christian Mueller/Shutterstock.com – p. 154 : Iakov Filimonov/Shutterstock.com – p. 156 : Françoise M/Fotolia – p. 158 : Explorer/D. Bringard – p. 160 : 2M media/Shutterstock.com – p. 162 : Dave Head/Shutterstock.com – p. 164 : © Stéphanie Lacombe / Picturetank ; Phovoir/Shutterstock.com – p. 166 : HUGHES Hervé / hemis.fr – p. 168 : Delpixel/Shutterstock.com – p. 170 : Anibal Trejo/Shutterstock.com – p. 172 : Martinan/Fotolia – p. 174 : ilia_kr/Fotolia ; sjmphotography/Fotolia – p. 176 : Hoa Qui/M. Troncy – p. 178 : Elena Dijour/Shutterstock.com ; antoniodiaz/Shutterstock.com – p. 180 : Smit/Shutterstock.com – p. 182 : Catherine Leblanc / Photononstop

Direction éditoriale : Béatrice Rego
Édition : Brigitte Faucard
Couverture : Miz'enpage
Mise en page : Arts Graphiques Drouais (27320 Nonancourt)
Illustrations : Santiago Lorenzo
Enregistrements : Vincent Bund

© CLE International / SEJER, Paris, 2017
ISBN : 978-209-038125-2

Avant-propos

La nouvelle édition de la *Civilisation progressive du français* propose un ouvrage entièrement refondu :

■ **un sommaire enrichi et repensé** qui fait désormais une large part aux régions françaises et à la francophonie et qui intègre les grands changements qui, depuis 15 ans, ont modifié en profondeur le rapport des Français à la politique, à l'économie, au travail ou au savoir mais aussi les pratiques de la vie quotidienne ainsi que les pratiques sociales et culturelles.

■ **une large place faite aux témoignages audio : trente-deux reportages audio** accompagnent et illustrent les descriptions et analyses des différents aspects de la civilisation française.

■ **un accompagnement pédagogique entièrement repensé :** des activités de compréhension, d'analyse et d'interprétation, des propositions de débat ainsi qu'une exploitation des documents oraux accompagnent la présentation des faits de civilisation.

La nouvelle édition de la *Civilisation progressive du français* s'adresse à des étudiants et à des adultes de niveau intermédiaire ayant déjà acquis une compétence fondamentale en français.

La nouvelle édition de la *Civilisation progressive du français* propose une vue d'ensemble à la fois simple et complète de la civilisation française.

Repères géographiques, historiques, francophones, politiques, économiques, sociaux, culturels et quotidiens structurent l'ensemble de l'ouvrage. À l'intérieur de chaque partie, de courts chapitres donnent les informations et les éléments d'analyse essentiels pour comprendre la France d'aujourd'hui.

La nouvelle édition de la *Civilisation progressive du français* permet un travail à la carte.

Chaque partie et chaque chapitre sont autonomes. Ce qui permet à l'enseignant de choisir l'ordre dans lequel il souhaite présenter ces faits de civilisation.

La nouvelle édition de la *Civilisation progressive du français* présente les tendances les plus actuelles de la société française.

En choisissant une approche qui relie le passé et le présent, les traditions et la modernité, l'évolution des comportements et les valeurs fondatrices, l'ouvrage entend équiper les étudiants de manière à les rendre capables d'interpréter et d'apprécier les nouvelles réalités françaises et francophones.

La nouvelle édition de la *Civilisation progressive du français*, par sa présentation simple en double page, offre la possibilité à chaque étudiant de découvrir les réalités de la France d'aujourd'hui, d'approfondir et de vérifier ses connaissances.

■ **Sur la page de gauche**, les informations les plus utiles, des photos et illustrations contextualisées et des encadrés qui mettent en relief des spécificités françaises.

■ **Sur la page de droite**, des activités qui permettent à l'étudiant de vérifier la compréhension des informations données sur la page de gauche, des activités d'analyse et d'interprétation, des activités interculturelles et des pistes pour des débats en classe.

Une présentation et des activités de compréhension pour les documents audio.

■ **À la fin du livre**, on trouve un lexique qui précise le sens des mots et expressions difficiles et les transcriptions des documents audio.

La nouvelle édition de la *Civilisation progressive du français* est accompagnée d'un livret séparé qui contient les corrigés des activités.

SOMMAIRE

REPÈRES/POLITIQUE

REPÈRES/FRANCOPHONIE

REPÈRES/ÉCONOMIE

REPÈRES/SOCIÉTÉ

L'ESPACE FRANÇAIS

L'HEXAGONE

La France ressemble à un hexagone. Dans le langage des médias, le mot « hexagone » se substitue souvent au mot *France* et l'adjectif « hexagonal » caractérise nombre de phénomènes qui concernent la France (coutumes, humeur, fièvre, peurs. etc.).

On distingue six côtés : trois côtés maritimes (mer du Nord-Manche, océan Atlantique, mer Méditerranée) et trois côtés terrestres (Belgique-Luxembourg, Allemagne-Suisse-Italie, Espagne). Elle est soumise à trois influences : atlantique, méditerranéenne, continentale. C'est un carrefour.

Quand on regarde une carte, on observe que la France est divisée en deux : en suivant une ligne nord-est, sud-ouest, on trouve à l'est de cette ligne, les montagnes (Vosges, Jura, Alpes, Massif central, Pyrénées) et à l'ouest, les plaines (plaines du Nord, Bassin Parisien, Bassin Aquitain).

Cette division cache cependant une grande diversité :

• **diversité des montagnes** : vieilles et peu élevées (Massif armoricain, Massif central, Ardennes, Vosges) ou jeunes et vigoureuses (Jura, Alpes, Pyrénées). Le sommet le plus haut est le mont Blanc (4 809 m) dans les Alpes.

■ La France en chiffres

Superficie : 550 000 km²
Distance maximale : nord-sud : 973 km ;
est-ouest : 945 km ;
Altitude moyenne : 342 m
Longueur des frontières : 5 670 kilomètres dont 2 970 terrestres et 2 700 maritimes.

• **diversité des plaines** : deux grands bassins (aquitain et parisien), deux plaines fluviales (plaine d'Alsace et Couloir Rhodanien [Saône-Rhône] et trois plaines littorales (Flandres, Landes et Languedoc).

• **diversité des fleuves** : les cinq fleuves (Seine, Loire, Garonne, Rhin, Rhône) sont de dimension moyenne (entre 525 km pour la Garonne et 1 010 km pour la Loire) ; trois ont leur source hors de France : le Rhin et le Rhône en Suisse, la Garonne en Espagne ; trois seulement sont navigables (la Seine, le Rhin et le Rhône) ; tous traversent de grandes villes : la Seine, Paris ; la Loire, Nantes ; la Garonne, Toulouse et Bordeaux ; le Rhin, Strasbourg ; le Rhône, Lyon.

COMPRENDRE

1 L'emploi imagé des mots : associez ces mots à un adjectif.

• influence : _____

• diversité : _____

2 Dans quel contexte quotidien emploie-t-on les mots suivants ?

• couloir : _____

• carrefour : _____

ANALYSER

3 Situez, sur la carte ci-contre, les limites maritimes et terrestres de la France. Aidez-vous des numéros indiqués.

(—) l'océan Atlantique ; (—) la mer Méditerranée ; (—) la Manche ; (—) l'Allemagne/la Suisse/l'Italie ; (—) l'Espagne ; (—) la Belgique / le Luxembourg.

4 Indiquez à quelles montagnes et à quelles plaines correspondent les numéros de la carte ci-contre.

• **les montagnes :** (—) les Pyrénées ; (—) les Alpes ; (—) les Ardennes ; (—) les Vosges ; (—) le Jura ; (—) le Massif central ; (—) le Massif armoricain.

• **Les plaines :** (—) le Bassin parisien ; (—) le Bassin Aquitain.

5 Quelles montagnes séparent :

• la France et l'Espagne : _____

• la France et l'Italie : _____

6 Donnez le nom des villes correspondant aux numéros indiqués sur la carte.

1 : _____ 4 : _____

2 : _____ 5 : _____

3 : _____ 6 : _____

DÉBATTRE

7 Recherchez, pour votre pays, les données correspondant à celles de l'encadré : « La France en chiffres ». Comparez et caractérisez chacun des pays.

LES PAYSAGES

Le mont Blanc, sommet le plus élevé des Alpes.

Les paysages de France métropolitaine ont souvent été célébrés par les écrivains (Giono et la Provence ; Maupassant et la Normandie ; Mauriac et le Bordelais), les peintres (les Impressionnistes et l'Île-de-France) ou les photographes (*La France de Raymond Depardon*).

• La **lande bretonne et atlantique** offre un paysage de pins, de chênes, de hêtres et de bouleaux ; les genêts, les bruyères, les fougères donnent au paysage une couleur spécifique.

• Les grands espaces du **Bassin parisien**, de la **Beauce** et de la **Brie**, de la **Flandre** et de la **Champagne** sont couverts de cultures céréalières, de pâturages ou de vignes. Des forêts de hêtres, de chênes ou de frênes découpent le paysage.

• La **vallée du Rhône** subit les influences méditerranéennes : on y rencontre l'olivier au sud, le châtaignier un peu plus au nord. Pas de grandes forêts mais beaucoup d'arbustes et de buissons et, sur les pentes les plus favorables, la vigne. Les arbres fruitiers, les cultures maraîchères donnent l'image d'une nature généreuse.

• Le chêne vert avec le pin d'Alep et le cèdre de l'Atlas donnent sa couleur au **paysage méditerranéen** ; le romarin, la lavande, le mimosa, le laurier, l'eucalyptus, le thym lui donnent son odeur. Le maquis et la garrigue recouvrent les petits massifs et les champs d'oliviers contribuent à la beauté des paysages.

• La **montagne** offre également des paysages variés : forêts de chênes, de sapins comme dans les Vosges ou les Ardennes ; forêts de chênes, de châtaigniers, de pins en Corse et dans les massifs méditerranéens ; maquis en Corse ; pâturages des Alpes.

• Les hommes ont aussi contribué à dessiner ces paysages : les **36 000 villages** ont donné son image au paysage français. Des villages rassemblés autour d'un clocher, d'une mairie, d'une école et d'un monument aux morts. Gros villages du Nord et de la Champagne ; villages étendus à l'Ouest et au Centre ; villages méditerranéens perchés sur des collines.

■ Au Pays des parcs naturels

En France métropolitaine, les parcs naturels occupent une superficie de près de 100 000 km^2. Les **parcs nationaux** (10 dont 3 en Outre-Mer : Guadeloupe, Guyane, Réunion) sont des espaces naturels remarquables (Vanoise, Écrins, Cévennes...) par leur faune, leur flore, leurs paysages dont il faut protéger la biodiversité. Les **parcs régionaux** (49 dont 2 en Outre-mer : Martinique, Guyane) sont destinés à conserver et mettre en valeur le patrimoine naturel et culturel d'un territoire rural. Les **parcs naturels marins** (6 dont 2 en Outre-Mer : Mayotte et Terres australes et antarctiques françaises) contribuent à la connaissance et à la préservation du patrimoine naturel d'un espace marin.

ACTIVITÉS

COMPRENDRE

1 Associez ces adjectifs aux différents paysages évoqués dans le texte.

• une nature généreuse : —————————— • une odeur : ——————————

• une couleur spécifique : —————————— • une couleur : ——————————

ANALYSER

2 Dans quelles régions trouve-t-on...

• des arbres tels que le chêne, le pin, le châtaignier, l'olivier ? ——————————

• les cultures céréalières (blé, maïs) ? ——————————

• des cultures maraîchères (légumes) ? ——————————

• des vignes ? ——————————

• des pâturages ? ——————————

3 Quelles sont les caractéristiques des...

• paysages du Nord ? ——————————

• paysages du Centre et de l'Ouest ? ——————————

• paysages méditerranéens ? ——————————

4 Choisissez une des régions indiquées dans le texte et décrivez le paysage (végétation, couleur, odeur, etc.).

——————————————————————————————

DÉBATTRE

5 POUR ou CONTRE. Faut-il sacrifier les paysages et la biodiversité au progrès ? Faites deux groupes : l'un pour, l'autre contre et mettez en commun vos arguments POUR ou CONTRE.

ÉCOUTER

6 Écoutez puis répondez aux questions.
Les insulaires du Ponant

Elles sont quinze îles, habitées en permanence, à répondre à l'appellation des îles du Ponant, c'est-à-dire qui regardent vers l'ouest.

• Relevez le nom des îles citées dans le reportage.

——————————————————————————————

• Quelles sont les activités et les problèmes des îles du Ponant ?

——————————————————————————————

2 LA POPULATION

◼ LE PEUPLEMENT

Plusieurs groupes ethniques composent le peuple français.

• Au VIIIe et au VIIe siècle avant Jésus-Christ, **les Grecs** sont arrivés par le sud, et les Gaulois, une des nombreuses tribus celtes, par l'est. Les Grecs ont notamment fondé Marseille, il y a 2 600 ans, mais aussi Nice et Antibes.

• **Les Gaulois** occupent l'Aquitaine, la Celtique (Bourges, Sens, Langres, Paris, Gergovie en Auvergne, Besançon) et la Belgique (de la Seine au Rhin, y compris la Champagne et la Lorraine). Ils vivent de la culture et de l'élevage, se nourrissent de charcuterie, de laitage, de pain et boivent de la bière. Ils ont inventé les premières moissonneuses, le tonneau en bois et le savon et fabriquaient d'excellentes épées.

• La conquête des Gaules par **Jules César** (58-52 av. J.-C.) met fin à l'indépendance de la Gaule. Elle est vaincue par la désunion des peuples et la mauvaise entente des partis et des chefs. Cette défaite et cette conquête vont donner naissance à une civilisation originale, **la civilisation gallo-romaine** qui va fixer l'aspect latin de la France et de sa culture.

• Deux invasions importantes vont modifier le peuplement de la France au Ve et VIe siècle. **Les Celtes** venus des Îles Britanniques vont occuper la Bretagne et **les Francs**, peuple germanique, la région parisienne. Ils parviennent à conquérir la Gaule, repoussent les Arabes à la bataille de Poitiers en 732 et font couronner Charlemagne en 800.

• Au IXe siècle, **les Vikings** venus du nord envahissent les villes portuaires (Rouen, Nantes, Paris) avant de s'installer en Normandie.

• Ce peuplement composite explique le caractère complexe et contradictoire, les tensions internes, le culte des différences des Français, leur attachement à leur ville et à leur région.

◼ Nos ancêtres les Gaulois...

Astérix le Gaulois.

Le mythe gaulois est aujourd'hui personnifié par les aventures d'*Astérix*, « petit guerrier à l'esprit malin et à l'intelligence vive », écrites par Goscinny et Uderzo. Ces aventures ne font que prendre la suite d'une mythologie qui s'est construite au XIXe siècle. L'école, soucieuse de construire et transmettre le roman national, a fait croire aux Français qu'ils descendaient des Gaulois. Ainsi *Le Petit Lavisse*, manuel d'histoire de la IIIe République, commence par « Autrefois, notre pays s'appelait la Gaule et ses habitants, les Gaulois ». Lavisse les décrit comme des barbares indisciplinés mais « braves, intelligents et gais ». Nous savons aujourd'hui que les Gaulois ne sont que des ancêtres parmi d'autres.

◼ Combien ?

La France compte aujourd'hui 66,3 millions d'habitants. C'est le deuxième pays le plus peuplé d'Europe. La population augmente de 0,4 % chaque année avec 800 000 naissances supplémentaires et un taux de fécondité de 2 %. L'espérance de vie est de 79,2 ans en moyenne pour les hommes et de 85,4 ans pour les femmes. 240 000 mariages dont 10 000 mariages gay sont célébrés chaque année et 150 000 PACS (Pacte civil de solidarité) sont signés. Avec deux enfants par femme, la France reste le pays le plus fécond d'Europe.

COMPRENDRE

1 Associez ces verbes aux événements évoqués dans le texte.

• fonder : ————————————————

• conquérir : ————————————————

• envahir : ————————————————

• repousser : ————————————————

• donner naissance : ————————————

• couronner : ————————————————

ANALYSER

2 Faites la liste, dans l'ordre chronologique, des invasions successives.

————————————————————————

————————————————————————

3 L'écrivain Chateaubriand (1768-1848) a écrit : « Fils aînés de l'Antiquité, les Français, romains par le génie, sont grecs par le caractère. » Quels événements historiques justifient cette remarque ?

————————————————————————

————————————————————————

Invasions et composition de la population

4 Comment les origines diverses de la population française ont-elles influencé le caractère des Français ?

————————————————————————————————————

DÉBATTRE

5 Faites, en petits groupes, le portrait du plus célèbre des héros de bandes dessinées français : *Astérix*. Discutez du caractère à la fois réel et imaginaire du personnage.

6 Comparez le peuplement de la France et celui de votre pays.

ÉCOUTER

7 Écoutez puis répondez aux questions.
Les néo-ruraux : des urbains installés à la campagne

• Qui sont les néo-ruraux ? ————————————————————————

• Que recherchent les néo-ruraux qui s'installent à la campagne ?————————————————

• Quelles sont les conséquences, pour le village d'Orléat, de l'arrivée de cette nouvelle population ?

————————————————————————————————————

■ L'IMMIGRATION

La France compte 5,6 millions d'immigrés.

• **Depuis plus de 150 ans, la France est une terre d'immigration**. Au XIXᵉ siècle, alors que de nombreux pays européens envoient des millions d'émigrants vers l'Amérique, la France accueille déjà des travailleurs venus de toute l'Europe. **En 1891, la France compte** plus d'un million d'étrangers venus de Belgique, d'Italie, d'Allemagne, d'Espagne et de Suisse. Ils sont rejoints dans les **années 1920-1930** par les Polonais, les Arméniens et les Russes. Suit l'émigration politique et économique des Italiens et des Espagnols avant la Seconde Guerre mondiale, puis l'émigration économique de la reconstruction et du décollage économique des **années 1950-1960** qui voit arriver les Portugais, les Algériens, les Marocains et les Tunisiens.

• **À partir de** la première crise pétrolière de **1974, l'immigration de travail est rigoureusement encadrée** : suspension de l'immigration des salariés, instauration d'une politique de retour volontaire, expulsion de ceux qui deviendront les **sans-papiers**. On assiste alors à une stabilisation des flux migratoires. Cette stabilisation est liée, à partir de 1976, à la politique de regroupement familial mise en place pour des raisons économiques.

• Si la part de la population immigrée varie peu depuis les années 1980 (**7,4 % en 1980, 8 % aujourd'hui**), l'origine des flux migratoires des années 1980 se modifie : Afrique noire, Turquie, Asie du Sud-Est sont devenus les principaux bassins d'immigration.

• Cette longue histoire de l'immigration a cependant donné naissance à l'émergence de **deuxièmes voire troisièmes générations** d'immigrés qui sont en pourcentage (7,7 %) aussi nombreux que la première génération. Selon l'*Institut national de la statistique*, il apparaît que la France compte environ **11,8 millions d'immigrés et de descendants d'immigrés**.

• **Aujourd'hui, un Français sur quatre et demain, un Français sur trois a/aura au moins un grand-parent immigré**.

■ Les mots-clés de l'immigration

• **Assimilation/Intégration**

L'assimilation est l'adoption progressive par les individus d'un groupe minoritaire des traits culturels du groupe majoritaire qui les « accueille ». Elle est conforme à l'idée du creuset républicain dans lequel se fondent les identités particulières pour accéder à une identité partagée.

L'intégration exprime davantage une dynamique d'échange, dans laquelle chacun accepte de se constituer partie d'un tout où l'adhésion aux règles de fonctionnement et aux valeurs de la société d'accueil, et le respect de ce qui fait l'unité et l'intégrité de la communauté n'interdisent pas le maintien des différences. C'est la position retenue aujourd'hui par nombre d'hommes politiques qui jugent l'assimilation irréaliste dans une société mobile et connectée.

• **Naturalisation**

Depuis 1999, entre 120 000 et 150 000 immigrés étrangers obtiennent la naturalisation. Les jeunes nés en France et bénéficiant du droit du sol, à condition d'y avoir résidé au moins cinq ans, représentent 40 % du total.

• **Mariages mixtes**

Considérés comme un signe d'intégration, les mariages mixtes (83 000) sont aujourd'hui de deux types : ceux qui se déroulent sur le territoire national (32 000) et ceux qui sont contractés à l'étranger (51 000), 60 % sont enregistrés au Maghreb, dans les Pays d'Afrique francophone ou en Turquie.

COMPRENDRE

1 **Expliquez les mots et expressions suivants.**

• immigré : _____

• émigré : _____

• sans-papier : _____

• flux migratoire : _____

• taux de fécondité : _____

ANALYSER

2 **Associez ces populations aux différentes vagues d'immigration.**

• Tunisiens, Algériens, Marocains : _____

• Polonais, Arméniens, Russes : _____

• Portugais : _____

• Italiens, Espagnols : _____

• Africains, Turcs, Asiatiques : _____

3 **En quoi consiste la politique d'encadrement de l'immigration de travail ?**

_____

4 **Quels sont les signes d'intégration et de repli communautaire ?**

_____

DÉBATTRE

5 **Lisez les définitions de l'intégration et de l'assimilation. Faites deux groupes : chacun défend une position. Rassemblez vos arguments puis débattez.**

ÉCOUTER

6 **Écoutez puis répondez aux questions.**
Le droit de vote des étrangers aux élections locales

C'est un débat qui n'a pas fini de faire réagir. Enjeux du débat et lignes de fracture.

• Combien d'étrangers sont concernés par cette initiative ? _____

• Quelles sont les conditions d'application de la loi ? _____

• Classez les arguments POUR et CONTRE ? _____

L'IDENTITÉ

Qu'est-ce qui fait qu'on est français ? Comment tant d'origines géographiques diverses, de peuplements, de coutumes, de cultures différentes ont-elles pu se transformer en une unité ?

• On naît ou on devient Français tout à la fois par la langue, par l'école, par le partage des **valeurs de la République** et de l'humanisme **des droits de l'homme**, par le sang versé.

• Ce qui fait l'identité française, c'est donc **la volonté de vivre ensemble** d'hommes, de femmes venus de peuples, de langues, de traditions différentes, d'abandonner leurs particularités et de se fondre (d'où l'image du « creuset ») dans une identité plus vaste librement acceptée. D'où le rejet, au nom de l'égalité de chaque citoyen, de toute forme de communautarisme et l'injonction faite – aujourd'hui très discutée – à tout immigré de s'intégrer.

• Les Français se rassemblent aussi autour d'un certain nombre de **symboles** : la devise de la République « Liberté, Égalité, Fraternité », l'hymne, *La Marseillaise*, le drapeau bleu, blanc, rouge ; tous ces symboles viennent de la Révolution française.

• L'identité française a aussi ses **lieux symboliques** : Versailles, Notre-Dame,

Devise de la République française.

l'Arc de Triomphe, le Panthéon, le mur des Fédérés, Verdun, le Mont Valérien, l'Académie française, la tour Eiffel. Enfin, elle a ses **lieux familiers** : la mairie, le clocher et le monument aux morts de chaque village de France.

■ Les grandes familles de noms les plus fréquents

• *d'origine germanique* : Bernard (2), Richard (6), Robert (5), Bertrand (17), Girard (22) ;
• *d'origine biblique ou de saints* : Martin (1), Thomas (4), Laurent (12), Simon (11), Michel (14) ;
• *de métiers* : Leroy (9), Lefebvre (13), Fournier (20), Faure (33), Mercier (25) ;
• *de lieux d'origine* : Dubois (3), Dupont (26), Fontaine (48), Dumont (46) ;
• *surnoms* : Petit (7), Durand (8), Moreau (10), Roux (18).

Source : *L'Internaute*

■ Symboles républicains et fêtes nationales

• L'hymne national, *La Marseillaise* a été composée en 1792 par le Capitaine Rouget de Lisle pour motiver ses soldats contre les armées des souverains européens qui voulaient restaurer le pouvoir de Louis XVI. Cela explique les paroles guerrières de cet hymne qui encourage le peuple révolutionnaire à défendre l'indépendance de la nouvelle Nation. Déclaré chant national en 1795, il est devenu hymne national officiel en 1879.
• **Le drapeau tricolore bleu, blanc, rouge**, devenu le drapeau français en 1789, symbolise l'union de la royauté (blanc) et du peuple (le bleu et le rouge du blason de la ville de Paris). Il devient en 1793 le drapeau de la République et il est définitivement adopté en 1848.
• **La fête nationale du 14 juillet**, fête nationale depuis 1880, commémore tout à la fois la prise de la Bastille, le 14 juillet 1789 par le peuple et la fête de l'unité nationale célébrée le 14 juillet 1790.

COMPRENDRE

1 L'identité française est une construction. Complétez avec les verbes à l'infinitif qui traduisent cette construction.

• ——————— français.

• ——————— ensemble.

• ——————— ses particularités

• ——————— dans une identité plus vaste.

ANALYSER

2 Comment comprenez-vous l'affirmation : « Ce qui fait l'identité française, c'est la volonté de vivre ensemble » ?

_____

3 Commentez les valeurs démocratiques représentées par la devise de la République française : « Liberté, Égalité, Fraternité. »

_____

4 À quoi font référence les différents lieux symboliques cités dans le texte ? Comment ces souvenirs rassemblent-ils les Français ?

_____

5 En tandem, choisissez un de ces lieux et préparez une présentation orale pour la classe.

_____

DÉBATTRE

6 Y a-t-il pour vous une différence entre appartenir à la nation et appartenir à sa communauté ?

7 Comparez la conception de la citoyenneté française avec celle qui prévaut dans votre pays.

ÉCOUTER

8 Écoutez puis répondez aux questions.
Pourquoi les pays sont-ils représentés par des drapeaux ?

• Notez les réponses de l'historien touchant les points suivants : utilité, choix, couleurs.

_____

• Pourquoi le drapeau français a-t-il les couleurs « bleu, blanc, rouge » ?

_____

L'ESPRIT FRANÇAIS

Indisciplinés, brillants, spirituels, arrogants, séducteurs, élégants, futiles, experts en galanterie, amateurs de bons mots, frondeurs, donneurs de leçons, joueurs, cartésiens, c'est par les qualités ou les défauts de l'esprit que, souvent, l'on caractérise les Français.

• Au mot **esprit** sont associés « gens » d'esprit, « beaux » esprits, « trait » d'esprit, « mauvais » esprit, « formes » de l'esprit... l'esprit est en France partout chez lui. En manquer est un défaut majeur. Rien à voir avec l'humour, lui, britannique.

• **L'esprit se caractérise d'abord par son organisation**. Quand il expose, c'est en trois parties : l'école, avec l'exercice de la dissertation est là pour former à ça. Il exige la clarté, il a le goût pour la synthèse et il cultive la brièveté comme une politesse.

• Son monde, c'est **le goût de la conversation** : du « Salon », né au XVIIᵉ siècle, au café et à la soirée entre amis, du restaurant au débat d'idées à la télévision, c'est le sport national préféré.

Ici la forme, le sens de la formule, l'esprit de répartie comptent autant que le fond. L'esprit brillant l'emportera toujours sur l'esprit profond. Il y a toujours un *Cyrano*, personnage théâtral le plus populaire, qui se cache dans chaque Français.

• De l'esprit, les Français en mettent partout : dans l'organisation de **leurs jardins** « à la française », dans **l'urbanisme de leurs villes** tracées à angle droit, (au cordeau), dans leur goût pour **la construction de grands systèmes administratifs ou politiques hiérarchisés**.

• Mais c'est dans les **jeux avec les mots**, dans cet amour inné de l'utilisation de la langue que se reconnaît le mieux l'esprit français : l'esprit rabelaisien, l'esprit voltairien, le goût pour le pamphlet, le culte de la forme courte comme la maxime, l'art du sonnet en poésie, sont autant de marques de cet esprit.

• Ce goût de la langue et des mots, on le retrouve jusque dans le titre des émissions de radio ou de télévision : *Apostrophes* (1975-1990) ; le *Oui/Non ; Tout et son contraire ; Accords/Désaccords ; C à dire ; Mots croisés ; Des paroles et des actes...*.

Esprit de la géométrie :
un jardin à la française (Villandry).

■ De l'esprit....

• *linguistique* : « La langue française est le produit le plus parfait de notre tradition nationale » (Paul Claudel, écrivain)

• *stratégique* : « Le tact dans l'audace, c'est de savoir jusqu'où on peut aller trop loin. » (Jean Cocteau, écrivain) ; « L'esprit français est un pôle situé entre deux autres : le pôle de l'ironie et celui de l'humour. » (Jean-Francois Mattéi, philosophe)

• *philosophique* : « L'esprit français, c'est la raison en étincelles ! » (Paul Deschanel, homme d'État)

• *métaphysique* : « Un trait d'esprit annonce toujours la mort d'une idée. » (Alain, philosophe)

• *politique* : « Nous admirons la parole et méprisons les faits. » (Alain Peyrefitte, homme politique)

• *économique* : « Mes mots feront fortune, moi pas. » (Jules Renard, écrivain)

• *lumineux* : « Heureux soient les fêlés, car ils laissent passer la lumière. » (Michel Audiard, scénariste et cinéaste)

• *orthographique* : « Le français est une langue à cédille. » (Valère Novarina, écrivain)

COMPRENDRE

1 Quel sens ont les expressions suivantes ?

• beaux esprits : _____

• mauvais esprits : _____

• gens d'esprit : _____

2 Trouvez la définition puis donnez un exemple de :

• pamphlet : _____   • sonnet : _____

ANALYSER

3 Voici trois expressions que vous lirez ou que vous entendrez souvent à propos de l'esprit français. Essayez de les caractériser.

• l'esprit voltairien : _____

• l'esprit rabelaisien : _____

• l'esprit cartésien : _____

4 Quelles sont les qualités d'une bonne conversation ?

_____

5 « Il y a toujours un *Cyrano* qui se cache dans chaque Français. ». Faites une présentation du personnage théâtral de *Cyrano*.

_____

6 Quelles sont les principales caractéristiques de l'esprit français ?

_____

7 Analysez les idées et les formes de l'esprit dans les citations ci-contre.

_____

DÉBATTRE

8 Discutez cette affirmation : « l'esprit brillant l'emportera toujours sur l'esprit profond ».

9 Comment caractériseriez-vous l'esprit dans votre pays. Comparez.

3 LES RÉGIONS

■ LA RÉGION NORD-PICARDIE

Le Nord comprend le Pas-de-Calais et la Picardie. C'est une terre qui ouvre sur la mer (mer du Nord et Manche). Région carrefour en contact avec la Belgique, les Pays-Bas et le Royaume-Uni, c'est une région en pleine mutation.

• La région Nord-Picardie, avec ses **5,8 millions d'habitants**, est une des régions les plus urbanisées de France avec des villes comme Lille, Roubaix, Tourcoing, Valenciennes, Amiens, Compiègne, Saint-Quentin, Beauvais et des ports comme Dunkerque, Calais, Boulogne-sur-Mer.

• Ports littoraux, réseau d'autoroutes, ligne à grande vitesse, tunnel sous la

Euralille, centre commercial de Lille.

Manche, réseau de canaux et canal à grand gabarit Dunkerque-Escaut, ont fait du **transport routier** et de la **logistique une des principales activités** de la région avec plus de **4 000 entreprises** dédiées à cette activité.

• Le Nord a perdu ses trois grandes sources de richesses : le charbon, la sidérurgie et le textile. C'est **une région en plein changement.** Aujourd'hui, l'industrie du verre domestique (Arques), le commerce de la laine (Tourcoing) placent la région au premier rang mondial ; le Nord et notamment Roubaix est également un des berceaux de la **grande distribution** française avec le groupe Auchan, premier employeur privé de la région, avec les sociétés de vente par correspondance (La Redoute, Trois Suisses, Damart) et les boulangeries Paul. **Lille** doit son attractivité à sa situation de ville carrefour de l'Europe.

• La Picardie a une forte tradition manufacturière dans les domaines du verre, des textiles, de l'industrie des matières plastiques, de l'aéronautique et de l'automobile.

• L'agriculture est aussi une grande source de richesses : un des grands producteurs mondial de chicorée et d'endives ; grosse production également de céréales, betteraves, pommes de terre.

■ Personnalités du Nord

Charles de Gaulle (chef de la France libre (1940-1945) et président de la République) ; Jean Calvin (réformateur calviniste) ; Jean Mermoz (aviateur) ; Henri Matisse (peintre) ; La Fontaine (poète) ; Marguerite Yourcenar (écrivain) ; Raymond Devos (humoriste) ; Renaud (chanteur) ; Frank Ribéry (footballeur) ; Dany Boon (acteur, réalisateur).

■ Un film

Bienvenue chez les Ch'tis !

Le *Ch'ti* est un dialecte picard parlé par les gens du Nord et qui a fini par les désigner. Quand Philippe Abrams (Kad Merad) est muté du Sud vers le Nord, c'est une catastrophe ! Avec la complicité puis l'amitié de Antoine Bailleul (Dany Boon), il va découvrir les « gens du Nord », leur générosité, leur solidarité, leur sens de la fête et, petit à petit, laisser tomber tous ses a priori. 20 millions de spectateurs ont ri en France et 26 millions, dans le reste du monde, de cette confrontation Nord-Sud. Et le film de Dany Boon (2008) a fait l'objet de nombreuses adaptations à travers le monde.

ACTIVITÉS

COMPRENDRE

1 Retrouvez les différentes formes de caractérisation. Complétez.

• une région ——————————— en contact. • une région au ——————— rang ———————.

• une région en ——————————— mutation. • L'agriculture est aussi une —— source de richesses.

• une des régions les plus ————————————. • la tradition ——————————— de la Picardie.

ANALYSER

2 « le Nord est une région en plein changement ». Faites la liste des domaines où se font ces changements.

_____

_____

3 À quels secteurs d'activités sont associées les entreprises suivantes :

• Arques ?——————————————— • Auchan ? _____

• La Redoute ?————————————— • Boulangerie Paul ? _____

4 Exposé oral. En tandem, choisissez dans la liste du texte une ville du Nord et de la Picardie. Faites sa présentation.

DÉBATTRE

5 Existe-t-il, dans votre pays, des a priori du type de ceux du film « Bienvenue chez les Ch'tis ! » entre différentes parties de la population ? Faites la liste et imaginez des actions pour les combattre.

ÉCOUTER

6 🎧 Écoutez puis répondez aux questions.

Le bassin minier du Nord-Pas-de-Calais inscrit au patrimoine mondial de l'Humanité

• Complétez cette fiche des éléments qui composent le bassin minier.

——————— kilomètres ; ——————— fosses ; ——————— chevalements ; ——————— cités minières ;

——————— gares ; ——————— terrils.

• « Nous sommes à la fin du creux de la vague… » Notez les projets, réalisations qui témoignent de ce nouveau dynamisme.

_____

LA NORMANDIE

Hôtel des étudiants, au Havre.

Histoire, géographie, culture, la Normandie a une forte identité régionale. C'est un pays de terre et de mer.

• L'histoire a fait de la Normandie **une terre enjeu de conquêtes et un pays de conquérants**. Conquise par les Vikings, elle a été un enjeu territorial entre la France et l'Angleterre jusqu'au XIXe siècle. Elle est associée à de nombreux conflits entre les deux pays dont, le plus célèbre, la guerre de Cent Ans. Le symbôle de ce conflit est la figure martyre de Jeanne d'Arc. Elle sera, au XXe siècle, le point de départ de la libération de l'Europe de l'occupation nazi.

• Pays de conquérants : c'est de Normandie que sont partis les chevaliers, officiers, explorateurs, marins qui ont fondé le royaume de Sicile, créé entre Syrie et Turquie la principauté d'Antioche, fondé l'Acadie et la ville de Québec, pris possession de la Guadeloupe et de la Martinique, exploré le Nouveau Monde des Grands Lacs à l'embouchure du Mississipi et fondé La Nouvelle-Orléans.

• La terre a façonné ses célèbres **paysages de bocage** à l'intérieur, ses **grandes plaines** proches du littoral. La mer a sculpté ses côtes aux noms évocateurs : Côte d'Albâtre, de Nacre, Côte Fleurie et Pays de Caux avec les fameuses **falaises d'Étretat** ; elle a délimité ses plages de galets ou sablonneuses qui font la réputation de ses cités balnéaires (Deauville, Trouville, Cabourg).

• La Normandie est aussi **une terre de culture** : elle sert de cadre aux *Contes* de Maupassant, à *Madame Bovary* de Flaubert et à *À la recherche du temps perdu* de Proust. Ses paysages ont été rendus célèbres par les Impressionnistes, dont Monet.

• Économiquement, avec ses **3,4 millions d'habitants**, la Normandie reste une grande terre d'élevage, de production laitière et d'industrie agroalimentaire. Mais elle a développé aussi des pôles industriels notamment dans l'automobile (Renault, PSA), l'énergie (centrales électronucléaires dont Flamanville), l'armement (sous-marins), l'aérospatial et le textile et a développé les activités portuaires avec **Rouen** et **Le Havre**, qui sont les deux ports industriels dominés par la pétrochimie.

• La Normandie est **une terre de villégiature** privilégiée pour les Parisiens : Deauville, Trouville, Cabourg, Honfleur sont leurs lieux préférés.

• **Terre de mémoire** avec les plages du Débarquement et le Mémorial de Caen, la Normandie reçoit un tourisme nombreux. Les touristes sont attirés par ses plages, ses ports mais aussi par ses beautés architecturales (cathédrale de Rouen) et par son site le plus spectaculaire et le plus mondialement connu : le Mont-Saint-Michel.

■ À table

• Terre de Taillevent, à qui l'on doit l'un des premiers livres de recettes de l'histoire culinaire française, la gastronomie normande célèbre la pomme, le lait, la viande et les fruits de mer : à la pomme est liée la liqueur de Calvados, le cidre et la tarte normande ; au lait, le célèbrissime camembert ; à la viande, les gigots d'agneau dit de pré-salé ; à la mer, les coquilles Saint-Jacques.

• Une tradition de table : le « trou normand » : un petit verre de Calvados avalé d'un seul coup, au milieu du repas, pour stimuler l'appétit !

COMPRENDRE

1 À quoi les mots suivants sont-ils associés dans le texte ? Trouvez un équivalent.

• enjeu : —————————————————

• symbole : ——————————————————

• cadre : ————————————————

• point de départ : —————————————

ANALYSER

2 Donnez des exemples qui illustrent que la Normandie est tout à la fois :

• une terre de conquêtes : ————————————————————————

• un pays de conquérants : ————————————————————————

• une terre de patrimoine : ————————————————————————

3 Dans quels domaines la Normandie a-t-elle développé des pôles industriels ?

——

4 Quels sont les différents attraits touristiques de la Normandie ?

——

5 Recherchez sur Internet des reproductions de tableaux impressionnistes, dont ceux de Monet, qui illustrent la Normandie. Choisissez-en un et présentez-le à la classe.

6 Composez un repas normand avec : entrée ; plat ; trou normand ; fromage ; dessert.

——

DÉBATTRE

7 Sicile, Syrie, Turquie, Acadie, Québec, Guadeloupe, Martinique, Grands Lacs nord-américains jusqu'à l'embouchure du Mississipi, La Nouvelle-Orléans… Trouve-t-on encore des traces de la conquête normande dans ces différents pays ou différentes villes ou régions ?

8 En petits groupes. Choisissez un lieu célèbre de la Normandie. Faites une recherche photographique et écrivez une présentation de ce lieu pour une page Facebook ou autre.

9 Cherchez les traces des influences de votre pays dans d'autres pays. Faut-il s'en réjouir ou le déplorer ?

LA BRETAGNE

Port de Douarnenez, en Bretagne.

• **La Bretagne, l'ARE MOR ICA (l'Armor en celte), est le pays qui longe la mer, le pays au bout du monde où le ciel et la terre se confondent.** Son nom breton, *Breizh*, est couramment abrégé en *BZH*. Le drapeau breton porte témoignage de la longue histoire, de l'indépendance de la Bretagne et d'un territoire unique délimité depuis presque 10 siècles par l'Histoire. La Bretagne comprend cinq départements : le Finistère, les Côtes-d'Armor, le Morbihan, l'Ille-et-Vilaine et la Loire-Atlantique.

• La Bretagne forme **une vaste avancée maritime** entre La Manche, au Nord, et l'Océan Atlantique, à l'Ouest et au Sud. La côte, très découpée, s'étend sur 2 730 km.

• C'est **une terre de marins** avec une économie et une industrie liées à la mer : la pêche (**première région de pêche de France** et 47 % de la production totale) avec de nombreux ports (Lorient, Concarneau, Le Guilvinec, Roscoff) et la construction navale civile et militaire (Brest, Lorient).

• Son agriculture et son élevage se sont beaucoup développés. L'élevage des porcs et des poulets est très industrialisé. Cet élevage et cette agriculture ont donné naissance à **une industrie agroalimentaire performante**.

• La Bretagne est devenue une région riche et dynamique avec **l'industrie automobile** (Citroën, Faurécia), les télécommunications, aujourd'hui les **technologies de l'information et de la communication** à Rennes, Brest et Lannion, les **recherches océanographiques**, la grande distribution (Leclerc, Intermarché), la cosmétique (Yves Rocher) et la papeterie (BIC).

• Forte de **4,4 millions d'habitants**, la Bretagne tire aussi son dynamisme de son réseau de villes : Nantes, Rennes, Saint-Nazaire, Brest, Quimper, Lorient, Vannes, Saint-Brieuc, Saint-Malo.

• Enfin la douceur du climat, les villes historiques (Saint-Malo, Dinard, Dinan, Fougères), les îles (Bréhat, Belle-Île), les petits ports (Perros-Guirec, Cancal, Pornic), les paysages marins (Pointe du Raz), les grandes réserves naturelles ornithologiques (Falguérec, Cap Sizun, Ouessant, Sept-Îles), la balnéothérapie (Roscoff, Quiberon) font de la Bretagne **une région appréciée des touristes et la troisième région touristique de France.**

• La culture trouve sa principale expression dans la **musique,** grâce au métissage de la musique traditionnelle avec les sons d'aujourd'hui qui l'ont popularisée dans le monde entier : depuis Alan Stivell jusqu'à Nolwenn pour les chansons, en passant par Tri Yann ou Red Kardell et Dom DufF pour le rock et le folk rock.

■ Parler breton

Avec 290 000 locuteurs, la langue bretonne est la troisième langue celtique parlée au monde, après le gallois et l'irlandais. L'enseignement du breton attire environ 15 000 élèves dans les classes bilingues, 15 000 élèves dans les classes primaires (7 000) et secondaires (8 000).

La présence de la langue bretonne est visible au quotidien grâce aux panneaux de signalisation bilingues. Quant aux touristes, ils peuvent se familiariser avec les noms de lieux en breton, grâce à l'édition d'une carte routière de la Bretagne par l'Office de la langue bretonne. Ils peuvent aussi se familiariser avec la langue grâce à l'édition en langue celtique des albums *Astérix* !

COMPRENDRE

1 Retrouvez, dans l'ensemble du texte sur la Bretagne, tous les mots (substantifs, adjectifs, verbes) qui ont un lien avec le mot « mer ».

_____

2 Retrouvez les domaines que caractérisent ces adjectifs.

- ——————————————————— unique • ——————————————————— performante
- ——————————————————— riche et dynamique • ——————————————————— touristique

ANALYSER

3 Qu'est-ce qui fait de la Bretagne un pays de terre et d'eau ?

_____

4 La mer est, en Bretagne, la source de nombreuses activités. Lesquelles ?

_____

_____

5 Quelles sont les marques du dynamisme économique de la Bretagne ?

_____

_____

6 La Bretagne est une terre de musique. Écoutez cette musique sur You Tube et choisissez un artiste ou un genre que vous présenterez à la classe.

7 Répartissez-vous les différentes spécificités de la Bretagne. Chaque groupe écrit un court texte et choisit une ou deux illustrations. L'ensemble doit constituer un dépliant de présentation.

8 La Bretagne est aussi une terre d'îles. Choisissez l'une de celles qui sont évoquées dans le texte. Faites une recherche sur cette île puis faites-en une présentation orale.

DÉBATTRE

9 La promotion des langues et des cultures locales est-elle selon vous un obstacle à l'unité nationale ?

10 Faut-il enseigner les langues régionales à l'école ?

LES PAYS DE LA LOIRE

L'éléphant de Nantes.

Comme leur nom l'indique, les Pays de la Loire sont une terre d'eau.

Ce sont **18 000 kilomètres de cours d'eau** qui les traversent avec la Loire et ses nombreux affluents ; c'est l'**océan Atlantique** qui les borde ; ce sont les grands **marais** (Marais breton, Marais poitevin) qui touchent le littoral. L'estuaire de la Loire avec Nantes et Saint-Nazaire, les Côtes Sauvage, de Jade et de Lumière, les îles de Noirmoutier et d'Yeu constituent un atout économique et touristique majeur de cette région.

• Les Pays de la Loire sont **une terre de grandes agglomérations** qui contribuent au dynamisme de la région : Nantes (897 000 habitants), Angers (213 000), Le Mans (345 000), Saint-Nazaire (213 000), Laval (120 000) et La Roche-sur-Yon (117 000).

• Dans l'économie des Pays de la Loire, **l'agroalimentaire (2e rang national)** domine avec la viande bovine, la volaille de qualité, le porc, la salade de mâche et la pomme de terre. La région est aussi la première de France pour la production de fleurs et de plantes. Elle est aussi réputée pour **la pêche (2e rang national)** et pour le sel de Guérande (leader mondial des sels de terroir).

Ces filières peuvent s'appuyer sur l'Institut national de recherche agronomique (INRA) Angers-Nantes.

• Les Pays de Loire bénéficient du dynamisme des **deux grands ports, Nantes et Saint-Nazaire**, principaux centres de constructions navales avec les Chantiers de l'Atlantique et de la présence du leader mondial de la construction de bateaux de plaisance, le groupe Bébéreau. Les activités de services occupent aussi une place importante.

• Grâce à leurs plages, à leurs parcs naturels et à leur patrimoine historique (les châteaux de Saumur, Angers, Montsoreau, Brissac), les Pays de la Loire attirent **un tourisme important**.

• **Sport et culture** participent aussi à l'attraction de la région : course à la voile en solitaire du Vendée Globe ; 24 Heures du Mans ; Festival La Folle Journée à Nantes (350 concerts de musique classique) ; Festival de Théâtre d'Angers ; Laval Virtual ; Hellfest.

• Parmi les **spécialités gastronomiques** des Pays de la Loire, les vins de Chinon et de Saumur, les rillettes du Mans, les camemberts Président, les liqueurs Cointreau et les biscuits LU nantais.

■ Voyage fantastique à Nantes

Voyage au pays de Jules Verne, dans cette **Île de Nantes**, en plein cœur de la ville, autrefois occupée par les chantiers navals. Aujourd'hui, cette Île est le royaume de **La Machine**, un collectif animé par François Delarosière qui a installé là « **Les Machines de l'Île** », un éléphant en bois de Virginie, une mécanique monumentale de grâce et d'émotion de 12 mètres de haut qui n'a qu'une rivale, elle aussi nantaise : **La Petite Géante** (9 m de haut), que la célèbre compagnie de spectacle de rue, **Royal de Luxe**, a déjà promenée dans plus de quarante pays à travers le monde. Un **Caroussel géant** de 25 mètres de haut et de diamètre, d'où surgissent trente-cinq animaux fantasmagoriques : attelage de chevaux à queue de poissons ; ailes-nageoires d'une raie manta ; poisson pirate ; calamar à rétropropulsion ; luminaire des grands fonds… Et ce n'est pas fini : les ailes du héron, huit mètres d'envergure et quatre passagers à bord, pour visiter les mondes aériens. Une invitation à larguer les amarres… c'est ça le voyage à Nantes !

COMPRENDRE

1 Relevez les verbes qui servent à :

• décrire des paysages : _____

• caractériser des activités : _____

2 Complétez les expressions avec des verbes de la liste ci-dessus.

• _____ à la renommée

• _____ un marché

• _____ d'un contexte favorable

ANALYSER

3 Les Pays de la Loire sont une terre d'eau : en quoi cette caractéristique constitue-t-elle un atout économique et touristique ?

_____

_____

4 Quelle place occupe l'agriculture et la pêche dans l'économie des Pays de la Loire ?

_____

_____

5 Qu'est-ce qui concourt à l'attractivité touristique, culturelle et sportive de la région Pays de la Loire ?

_____

_____

6 Choisissez une agglomération. Faites-en la présentation. Aidez-vous d'Internet.

DÉBATTRE

7 Faites deux groupes : POUR ou CONTRE. Faut-il conserver, pour les transformer comme à Nantes, ou détruire les traces du passé industriel ? Appuyez-vous sur ce qui se passe dans votre pays.

L'AQUITAINE

L'Aquitaine est située entre océan Atlantique, Massif Central et Pyrénées. C'est une région très étendue avec une identité historique forte.

• Les vignobles autour des fleuves Garonne et Dordogne, les Landes et la Gascogne, le Pays Basque et le Béarn donnent son caractère très marqué à la région Aquitaine.

• L'image de l'Aquitaine, c'est d'abord **une image gastronomique**, liée à ses vignobles, à ses terroirs, et à la mer avec la pêche et l'aquaculture.

• Les vignobles : **le vin de Bordeaux** avec ses Châteaux, les vins moelleux comme le Sauternes et le Jurançon et sa production exportée dans le monde entier ont largement contribué à la réputation de l'Aquitaine

• Les terroirs donnent les fameux pruneaux d'Agen et, surtout, font de l'Aquitaine **la première région productrice de foie gras**. Il faut y ajouter la production de fraises, de kiwis, d'asperges et de maïs.

• L'eau est à l'origine d'une activité de pêche, et surtout de **la culture des huîtres** (**l'ostréiculture**) dans le bassin d'Arcachon, dont la production se retrouve sur les marchés du monde entier.

• **Les deux pôles de développement industriels sont l'agroalimentaire et l'aéronautique**. L'industrie agroalimentaire (Labeyrie, Delpeyrat, Les Caves de Landiras) est liée à la production vinicole et à la transformation du foie gras. Les industries de haute technologie sont liées à l'aéronautique et à l'aérospatiale avec la présence des groupes Safran, Dassault Aviation (avions Rafale et Falcon) et EADS (Airbus et lanceur Ariane), et à la recherche pétrolière avec le Centre de recherches et d'ingénierie pétrolière du groupe Total, à Pau. Ces industries font de la région Aquitaine une région leader en Europe et dans le monde.

• Le **tourisme** est également un atout de

Nouveaux quais, Bordeaux.

la région. Tourisme **patrimonial** (Sarlat, Bergerac, Villeneuve-sur-Lot, Pau, tourisme **vinicole** (le circuit des « Châteaux »), tourisme **balnéaire** (Lacanau, Arcachon, Biscarosse, Mimizan, Biarritz, dune du Mont Pilat), tourisme **sportif** (spots d'Hossegor pour le surf).

• **Bordeaux (800 000 habitants)** est une capitale riche de son passé et inscrite sur la liste du patrimoine mondial de l'UNESCO sous le nom de « Port de la Lune ». C'est une ville qui se transforme rapidement : réaménagement des quais, éco-quartiers, nouveaux espaces culturels (Centre d'art plastique contemporain), réseau de trams, liaison à grande vitesse qui met Bordeaux à 2 heures de Paris en TGV. Elle accueille tous les deux ans, en juin, Vinexpo, le rendez-vous mondial des opérateurs du secteur des vins et spiritueux.

■ Au pays du « bordeaux »

• Le vignoble du Bordelais, produit parmi les vins les plus prestigieux du monde. On les appelle tout simplement « bordeaux ». Le bordeaux, ce sont 14 000 producteurs de vin, 117 000 hectares de vignes, 400 négociants et un chiffre d'affaires de 15 milliards d'euros. La production annuelle est d'environ 700 millions de bouteilles.

• Ce sont ces vins qui sont à l'origine de la couleur bordeaux. On distingue cinq régions : l'Entre-Deux-Mers, le Libournais, le Blayais, les Graves et le Médoc. Les terroirs les plus célèbres sont ceux de Saint-Émilion, Pauillac, Saint-Estèphe, Sauternes et Pomerol.

COMPRENDRE

1 Caractérisez. Trouvez des synonymes aux adjectifs des expressions suivantes.

• une identité historique forte : _____

• les fameux pruneaux : _____

• une capitale riche de son passé : _____

• les vins les plus prestigieux : _____

ANALYSER

2 Caractérisez l'économie du vin.

_____

_____

3 Identifiez les points forts de l'industrie agroalimentaire de l'Aquitaine.

_____

_____

4 L'industrie en Aquitaine est une industrie de hautes technologies. Donnez des exemples.

_____

_____

5 Bordeaux est une ville en pleine transformation. Comment Bordeaux concilie-t-elle patrimoine et modernité ? Donnez des exemples.

_____

_____

6 Choisissez une destination touristique en Aquitaine. Indiquez les raisons de votre choix.

DÉBATTRE

7 Comment concilier, dans l'aménagement d'une ville, patrimoine et adaptation à la modernité ? Appuyez-vous sur ce qui se passe dans votre pays. Comparez avec les choix de la ville de Bordeaux.

LE MIDI-PYRÉNÉES

Viaduc de Millau.

C'est la région la plus étendue de France, comparable au Danemark et plus grande que la Belgique ou la Suisse.

L'ancienne province royale des puissants comtes de Toulouse regroupe les départements de l'Ariège, de l'Aveyron, de la Haute-Garonne, du Gers, du Lot, des Hautes-Pyrénées, du Tarn et du Tarn-et-Garonne.

• **La Garonne et ses affluents, le Gers, l'Ariège, le Tarn et le Lot donnent sa géographie à la région**, limitée au Nord par le Massif central et au Sud par les Pyrénées.

• Ses villes préfectures sont Foix, Rodez, Auch, Cahors, Tarbes, Albi, Montauban. Sa **capitale régionale est Toulouse**.

• **Toulouse (1,3 million d'habitants),** la « ville rose », doit cette appellation à ses constructions en briques roses (basilique Saint-Sernin, place du Capitole). Elle concentre l'essentiel de l'activité économique de la région.

• **Les activités industrielles** les plus importantes sont l'aéronautique (Airbus), l'aérospatiale (Ariane) et l'électronique. La ville compte également d'importants centres de recherches : Météo-France, le CNES (Centre national d'études spatiales) et rassemble de nombreuses grandes écoles regroupées dans l'Institut national polytechnique de Toulouse et dont les spécialités sont l'électronique, l'informatique, les télécommunications, la chimie, l'agronomie, la météorologie. À celles-là, s'ajoute l'Institut supérieur de l'aéronautique et de l'espace (ISAE-SUPAERO).

• Le rayonnement de Toulouse a permis le développement de pôles secondaires à Tarbes et Albi.

• La région (Castres notamment) bénéficie aussi de la réussite des laboratoires pharmaceutiques Fabre.

• L'agriculture avec les vignobles de Fronton, Gaillac, Cahors, Marcillac, Madiran, constitue le **deuxième pôle agricole français.**

• Le tourisme attire de nombreux étrangers européens (Hollandais, Britanniques, Italiens, Belges, Allemands, Espagnols) qui pratiquent un tourisme culturel, un tourisme vert, un tourisme sportif ou un tourisme religieux (Lourdes).

• La région Midi-Pyrénées est une **terre de culture** : l'opéra avec le Capitole de Toulouse, le jazz avec le festival de Marciac, le cinéma avec la Cinémathèque de Toulouse (le fonds le plus important après celle de Paris), la peinture avec le musée Soulages, à Rodez.

• C'est aussi une riche **terre de patrimoine naturel et architectural** : gorges du Tarn ; pic du Midi de Bigorre ; cirque de Gavarnie ; viaduc de Millau ; canal des Deux-Mers ; village de Conques, basilique Saint-Just et cathédrale Saint-Bertrand de Comminges sur les chemins du pèlerinage de Saint-Jacques-de-Compostelle ; caves de Roquefort ; village de Rocamadour ; ville d'Auch ; cathédrale Sainte-Cécile d'Albi ; forteresse cathare de Montségur.

• Sur le plan sportif, la région Midi-Pyrénées est la **région reine du rugby à XV**. Le Stade toulousain est le club phare avec 19 titres de champion de France et 4 titres de champion d'Europe.

COMPRENDRE

1 Retrouvez à quelles réalités régionales sont associées les verbes suivants.

• regrouper : _____
• compter : _____
• concentrer : _____
• rassembler : _____

2 Lexique. Faites la différence entre :

• un pic ; un cirque ; des gorges : _____
• une cathédrale ; une basilique : _____
• un château ; une forteresse : _____

ANALYSER

3 Faites la carte d'identité de la région. Caractérisez :

• les principales villes : _____
• l'industrie : _____
• le tourisme : _____
• l'agriculture : _____
• la recherche : _____
• la culture : _____

4 À quoi Toulouse doit-elle son importance ? Donnez des exemples.

_____

5 Que faire ? Où aller ? Distinguez les différents types de tourisme.

• tourisme culturel : _____
• tourisme religieux : _____
• tourisme sportif : _____
• tourisme vert : _____

6 Airbus, Ariane sont deux grands projets industriels européens qui ont été initiés par la France. Faites deux groupes. Préparez et faites une présentation collective de l'un et de l'autre de ces projets.

DÉBATTRE

7 Le Sud-Ouest est la région reine du rugby. Faites une courte histoire de ce sport dans cette région. Existe-t-il un sport qui joue le même rôle dans votre ville, région ou pays ?

8 Pensez-vous que le sport puisse contribuer au développement et à la reconnaissance d'une ville ou d'une région ?

▬▬▬ LE GRAND SUD

Les régions Languedoc-Roussillon et Provence-Alpes-Côte d'Azur, qui forment le Grand Sud, ont en commun la mer Méditerranée pour frontière et pour horizon. Elles ont aussi en partage le climat méditerranéen : des étés très chauds et des hivers doux, des pluies soudaines et violentes. Ce sont des pays de langue occitane.

• Ce grand Sud est bien délimité : entre Pyrénées, Cévennes et Alpes, d'un côté (**Languedoc-Roussillon**) un amphithéâtre, de l'autre (**Provence-Alpes-Côte d'Azur**) un arc de cercle, tous deux tournés vers la mer. Et entre les deux, les plaines de la Vallée du Rhône.

• Le grand Sud est placé sous l'influence de **trois métropoles** : **Montpellier, Marseille et Nice** autour desquelles gravitent des villes satellites : Carcassonne, Nîmes, Mende, Perpignan autour de Montpellier ; Toulon, Avignon, Arles, Carpentras, Draguignan autour de Marseille ; Cannes, Gap, Antibes autour de Nice.

• Le **tourisme** est l'un des secteurs économiques les plus porteurs (**31 millions de touristes en Provence-Alpes-Côte d'Azur et 15 millions en Languedoc-Roussillon**). Il y a différents types de tourisme :

– le tourisme des résidences secondaires et de l'hôtellerie en plein air (camping) au Cap d'Agde et à La Grande Motte ;

– le tourisme de luxe (Cannes, Saint-Tropez) ;

– Le tourisme culturel attaché aux villes de festivals notamment l'été, Avignon, Aix-en-Provence, Orange, Montpellier, Arles et Antibes.

• Le grand Sud est en effet **une terre de festivals** : cinéma et télévision à Cannes ; théâtre à Avignon ; danse et musique à Montpellier ; opéra à Aix-en-Provence et Orange ; jazz à Antibes ; piano à La Roque-d'Anthéron ; photographie à Arles ; photojournalisme « Visa pour l'image » à Perpignan ; littérature à Grignan.

• C'est aussi **une terre de patrimoine** : de la Rome antique au XXᵉ siècle, les témoignages architecturaux sont nombreux. Antiquité : pont du Gard ; théâtre antique d'Orange ; Maison Carrée et arènes de Nîmes ; Moyen Âge et Renaissance : Cité de Carcassonne ; abbayes ; palais des Papes à Avignon ; cathédrale de Narbonne. XVIIᵉ et XVIIIᵉ siècles : hôtels particuliers d'Aix-en-Provence et Montpellier ; XIXᵉ-XXᵉ siècles : grands hôtels de villégiature de Nice (Negresco), Cannes (Carlton, Majestic) et Monaco ; basilique Notre-Dame-de-la-Garde à Marseille ; Cité Radieuse par Le Corbusier à Marseille ; chapelle du Rosaire par Matisse à Vence.

• C'est également **une terre de tourisme vert** : parc national des Cévennes ; Réserve naturelle de la Camargue ; massif de l'Estérel ; gorges du Verdon.

• C'est enfin **une terre de loisirs sportifs** où chaque sport à sa ville : à Marseille, le football, la natation et la pétanque ; à Nice, le football ; à Montpellier, le handball et le rugby ; à Toulon, le rugby.

MuCEM, à Marseille.

COMPRENDRE

1 Images. Associez ces images aux réalités qu'elles aident à décrire.

• amphithéâtre : ———————————— • arc de cercle : ————————————

• frontière : ———————————— • satellite : ————————————

ANALYSER

2 Quel rôle jouent la situation géographique et le climat dans l'attractivité de la région ?

———————————————————————————————————

3 Le tourisme est l'affaire du Sud. Caractérisez l'offre touristique du Sud.

———————————————————————————————————

4 Marseille, Nice, Montpellier. En petits groupes, faites la carte d'identité de chacune de ces villes : histoire ; population ; patrimoine ; activités ; problèmes ; avenir.

5 Préparez votre itinéraire de vacances dans le Sud. Justifiez vos choix.

DÉBATTRE

6 Comparez les domaines sur lesquels repose l'attrait touristique du Sud de la France et ceux des régions touristiques de votre pays.

ÉCOUTER

7 Écoutez puis répondez aux questions.

Le MuCEM de Marseille

• Relevez, dans le document, les informations suivantes concernant le MuCEM :

situation ; superficie ; caractéristiques ; architecte ; mode de liaison avec le fort Saint-Jean ; coût

———————————————————————————————————

• À quoi fait penser la dentelle qui recouvre le bâtiment ?

———————————————————————————————————

• Qu'est-ce qui caractérise l'histoire de la Méditerranée, selon Thierry Fabre ?

———————————————————————————————————

REPÈRES/GÉOGRAPHIE

LA CORSE

Calanques de Piana.

À la Corse sont associés une histoire, des paysages, une identité et un art de vivre.

• **Une histoire** : la plus vieille démocratie des temps modernes (1755) qui a donné le droit de vote aux femmes ; son rattachement à la France, en 1769 ; un héros mythique : Napoléon-Bonaparte ; un patriotisme héroïque (12 000 morts pendant la Première Guerre mondiale ; libération de l'Île par elle-même dès 1943.)

• **Des paysages** : golfe de Porto (classé au Patrimoine mondial de l'UNESCO), calanques de Piana, îles Sanguinaires, Scandola, falaises de Bonifacio, lac de Tolla, golfe de Figari, aiguilles de Bavella, la Corse est amoureuse de ses paysages qu'elle préserve jalousement pour le bonheur des randonneurs.

• **Une identité** : la Corse est très attachée à sa **langue** qui est **pratiquée au quotidien** (**70 %** des habitants de l'île), enseignée et étudiée (Université de Corte) ; elle n'a cependant pas de statut officiel. Elle valorise aussi ses traditions (attachement à la famille, au clan, au village) et sa culture (musique polyphonique corse ; littérature). Administrativement, la Corse bénéficie d'un statut particulier. C'est une collectivité territoriale administrée par une Assemblée et un conseil exécutif. Elle est divisée en deux départements (Corse-du-Sud et Haute-Corse).

• **Un art de vivre** : un art de vivre reconnaissable d'abord dans la protection accordée à l'environnement. L'île abrite un parc marin international, des réserves naturelles, le parc naturel régional de Corse, et des zones communautaires pour les oiseaux.

• Un art de vivre que l'on reconnaît aussi dans l'agriculture corse, redevenue pour l'essentiel **une agriculture de terroir** : châtaignes, huile d'olive, fromages de chèvre et de brebis, fromage blanc frais ou « brocciu », agneaux, cabris, charcuterie, miel, l'agriculture corse parie sur une image de qualité et d'authenticité.

• Un art de vivre qui a choisi le développement d'énergies propres ou vertes (énergie hydraulique ou d'origine thermique, photovoltaïque, éoliennes) qui font de la Corse la plus développée des régions françaises en la matière.

• Un art de vivre que viennent rechercher et découvrir les touristes qui constituent la première activité. Un tourisme très diversifié avec un tourisme d'affaires, un tourisme international et un tourisme à thème (sportif, randonneur : le fameux chemin de grande randonnée GR20, gastronomique, etc.).

■ Bonaparte et la Corse

Buonaparte, né le 15 août 1769, n'est pas encore Bonaparte quand, à l'âge de 9 ans, il quitte la Corse pour l'école militaire de Brienne. Il a 16 ans quand il est fait lieutenant d'artillerie.

Buonaparte a l'ambition modeste : il ne veut pas quitter son île où il espère faire une carrière politique et militaire. C'est tout naturellement que, acquis aux idées de la Révolution, il se fait élire lieutenant-colonel des volontaires corses. Il doit alors affronter les partisans de Paoli qui soutient la monarchie anglaise. Il est alors obligé de fuir la Corse et d'embarquer, en 1793, pour le continent… il débarque avec sa famille (dont il fera des princes et des princesses) à Toulon… la suite est une autre histoire !

COMPRENDRE

1 Cette liste de verbes traduit la volonté identitaire corse. Retrouvez à quelles réalités ils sont associés.

• préserver : _____

• abriter : _____

• bénéficier : _____

• valoriser : _____

• parier : _____

• choisir : _____

2 Retrouvez, sur une carte de la Corse, les paysages évoqués dans le texte.

ANALYSER

3 Quels sont les domaines où se distinguent les particularismes corses. Caractérisez ces particularismes.

_____
_____

4 Comment pourriez-vous définir l'art de vivre corse ?

_____
_____

5 À quoi tient l'image d'authenticité de l'agriculture corse ?

_____
_____

6 Le « GR 20 » est un chemin de randonnée qui traverse la montagne corse. C'est l'un des plus célèbres d'Europe. Cherchez une carte du « GR 20 » et choisissez une partie de l'itinéraire que vous allez proposer à des amis de faire avec vous. Présentez l'itinéraire que vous avez choisi. Aidez-vous des sites Internet qui lui sont dédiés.

DÉBATTRE

7 Les particularismes, les affirmations identitaires sont-ils compatibles avec l'appartenance à une même communauté nationale ? Appuyez-vous sur des exemples « pour ou contre », pris dans votre propre réalité nationale.

RHÔNE-ALPES

Ski et chalets.

La région Rhône-Alpes fait partie des vingt régions les plus puissantes d'Europe avec ses 6,5 millions d'habitants et une richesse qui représente un peu plus de 10 % de la richesse de la France.

• Elle doit sa réussite à ses **trois grandes métropoles** (**Lyon, Grenoble, Saint-Étienne**) et à leurs villes satellites, Bourg-en-Bresse, Chambéry, Annecy, Aubenas, Vienne, Villefranche-sur-Saône, au dynamisme du sillon alpin du Pays de Gex, autour de Genève, à Valence, et du sillon rhôdanien.

• C'est une région historiquement marquée : Lyon, capitale des Gaules ; le Dauphiné, terre royale depuis le Moyen Âge et terre de révolution ; la Savoie, duché dont la Maison a régné sur l'Italie jusqu'en 1945.

• La région Rhône-Alpes est célébrée pour la **diversité de ses paysages** : des paysages montagneux très variés ; des paysages d'eau : les grandes vallées de la Saône, du Rhône, de l'Isère et de l'Ain ; les lacs d'Annecy, du Bourget ; les étangs des Dombes ; les gorges de l'Ardèche ; les paysages déjà méditerranéens de la Drôme provençale et de l'Ardèche du sud.

• **Carrefour européen**, la région Rhône-Alpes possède le réseau routier et ferroviaire le plus dense de France : un véritable quadrillage d'autoroutes et plusieurs lignes de TGV la traversent. Elle possède son aéroport international, Lyon-Saint-Exupéry.

• **Économiquement, la région Rhône-Alpes fait partie des « Quatre moteurs pour l'Europe »**. C'est la région la plus demandée chez les jeunes cadres et les jeunes diplômés. Biologie (Instituts Mérieux et Pasteur), pétrochimie (Total), mécanique (Renault Trucks, Caterpillar), recherches sur l'atome (Synchrotron européen), instituts de recherches sur les nanotechnologies, biologie molléculaire, radioastronomie millimétrique (Grenoble), plasturgie (Oyonnax), design (Saint-Étienne), optique (Angénieux), son (Focal JMLab), distribution (groupe Casino, Carrefour), aérospatial (Thalès) et aéronautique (Crouzet) à Valence, médias (Euronews à Lyon), industrie financière (LCL à Lyon) témoignent de l'étendue des savoir-faire, de la recherche et du rayonnement économique de la région Rhône-Alpes.

• **La culture en Rhône-Alpes est synonyme de modernité** : de l'invention du cinéma à Lyon célébrée aujourd'hui par l'Institut Lumière à la Biennale du design à Saint-Étienne et de l'art contemporain à Lyon. Elle est aussi terre d'accueil pour la culture avec ses grands festivals : Biennale de la danse de Lyon ; Nuits de Fourvière ; festival de Jazz à Vienne ; festival d'Ambronay ; festival de l'image animée à Annecy ; festival du film documentaire à Lussas (Ardèche).

■ À table

La renommée gastronomique de Lyon et de sa région est considérable. Elle compte quelques-unes des plus grandes tables de France (Bocuse, Troisgros, Blanc, Pic). C'est la tradition des « mères », ces femmes cuisinières qui, comme « la mère Blanc », ont inventé la gastronomie française. Le saucisson à la lyonnaise, la volaille de Bresse, l'omble chevalier des lacs, la fondue savoyarde, les vins du Beaujolais et des Côtes-du-Rhône assurent la réputation d'une gastronomie du quotidien et des jours de fête.

COMPRENDRE

1 Quelles réalités de la région Rhône-Alpes décrivent les mots suivants ?

• richesse : _____

• rayonnement : _____

• réussite : _____

ANALYSER

2 Relevez les signes de la puissance de la région Rhône-Alpes.

_____

3 Faites une recherche, au choix, sur : Lyon, capitale des Gaules ; Le Dauphiné, terre de révolution ; La Maison de Savoie, dynastie royale.

_____

4 Quels domaines illustrent ces entreprises ?

• Institut Mérieux : _____ • Angénieux : _____

• Crouzet : _____ • Casino : _____

• Euronews : _____ • Focal JMLab : _____

5 À quoi reconnaît-on la modernité culturelle de la région Rhône-Alpes ?

_____

6 Comment s'explique la renommée gastronomique de la région Rhône-Alpes ?

_____

7 Choisissez un(e) artiste qui symbolise la région Rhône-Alpes. Faites son portrait. Aidez-vous d'Internet.

DÉBATTRE

8 Comparez la place qui est accordée en France à la gastronomie avec celle qu'elle occupe dans votre pays.

9 Faites un relevé de noms de bars, restaurants, plats, etc., dans votre ville, qui font référence à la France.

AUVERGNE ET LIMOUSIN

Vulcania, parc d'attractions au cœur des volcans d'Auvergne.

L'Auvergne et le Limousin forment deux grandes régions géographiques, historiques et culturelles dont l'identité remonte à l'époque gallo-romaine.

• L'Auvergne et le Limousin sont dominés par leurs capitales : **Clermont-Ferrand** et **Limoges** qui regroupent 30 à 40 % de la population totale de la région et forment deux grands pôles administratifs, économiques, universitaires, culturels et sportifs.

• La géographie a fait du Limousin le « **château d'eau de la France** » avec les nombreux fleuves (Dordogne, Vienne, Charente) qui y prennent leur source et de grands lacs artificiels (lac de Saint-Pardoux) ou naturels (lac de Vassivière, le plus grand de France). L'Auvergne, traversée par l'Allier et ses vastes plaines, est dominée par des paysages montagneux dont la célèbre chaîne des 80 volcans ou chaîne des Puys.

• L'Auvergne et le Limousin sont **terre d'élevage et de forêts** avec les spécialités du Limousin, le bœuf (la fameuse race limousine et celle de Salers, en Auvergne) et le veau, qui ont permis le développement d'un important secteur agroalimentaire. C'est aussi une terre de productions céréalières et oléagineuses. C'est enfin une terre célèbre pour ses fromages (bleu d'Auvergne, fourme d'Ambert.)

• L'**industrie** est surtout concentrée en Auvergne. Elle est dominée par les **usines de pneumatiques Michelin (2ème constructeur mondial, présent dans 195 pays)**, à Clermont-Ferrand, et compte aussi de nombreuses industries exportatrices : élastomères (Trelleborg Industrie), agroalimentaires (Limagrain, Volvic-Danone, SOCOPA pour la viande), aéronautiques (Aubert et Duval) et pharmaceutiques. Le Limousin conserve une certaine tradition artisanale autour de la porcelaine, du cuir et du textile ; il partage cette tradition avec l'Auvergne (coutellerie de Thiers, dentelles du Puy,

parapluies d'Aurillac) qui connaît de grosses difficultés. Une tradition qui est aujourd'hui supplantée dans le Limousin par l'appareillage électrique (Legrand), l'industrie automobile (Renault Trucks) et l'équipement automobile (Valéo).

• L'industrie touristique réunit à la fois un tourisme de **randonnées** (Limousin), un tourisme de **patrimoine** (circuit des églises romanes en Auvergne), un tourisme de **culture** (festival international du court-métrage de Clermont-Ferrand ; festival de théâtre de rue d'Aurillac ; festival de musique de la Chaise-Dieu) et un tourisme de **thermalisme** (Vichy, La Bourboule, Châtel-Guyon), en Auvergne.

■ Vulcania

Vulcania est un parc à thèmes, situé dans le Puy-de-Dôme, à Saint-Ours-les-Roches. Il a ouvert en 2002 et il accueille chaque année 340 000 visiteurs. Il est reconnaissable par son architecture, un cône ouvert dessiné par l'architecte autrichien, Hans Hollein.

Au départ à vocation scientifique, Vulcania est devenu un parc de loisirs avec de nombreuses attractions spectaculaires : Dragon Ride, l'Odyssée magique ; Terre en colère ; Tunnel des nuées ardentes ; Sur les traces des dinosaures, Abyss Explorer... mais qui invitent aussi à la découverte, comme VolcanBul. On y voit le réveil des volcans d'Auvergne, on plonge à la découverte des volcans sous-marins, on affronte des éléments déchaînés et des créatures légendaires.

Vulcania a aussi une vocation scientifique et pédagogique. Il favorise en effet la diffusion des connaissances de la terre.

COMPRENDRE

1 L'expression des données quantitatives. Indiquez le domaine auquel ces chiffres sont associés.

• les verbes : —————————————— • les adjectifs de quantité : ——————————

• les adjectifs numéraux ordinaux : ——————— • les chiffres : ——————————————

ANALYSER

2 Dites en quoi l'Auvergne et le Limousin sont des terres de tradition.

_____

3 À quoi est associée aujourd'hui la chaîne des Puys aux 80 volcans ? Comment est-elle valorisée touristiquement et scientifiquement ?

_____

4 Quelles sont les grandes marques auxquelles est associé l'agroalimentaire de l'Auvergne et du Limousin ?

_____

5 Qu'est-ce qui fait et qu'est-ce qui a fait la notoriété de la marque de pneumatique Michelin ? Faites une recherche sur la marque. À quoi est-elle associée ?

DÉBATTRE

6 Qu'est-ce que vous attendez de la visite d'un parc à thèmes ? Des propositions d'activités : ludiques ? sportives ? de découvertes ?

ÉCOUTER

7 Écoutez puis répondez aux questions.

Les pommes du Limousin

La région Limousin concentre 20 % de la production nationale de pommes.

• **À quoi correspondent ces chiffres :**

28 ? _____ 70 ? _____

8 ? _____ 100 000 ? _____

60/40 ? _____ 9 ? _____

LA BOURGOGNE-FRANCHE-COMTÉ

La Bourgogne-Franche-Comté est une région carrefour entre l'Allemagne, la Suisse et l'Italie mais aussi entre le Benelux et la Méditerranée. Elle est traversée par 7 autoroutes, une ligne de TGV et elle est sillonnée par un grand nombre de canaux.

• Aussi étendue que la Suisse ou la Slovaquie, la Bourgogne-Franche-Comté hérite d'une histoire prestigieuse qui justifie le destin commun de ces deux régions : son histoire est associée à celle du Royaume des Burgondes (ve siècle), à l'ambitieuse Maison de Bourgogne-Valois, jusqu'à Charles le Téméraire au XIVe siècle avec son royaume rhénan qui s'étend de la Bourgogne aux Pays-Bas actuels, aux Habsbourg au XVe siècle et enfin au royaume de France, dont elle fait partie intégrante depuis 1678, sous Louis XIV.

• La Bourgogne-Franche-Comté (**2,8 millions d'habitants**) s'articule autour de quatre grands pôles urbains : **Dijon** (300 000 habitants), le Grand Chalon (100 000), **Besançon** et ses villes satellites Dole, Vesoul, Lons-le-Saunier (200 000) et **Belfort-Montbéliard** (200 000).

Cité internationale de la gastronomie, Dijon.

• **Le destin industriel de la Bourgogne-Franche-Comté est lié aux grands groupes industriels qui assurent son dynamisme** : Peugeot-Citroën à Sochaux, pour la construction automobile ; Alstom et General Electric à Belfort, pour les industries mécaniques, électriques et ferroviaires ; Areva Creusot Forge, Industeel, Thermodyn, SNECMA au Creusot, pour les constructions industrielles ; Areva à Chalon-sur-Saône, pour le nucléaire ; Solvay à Dole, pour l'industrie chimique ; groupe SEB (Société d'emboutissage de Bourgogne) pour le petit équipement domestique (leader mondial avec 20 marques), à Selongey ; Bel (La Vache qui rit, Babybel, Kiri, Boursin) à Dole et Lons-le-Saulnier, Amora Maille (moutarde) à Dijon, pour l'industrie agroalimentaire.

• Quant à la Bourgogne, elle continue à tirer sa richesse de son prestigieux **vignoble**, avec 34 grands crus et ses 84 « appellations d'origine contrôlée ». 25 000 hectares classés, 3 800 domaines, 250 maisons de négoce et 23 caves coopératives. Des noms prestigieux : Meursault, Vosne-Romanée, Gevrey-Chambertin, Pommard, Chablis…

■ Architectures

• Amateur de style roman et gothique, la Bourgogne offre ses richesses architecturales : cathédrales d'Autun et d'Auxerre, Auxerre, Hospices de Beaune, Dijon, abbayes de Cluny et de Fontenay, basilique de Paray-le-Monial, église de Tournus.

• Quant à la Franche-Comté, on peut y admirer l'œuvre de trois architectes : les Salines royales d'Arc-et-Senans (Ledoux) ; la chapelle de Ronchamp (Le Corbusier) et la citadelle et les fortifications de Besançon (Vauban).

COMPRENDRE

1 Retrouvez ce que caractérisent les adjectifs suivants.

• prestigieux : _____

• commun : _____

• ambitieux : _____

• grand : _____

• architectural : _____

ANALYSER

2 Qu'est-ce qui donne sa forte unité à cette région ?

_____

_____

3 Caractérisez l'économie de la région Bourgogne-Franche-Comté.

_____

_____

4 Associez un groupe industriel à chacun de ces secteurs.

• nucléaire : _____

• agroalimentaire : _____

• construction automobile : _____

• matériel électrique et ferroviaire : _____

• petit équipement domestique : _____

5 Choisissez un lieu en Bourgogne ou en Franche-Comté puis écrivez la lettre d'information qui invite à visiter ce lieu.

DÉBATTRE

6 Ledoux, Le Corbusier sont considérés comme des architectes utopistes. Faut-il confier nos paysages, le dessin de nos villes à des utopistes ? Pour justifier votre point de vue, prenez des exemples dans l'histoire architecturale et urbanistique de votre pays.

L'ALSACE ET LA LORRAINE

L'histoire a profondément marqué ces régions, qui ont été un enjeu territorial pour l'Allemagne comme pour la France dans les conflits qui les ont opposés au cours de trois guerres (1870-1871 ; 1914-1918 ; 1939-1945). De ces conflits, ces régions (les départements d'Alsace et de Moselle) ont gardé des particularités héritées de la période d'occupation allemande : jours fériés différents, rapport entre l'Église et l'État, régime d'assurances sociales.

• La région, qui appartient à ce que l'on appelle l'**Europe rhénane**, est dessinée par la plaine d'Alsace et le massif des Vosges, par les bassins des grands fleuves qui la traversent : le Rhin, la Meuse et la Moselle et par les quatre métropoles qui concentrent sa population : **Strasbourg**

Metz, centre Pompidou.

(780 000 habitants) et **Mulhouse** (285 000) pour l'Alsace, **Nancy** (435 000) et **Metz** (390 000) pour la Lorraine

• **La Lorraine** sort lentement de la crise industrielle liée à la fin des industries lourdes (fer, charbon). La région Lorraine est aujourd'hui exportatrice d'énergie électrique, grâce à ses centrales électriques et hydroélectriques, nucléaire, photovoltaïque et éolienne. La **métallurgie** tient encore une place importante. La **pétrochimie**, l'industrie **automobile**, l'**agroalimentaire** (eau minérale Vittel et Contrexéville), les industries du **bois** et du **papier**, l'industrie du **luxe** dans la verrerie et le cristal (Baccarat, Daum) permettent à la Lorraine de conserver une image de grande région industrielle.

• **L'Alsace** bénéficie de sa situation frontalière, de son rôle **portuaire** (Strasbourg, deuxième port fluvial de France), d'un tissu industriel dense autour de l'**automobile** (PSA à Mulhouse, Bugatti à Molsheim), de l'**aérospatial** (Mulhouse), de la **construction ferroviaire**, de sa riche agro-industrie (vin, bière, sucre), de sa présence dans les produits de **luxe** (Lalique, pour les bijoux et la verrerie et Pierre Hermé, pour les chocolats et macarons). **Elle accueille à Strasbourg le Parlement européen et le Conseil de l'Europe**.

• Grande **région patrimoniale**, l'Alsace-Lorraine est une terre de mémoire avec ses grands sites (lieux de mémoire) : Verdun, Douaumont, mais aussi Domrémy.

■ Strasbourg

C'est des « Serments de Strasbourg », en 842, que l'on date la naissance de la langue française. C'est à Strasbourg que Gutenberg commence ses travaux sur l'imprimerie. Rouget de Lisle y écrit *La Marseillaise*, en 1792. C'est à l'Allemagne que Strasbourg doit un des plus beaux ensembles de l'architecture germanique de la fin du XIXe siècle et du début du XXe. C'est Strasbourg, pour le symbole de paix qu'elle représente, qui est choisie comme siège du Conseil de l'Europe et du Parlement européen.

La cathédrale de Strasbourg, le centre historique de la ville, la Petite France sont inscrits au patrimoine mondial de l'Humanité.

Capitale universitaire, elle a accueilli 18 Prix Nobel et elle est le siège de nombreuses grandes écoles dont l'École nationale d'administration, l'International Space University, l'ISEG Business & Finance School.

Capitale culturelle, ses institutions ont un rayonnement national : théâtre national de Strasbourg ; Opéra national du Rhin ; bibliothèque nationale et universitaire.

COMPRENDRE

1 À quelles réalités renvoient les mots suivants ?

• crise : _____

• conflit : _____

• mémoire : _____

• enjeu : _____

• particularité : _____

ANALYSER

2 L'Histoire a particulièrement marqué ces deux régions. Quelles sont aujourd'hui les traces patrimoniales, institutionnelles, symboliques, quotidiennes qui témoignent de cette empreinte de l'Histoire ?

_____

_____

3 L'Alsace et la Lorraine constituent deux grandes régions industrielles.

• Quelles sont les industries que ces deux regions ont en commun ?

_____

_____

• Quelles sont leurs spécificités ?

_____

_____

4 Qu'entend-on par « Europe rhénane » ? Dessinez une carte schématique de l'Europe rhénane.

5 Préparez une visite guidée de Strasbourg.

DÉBATTRE

6 Verdun, Douaumont, Domrémy, la Cathédrale de Strasbourg… Quelle place faut-il accorder aux lieux de mémoire dans la célébration de la mémoire collective ? Appuyez-vous sur des exemples pris dans votre propre culture.

LA CHAMPAGNE-ARDENNE

La Champagne-Ardenne est une terre de symboles. Et quels symboles ! Sacre des rois de France à Reims ; croix de Lorraine, symbole de la France Libre (1940-1945), dominant le Mémorial dédié au Général de Gaulle (Colombey-les-deux-églises) ; cérémonie de réconciliation entre la France et l'Allemagne, célébrée à la cathédrale de Reims.

• La Champagne-Ardenne est **une terre de batailles** où s'est joué trois fois le destin de la France : Rocroi (1643) ; Valmy (1792) ; la Marne (1914).

• La Champagne-Ardennne est **une terre de passage**. Elle est aujourd'hui traversée par six autoroutes qui relient la mer du

« Champagne » dans le film Le bon plaisir, *avec C. Deneuve et J.-L. Trintignant.*

Nord, les pays du Benelux, l'Ouest de la France à l'Est de la France, à la Suisse, à l'Allemagne rhénane et à l'Europe du Sud.

• Région faiblement peuplée (**1,3 million d'habitants**), elle comprend trois grands centres urbains : **Reims**, **Troyes** et **Charleville-Mézières**.

• **Terre agricole**, l'agriculture occupe **60 % du territoire de la région**. Elle en fait la **deuxième région agricole française** pour les céréales, la deuxième pour le colza, les pois pour l'alimentation animale et les betteraves industrielles, la troisième pour les pommes de terre. La luzerne représente le quart de la production européenne.

• Mais c'est bien sûr la **viticulture** qui est l'activité dominante avec **le champagne**. Le vignoble s'étend sur 30 000 hectares et compte pas moins de 300 crus. La production constitue l'équivalent de 350 millions de bouteilles. Elle est récoltée par 4 776 récoltants et elle est commercialisée par 66 coopératives et 293 négociants, dont les grandes maisons de champagne connus dans le monde entier : Taittinger ; Laurent Perrier ; Veuve Cliquot, Ruinart ; Dom Pérignon et Perrier-Jouët.

• Le vignoble champenois et ses caves sont aussi l'une des grandes attractions touristiques de la région. Mais la cathédrale de Reims, le « chemin des Dames » (Guerre de 1914-1918), le Mémorial Charles de Gaulle, le musée Rimbaud (Charleville-Mézières) participent à l'attractivité touristique de cette terre de mémoire, d'histoire et de mythologie littéraire.

■ Champagne et cinéma

C'est une histoire aussi vieille que le cinéma : les **Frères Lumière** ont en effet tourné, en 1895, à Épernay, le premier film publicitaire de tous les temps sur… le champagne, bien sûr.

Oscar, César, Festival de Cannes, pas un festival qui ne soit associé à une marque.

Au temps du cinéma muet, c'est **Laurel et Hardy** qui se disputent une bouteille de Piper-Heidsieck et c'est **Hitchcock** qui intitule un de ses premiers films *Champagne !* (1928).

Agatha Christie a, quant à elle, concocté un *Meurtre au Champagne*, plusieurs fois adapté au cinéma et à la télévision.

Plus près de nous, c'est à **James Bond** que l'on pense : 35 ans de bons et loyaux services pour les différentes cuvées de champagne Bollinger au service de Sa Majesté.

La comédie en fait aussi bon usage et le champagne est l'objet de répliques ou de situations cultes : de *The Seven Year Ich* (Marilyn Monroe et son verre de Piper Heidsieck pour bien commencer la journée) à *Breakfast at Tiffany's* (Audrey Hepburn) et *Le Dernier Métro* (Catherine Deneuve, 1980) jusqu'à *Chouchou* (Gad Elmaleh, 2003) et *Podium* (Benoît Poelvoorde, 2004) en passant par Julie Andrews (*The Sound of music*, 1965), Jim Carrey (*I love Philippe Morris*, 2009), Georges Clooney et Catherine Zeta Jones (*Intolerable Cruelty*, 2003).

COMPRENDRE

1 Trouvez les définitions des mots suivants et donnez un exemple pris dans le texte.

• sacre : _____

• mémorial : _____

• destin : _____

• mythologie : _____

• cru : _____

ANALYSER

2 Rocroi, Valmy, la Marne : pourquoi ces batailles sont-elles importantes pour la mémoire française ?

_____

_____

3 Qu'est-ce qui fait la puissance agricole de la région Champagne-Ardenne ?

_____

_____

4 Quelles sont les marques de la puissance de la viticulture champenoise ?

_____

_____

5 Choisissez une attraction touristique de la région Champagne-Ardenne. Dites pourquoi vous l'avez choisie.

DÉBATTRE

6 Révolte littéraire (Rimbaud), héroïsme militaire (Valmy, bataille de la Marne), sursaut national (Jeanne d'Arc, Général de Gaulle)… À laquelle de ces formes de dépassement vous identifiez-vous ? Comparez ces formes de dépassement avec ceux de votre propre histoire nationale.

L'ÎLE-DE-FRANCE

L'Arche de la Défense, dans le quartier d'affaires de La Défense, à l'ouest de Paris.

Autour de Paris et de ses vingt arrondissements s'est développé un immense ensemble, qu'on appelle administrativement l'Île-de-France et plus communément la région parisienne. Elle comprend : la banlieue ou petite couronne avec ses trois départements : la Seine-Saint-Denis, les Hauts-de-Seine, le Val-de-Marne ; la région parisienne avec les quatre départements qui constituent la grande couronne : le Val-d'Oise, les Yvelines, la Seine-et-Marne et l'Essonne.

• L'Île-de-France est la région des superlatifs : dix siècles d'histoire qui se confondent avec la construction de l'État et de la Nation, **12 millions d'habitants** (la plus grosse agglomération d'Europe) ; **650 milliards de PIB** ; **800 kilomètres** d'autoroutes ; **six gares** de chemin de fer terminus vers la banlieue et vers le reste de la France avec son réseau en étoile ; **16 lignes de métro** dans Paris ; **5 lignes de RER** desservant la banlieue ; **9 lignes de tramways** ; **700 kilomètres de voies d'eau** navigables irriguent le bassin de la Seine ; **trois aéroports** (Roissy-Charles-de-Gaulle, Orly, Le Bourget (aviation d'affaires) qui accueillent 95 millions de passagers ; 23 millions de déplacements mécanisés, dont la moitié en véhicules privés et utilitaires ; première destination touristique mondiale.

• La région parisienne représente un poids économique énorme. **Avec son PIB, elle fait partie des cinq grandes métropoles, moteurs de l'économie mondiale**. De nombreux groupes nationaux et internationaux ont leur siège en Île-de-France. Elle tire sa puissance :

– des **services** : services aux entreprises (grandes banques mondiales : BNP, Société Générale, Crédit agricole) ; plus de **400 institutions financières** (Euronext, **4ème place bancaire mondiale**) ; services collectifs (électricité, environnement et distribution, téléphonie et services numériques) ; services à la personne (santé, éducation, action sociale, administration).

– de l'industrie : **une industrie à haute valeur ajoutée** dans les secteurs de l'aéronautique, de l'espace et de la défense ; dans le secteur de la construction et de la recherche automobiles ; nucléaire, pétrolière, gazière.

– de **l'agriculture** : **45 % du territoire de l'Île-de-France** avec des productions à haut rendement (blé, betterave sucrière) et des cultures maraîchères qui occupent la moitié des surfaces agricoles. L'industrie agroalimentaire compte plus de 500 entreprises.

• L'Île-de-France est aussi **le principal centre intellectuel, culturel et scientifique du pays** : grandes écoles (École polytechnique, École normale supérieure, HEC, ENSAD), universités (Sorbonne, Dauphine), laboratoires de recherches (Institut Pasteur), grandes institutions culturelles, presse nationale (*Le Monde*, *Le Figaro*), grands réseaux de radio publique (Radio France) et privée (RTL, Europe 1, NRJ), télévisions (France Télévisions, TF1, Canal+) sont tous concentrés en Île-de-France.

• Avec ses richesses touristiques historiques (Versailles, Fontainebleau, Chantilly, Saint-Germain, Vaux-le-Vicomte, Chartres) ses parcs de loisirs (Disneyland, Astérix), ses infrastructures pour accueillir salons et congrès internationaux, et bien sûr l'attractivité de Paris, l'Île-de-France est la **première destination touristique au monde**.

COMPRENDRE

1 Relevez tous les adjectifs qui soulignent l'importance de l'Île-de-France. Indiquez leur contexte d'emploi.

immense (ensemble) _____

ANALYSER

2 Voici la structure de la région parisienne. Placez les différents départements qui constituent l'Île-de-France. Trouvez les numéros et placez les préfectures de chacun de ces départements.

_____

_____

_____

3 Complétez avec les chiffres-clés de l'Île-de-France.

• Démographie : _____

• Transports : _____

• Puissance économique : _____

• Puissance financière : _____

4 Qu'est-ce qui fait de l'Île-de-France l'un des cinq moteurs de l'économie mondiale ?

_____

5 À quoi reconnaît-on la puissance culturelle de l'Île-de-France ?

_____

6 Faites un petit historique du mot « banlieue »

DÉBATTRE

7 Comparez le poids de la région capitale de votre pays à celui de l'Île-de-France. Un développement plus équilibré des différentes régions est-il préférable à la prépondérance d'une région ? Établissez les forces et faiblesses des deux modèles.

LA FRANCE D'OUTRE-MER

Amérique, Océanie, Antarctique, océan Indien, la France rassemble des départements, des territoires, des régions dans toutes les parties du globe hors de l'Europe.

• L'ensemble des territoires d'outre-mer (120 000 km² et 2,7 millions d'habitants) sont issus des anciens empires coloniaux français.

• **Ces territoires sont très éloignés de la France** : 6 800 km pour les Antilles ; 16 000 km pour la Polynésie française ; 19 000 km pour la Nouvelle-Calédonie.

• Hormis la Guyane (Amérique du Sud), tous ces territoires sont **des îles** qui permettent à la France de disposer d'**une surface maritime exclusive de plus de 10 millions de km²**, la deuxième du monde après celle des États-Unis.

• Les **Antilles françaises** comprennent les départements de la **Guadeloupe**, de la **Martinique** et les collectivités de **Saint-Martin** et de **Saint-Barthélémy**.

• Au Nord, on trouve le département de **Saint-Pierre-et-Miquelon** et les Terres

Saint-Pierre-et-Miquelon, Mayotte, Polynésie française, Guadeloupe.

d'outre-mer inhabitées (**Terres australes et antarctiques françaises**).

• Dans l'océan Indien, se trouvent les départements de la **Réunion** et de **Mayotte**.

• L'Océanie abrite les collectivités de **Nouvelle-Calédonie**, de **Polynésie française** et de **Wallis-et-Futuna**.

• **L'île de Clipperton,** située dans l'océan Pacifique nord, est le seul lagon d'eau douce au monde.

• L'ensemble des territoires bénéficie d'un niveau de développement nettement supérieur à celui des pays voisins immédiats. **L'agriculture, le tourisme, la construction constituent les trois secteurs d'activités de l'ensemble des économies ultramarines**. Il faut y ajouter, pour la Guyanne, le centre aérospatial de Kourou et pour la Nouvelle-Calédonie, la ressource minière du nickel.

• Si l'échange économique dépend largement des transferts de la métropole, en revanche l'échange culturel constitue un enrichissement pour la France métropolitaine et participe de la **dynamique de la francophonie** : la littérature, la musique, la danse, les arts plastiques ont, en particulier, largement profité de l'apport des imaginaires, des rythmes, des couleurs, des formes ultramarins.

■ La France d'outre-mer et sa gastronomie

La France métropolitaine fait une belle place à la gastronomie ultramarine.

• De Polynésie, elle a ramené le lait de coco associé au poisson, la patate douce servie avec des viandes, une utilisation du gingembre dans les assaisonnements et de la vanille dans la pâtisserie.

• La Guadeloupe et la Martinique sont présentes sur les tables de la métropole avec les bananes vertes ou pas, le colombo de porc ou de poulet, le rhum pour les punchs et les cocktails, les accras de morue, le boudin créole, et avec le blanc-manger-coco, comme dessert.

• À La Réunion, on doit également le punch, l'usage du piment curcuma, les achards de légumes macérés, les beignets de bananes, le goût des mangues, des petits ananas doux et sucrés et des goyaves.

COMPRENDRE

1 Retrouvez le contexte d'emploi des adjectifs suivants puis faites une phrase qui constitue un résumé partiel de l'information contenue dans le texte.

• éloigné : _____

• maritime : _____

• inhabité : _____

• seul : _____

• supérieur : _____

_____

_____

ANALYSER

2 Associez ces chiffres aux réalités qu'ils décrivent.

• 120 000 : ——————————————   • 2,7 millions : ——————————————

• 10 millions : ——————————————   • 19 000 : ——————————————

3 Situez sur une mappemonde les différents territoires.

4 Qu'est-ce qu'ont en commun ces différents territoires ?

_____

5 Faites le portrait, au choix, d'un découvreur, d'un scientifique, d'un marin, d'un artiste associé à la découverte, à la valorisation, à la célébration de ces mondes lointains.

DÉBATTRE

6 Composez un repas avec les spécialités d'outre-mer de votre choix. La France fait une large place dans sa cuisine aux spécialités ultra-marines… Quelles réflexions vous inspirent cette ouverture ?

REPÈRES/GÉOGRAPHIE

4 PARIS

Le palais du Louvre et les Tuileries (XVIIIᵉ siècle).

■ HISTOIRE

Les Romains l'avaient appelée Lutèce, mais c'est finalement son nom celte qui est resté, celui de ses premiers habitants, les *Parisii*.

• Le destin de Paris est lié à ceux qui l'ont protégé : Sainte Geneviève, la patronne de la ville, contre les Huns, Eudes contre les Normands. Philippe Auguste en 1200, Charles V en 1360, Louis XVI et les Révolutionnaires entre 1784 et 1796, Thiers entre 1840 et 1845 ont construit des enceintes et des fortifications successives.

• Le destin de Paris est aussi lié à ceux qui l'ont élue : Clovis en fait la capitale de son royaume en 508, Hugues Capet, sa résidence royale en 987.

• Le destin de Paris est enfin lié à ceux qui ont été ses **grands bâtisseurs**. Henri IV a été son premier urbaniste : on lui doit le Pont-Neuf, les places Dauphine et Royale. Tous les rois, à sa suite, ont transformé la capitale. Ils ont ouvert de grandes perspectives comme les **Champs-Élysées**, les Invalides, le Champ-de-Mars ; ils ont fait construire de prestigieux bâtiments comme les Invalides, l'hôtel de la Monnaie, l'hôtel de Sully, l'École militaire et ils ont continuellement agrandi le **palais du Louvre** ; ils ont aussi fait réaliser des places avec de grands programmes immobiliers, telles que la place des Vosges, la place Vendôme, la place des Victoires ou la place de la Concorde.

• C'est à Napoléon III et au baron **Haussmann** que l'on doit le visage du Paris actuel, les grands boulevards et les grands parcs (bois de Boulogne et de Vincennes, Buttes-Chaumont, parc Monceau).

• La IIIᵉ République a laissé la **tour Eiffel**, le Petit et le Grand Palais, le palais de Chaillot et le palais de Tokyo et créé le réseau du métro.

• La IVᵉ République a programmé le nouveau quartier de **La Défense** à l'ouest, et réalisé le boulevard périphérique.

• Sous la Vᵉ République, les présidents Georges Pompidou et François Mitterrand ont été de grands bâtisseurs pour Paris : le premier a laissé le **Centre Georges-Pompidou**, dans le quartier Beaubourg ; le second, le **nouveau musée du Louvre avec sa célèbre pyramide**, l'Arche de la Défense, l'Opéra-Bastille, le **Parc de la Villette** avec la Cité des sciences et la Cité de la musique, le nouveau site de la Bibliothèque nationale, l'Opéra Bastille. Il a aussi inauguré le musée d'Orsay, décidé par le président Giscard d'Estaing. Le président Chirac a voulu le **musée du Quai Branly**, désormais Musée du quai Branly-Jacques Chirac, consacré aux arts et civilisations d'Afrique, d'Asie, d'Océanie et des Amériques. Quant à François Hollande, il a inauguré, en janvier 2015, la **Philharmonie de Paris**.

■ L'odyssée du « périphérique »

Le boulevard périphérique ou « périph' », dans le langage parisien et banlieusard, est construit sur le tracé de l'enceinte militaire des années 1840. La construction du périphérique, décidée en 1954 et commencée en 1956, s'est achevée en 1973. Voie rapide de **35 km**, il s'est vite transformé en voie autoroutière la plus fréquentée d'Europe (**270 000 véhicules/jour**). Aujourd'hui, le périphérique (la vitesse y est limitée à **70 km/h**) est envisagé comme une voie intérieure et un lieu d'échanges entre Paris *intra muros* et la proche banlieue ou « petite couronne », celle qui donne son nom à bon nombre des portes de Paris. Les projets urbanistiques en cours (Paris Rive-Gauche, Austerlitz et Batignolles) cherchent à assurer une continuité entre Paris et la banlieue.

COMPRENDRE

1　　Associez ces verbes aux grands bâtisseurs ou protecteurs de Paris.

• protéger : _____

• transformer : _____

• faire construire : _____

• devoir : _____

• vouloir : _____

• construire : _____

• ouvrir : _____

• faire réaliser : _____

• créer : _____

• inaugurer : _____

ANALYSER

2　　Caractérisez l'urbanisme de Paris.

_____

3　　Faites l'itinéraire de votre visite de Paris. Décrivez et commentez.

DÉBATTRE

4　　POUR ou CONTRE. Faites deux groupes pour débattre de la question suivante : faut-il respecter l'héritage architectural d'une ville ou faut-il le sacrifier au nom de la modernité ?

ÉCOUTER

5　　🎧　　Écoutez puis répondez aux questions.

Le musée du Louvre

Le Louvre dévoile ses secrets à un petit groupe d'élèves de CM2.

• Relevez les chiffres cités dans le reportage :

nombre de visiteurs ; part des visiteurs étrangers ; nombre d'œuvres exposées ; nombre de tableaux ;

nombre de personnes travaillant au musée ; nombre de pompiers

_____

• Quels sont les métiers exercés au Louvre ? Faites la liste. Cherchez dans le dictionnaire la définition de

ceux que vous ne connaissez pas.

_____

• Est-ce que, la nuit, le musée du Louvre ressemble à ce qui se passe dans la série de films *La nuit au musée* ?

_____

QUARTIERS

La ville de Paris est peu étendue (80 km², 105 km² avec les Bois de Boulogne et Vincennes), si on la compare à Londres ou Berlin. Pourtant, à l'intérieur de cet espace restreint, la ville a découpé des espaces très spécifiques et facilement reconnaissables.

• C'est ainsi que le **Quartier Latin**, avec les universités, les bibliothèques, les grandes écoles, les éditeurs, les cinémas d'art et d'essai, les cafés littéraires, concentre l'activité intellectuelle.

• **L'île de la Cité,** avec la préfecture de police, le palais de justice, les différents tribunaux, l'austère Conciergerie, est tout occupée à l'activité juridique. Mais elle est aussi le lieu monumental de la vie religieuse avec Notre-Dame de Paris.

• Sur les **grands boulevards**, de la place de la Bastille à l'Étoile, se trouvent les énormes édifices des banques, des assurances, de la Bourse et des grands magasins : c'est le centre des affaires et du commerce. C'est aussi le lieu des théâtres, des salles de concerts et d'opéras et des cinémas.

• Autour de la **place Vendôme**, du **faubourg Saint-Honoré** et de l'**avenue Montaigne** se situent les commerces du luxe, de la joaillerie, de la haute couture et de l'art.

• Les **Champs-Élysées** forment d'abord une perspective unique entre le Louvre et La Défense. L'essentiel de l'avenue est tournée vers la consommation, le tourisme et le loisir.

Rive droite

• Depuis 2000, avec ses anciens ateliers d'artisans dédiés aujourd'hui à l'économie numérique, ses boutiques à la mode, ses cafés à thème, ses cinémas, ses salles de spectacles, son nouvel environnement avec la **Coulée verte**, l'**axe République-Bastille-Porte Dorée** est devenu l'un des nouveaux espaces de travail et de loisirs de la capitale.

• Les vieux quartiers populaires voient **Ménilmontant** se peupler de galeries d'art, **SoPi** (**South Pigalle**), retrouver des nuits festives et musicales, **Barbès** et la

Canopée des Halles.

Goutte d'Or proposer une nouvelle donne culturelle avec des lieux (cinéma Louxor, espace du 104, la Recyclerie) ouverts sur une culture jeune, pluridisciplinaire et multiethnique.

• La nouvelle sociologie de Paris, symbolisée par les bobos (bourgeois-bohèmes), s'est installée dans deux anciens quartiers populaires de l'artisanat parisien : le **Xe arrondissement**, autour du **canal Saint-Martin,** avec ses agences de publicité et de graphisme, sa bohème arty, et les **Batignolles** (quartier historique des Impressionnistes), dont l'extension va accueillir la préfecture de Police de Paris et le tribunal de grande instance.

Rive gauche

• Autour du nouveau centre commercial **Beaugrenelle,** ouvert en 2014, du musée du Quai Branly-Jacques Chirac, dédié aux arts et civilisations d'Afrique, d'Asie, d'Océanie et des Amériques et du parc André-Citroën, le nouveau XVe marie le monde des médias (France Télévisions), l'industrie des services du Quai de Seine, la culture et le commerce.

• Dans le XIIIe, **Paris-Rive gauche** a vu se développer tout un nouveau quartier, une nouvelle architecture, avec ses centres intellectuels (Bibliothèque nationale, site François Mitterrand, université Paris VII), ses lieux de loisirs (multiplexe MK2 Bibliothèque, Fondation Jérôme Seydoux-Pathé), ses espaces dédiés à la mode et au design (Cité de la mode et du design), sa future Cité numérique.

COMPRENDRE

1 Associez ces activités à leurs quartiers.

• commerces de luxe : _____

• vie religieuse : _____

• centre des affaires, du commerce et des loisirs : _____

• activité juridique : _____

• activité intellectuelle : _____

ANALYSER

2 Quelles grandes fonctions de la capitale désigne chacun des quartiers ?

_____

_____

3 Retrouvez quelles images partagées – « clichés » historiques de Paris – sont associées à ces quartiers.

• Place Vendôme, Avenue Montaigne : _____

• Quartier Latin, Saint-Germain des Prés : _____

• Grands boulevards : _____

• Quais de Seine, l'île de la Cité : _____

• Les Champs-Élysées : _____

4 Quelles sont les caractéristiques communes aux quartiers en plein renouveau de Paris ?

_____

_____

5 Faites votre programme d'une journée à Paris. Présentez-le à la classe. Justifiez vos choix.

_____

_____

DÉBATTRE

6 Qu'est-ce qu'évoque pour vous Paris, le Paris que vous avez visité ou le Paris dont vous rêvez ? Comparez.

■■■ FONCTIONS

Paris est une ville globale. C'est un statut qu'elle partage avec Londres, New York et Tokyo. Au centre de la plus grande aire urbaine d'Europe (12 millions d'habitants), elle apparaît toujours plus comme un centre de richesses, une capitale financière et boursière, un centre de création technologique, culturelle et intellectuelle.

• **Capitale politique et administrative**, Paris concentre l'essentiel du pouvoir : présidence de la République, gouvernement, Parlement, Conseil d'État, Conseil constitutionnel, Cour de cassation, Conseil de la magistrature, centrales syndicales et instances patronales, Conseil économique et social...

• **Capitale économique et financière**, Paris abrite, à Paris-La Défense, le plus grand quartier d'affaires d'Europe. Elle se situe au deuxième rang mondial pour l'accueil des centres de décision des 100 plus grandes entreprises mondiales. Les principaux centres de décision industrielle français ont leur siège à Paris (Total, Vivendi, France-Télécom, Renault, Suez, EDF, Sanofi-Aventis...), tout comme les grandes banques (BNP-Paribas, Crédit Agricole, Société Générale, Crédit Lyonnais), ou les sociétés d'assurance (Axa...), ainsi que la Bourse.

• **Capitale du luxe**, elle regroupe deux des leaders mondiaux du luxe (groupe Arnault [LVMH,(Louis Vuitton, Moët, Hennessy] et groupe Pinault [Kering]), les grandes maisons de haute couture et de parfums (Dior, Chanel, Saint-Laurent, Gaultier), de maroquinerie (Hermès, Vuitton), de joaillerie (Cartier). Elle est aussi une capitale mondiale du shopping, avec ses grands magasins nés au XIXᵉ siècle et dont elle a inventé le concept : les Galeries Lafayette, Le Printemps, Le Bon Marché.

• **Capitale mondiale du tourisme**, elle a accueilli 31 millions de touristes en 2016. Grâce à son hub aéroportuaire de Roissy-Charles-de-Gaulle, elle est aussi une des premières villes au monde pour les foires et les salons. Elle accueille 400 salons internationaux dont le Mondial de l'automobile, le Salon de l'aéronautique et de l'espace au Bourget, le Salon nautique, le Salon de l'agriculture, etc.

• **Capitale culturelle et intellectuelle**, elle regroupe les éditeurs, les grandes institutions culturelles patrimoniales et de création (musées du Louvre, d'Orsay, Centre Pompidou, Comédie-Française, Opéra et Ballet national, orchestres symphoniques), l'Institut de France avec l'Académie française... Dix universités, la plupart des grandes écoles (Polytechnique, École des Mines, École Centrale, Ponts-et-Chaussées, École nationale des Beaux-Arts, Institut des sciences politiques), les centres de recherches dont le CNRS (Centre national de la recherche scientifique) et l'Institut Pasteur, le Collège de France assurent la prééminence de Paris dans la formation des élites et la diffusion de la pensée.

• **Capitale médiatique**, elle abrite les grands groupes de médias, les journaux, et magazines nationaux, les chaînes de télévision et de radio, les studios de cinéma, les agences de presse (AFP), les nouveaux opérateurs de l'Internet.

• **Capitale internationale**, elle est le siège d'organismes comme l'UNESCO, l'OCDE, l'Organisation internationale de la Francophonie...

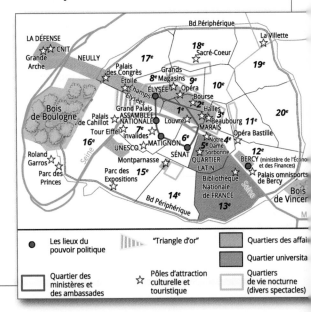

COMPRENDRE

1 Retrouvez sur le document ci-contre les lieux qui illustrent les différentes fonctions de Paris.

• fonction politique : _____

• fonction religieuse : _____

• fonction touristique : _____

• fonction économique, financière et commerciale : _____

• fonction internationale : _____

• fonction intellectuelle : _____

• fonction culturelle : _____

ANALYSER

2 À quoi reconnaît-on que Paris est une ville globale ?

_____

_____

3 Qu'est-ce qui fait de Paris une ville tournée vers le monde ?

_____

_____

4 Quels sont les signes de la puissance économique, financière et commerciale de Paris ?

_____

_____

5 Qu'est-ce qui assure à Paris sa réputation de capitale culturelle ?

6 Choisissez un lieu emblématique de l'une des fonctions de Paris. Faites sa présentation.

_____

_____

DÉBATTRE

7 À votre avis, pourquoi Paris reste-t-elle la première destination touristique du monde ?

PARIS ET LA BANLIEUE

Paris délimité, autrefois, par ses fortifications, aujourd'hui par son périphérique, a laissé se développer, à ses portes et « hors les murs », une zone de villes moyennes qui ceinturent Paris : la banlieue. Une banlieue faite, au départ, de petites maisons ouvrières ou de résidences bourgeoises et, plus tard, à partir des années 1960, de grands ensembles, d'abord symboles de confort moderne avant de devenir symboles de **relégation sociale**.

• D'un côté, il y a l'image de la ou des banlieues qui sont souvent, aujourd'hui, synonymes de **grands ensembles**, caractérisés par un **déficit d'intégration sociale**. Certains parlent de « **balianophobie** », un mélange de peur et de haine envers un « jeune-de-banlieue », imaginaire et stéréotypé.

• D'un autre côté, il y a ceux qui mettent en valeur un **dynamisme à l'écoute de la modernité** ; un mélange de fascination pour la réussite individuelle et de goût pour la vie en communauté ; un **bouillonnement culturel** visible dans les cultures urbaines (slam, rap, hip-hop, tags) et un investissement dans le sport (sports collectifs et sports de combats) ; l'existence de réseaux de solidarité.

• La banlieue parisienne comprend aussi bien des **quartiers aisés** que des **quartiers** plus **populaires**.

• Dans le **Nord-Ouest** et le **Nord-Est**, sont concentrées beaucoup de « **cités** », associées à d'anciennes zones ouvrières et industrielles et, aujourd'hui, à l'**immigration** et au **communautarisme**. C'est le cas de la Seine-Saint-Denis, de l'Est et du Sud-Est du Val-d'Oise.

• À l'**Ouest**, vit une population de **cadres** et de **classes moyennes supérieures**. Trois lieux emblématiques : le quartier des centres de décision de La Défense, le centre commercial de Vélizy, la ville connectée d'Issy-les-Moulineaux. L'ouest est associé aux villes aisées de Neuilly-sur-Seine, Saint-

MC93 Bobigny.

Cloud, Versailles, Le Vésinet, Saint-Germain-en-Laye ou Rueil-Malmaison.

• La banlieue **Sud-Est** est moins homogène. Elle fait alterner des **communes** considérées comme « **sensibles** », c'est-à-dire à problèmes (Bagneux, Malakoff, Massy, Les Ulis…), entrecoupées de **zones résidentielles protégées** (Verrières-le-Buisson, Bourg-la-Reine, Antony…).

• Plus on s'éloigne et plus on peut découper la **banlieue Sud** de Paris en **deux zones, de part et d'autre des rives de la Seine**. D'un côté, il y a les bords de Seine où l'on trouve les grandes cités des Yvelines (Chanteloup-les-Vignes, Sartrouville, Les Mureaux, Mantes-la-Jolie, Poissy…) et de l'Essonne (Évry, Courcouronnes, Grigny, Corbeil-Essonnes, Fleury-Mérogis, Les Ulis…). De l'autre côté, on trouve des zones pavillonnaires où se regroupent des populations aisées (vallée de la Bièvre et de Chevreuse).

■ Lire, écouter, voir la banlieue

• Lire : Prévert et son poème *Aubervilliers*.
• Écouter : Renaud (*Laisse béton* et *Marche à l'ombre*) ; les rappeurs de MC Solar à IAM et NTM, jusqu'à Diams, Maître Gim et Doc Gynéco…
• Voir : *La Haine*, Mathieu Kassovitz, 1995 ; *Bye Bye*, Karim Dridi, 1995 ; *Raï*, Thomas Gilou, 1995 ; *Ma 6-T va crack-er*, Jean-François Richet, 1997 ; *De l'autre côté du périph*, Bertrand Tavernier, 1997 ; *L'Esquive*, Abdellatif Kechiche, 2004 ; *Neuilly sa mère*, Gabriel Julien-Laferrière, 2008 ; *La Cité rose*, Julien Abraham, 2013.

COMPRENDRE

1 En parlant de la banlieue, à quoi associe-t-on les mots suivants ?

• symbole : _____

• synonyme : _____

• dynamisme : _____

• aisée : _____

• sensibles : _____

• protégées : _____

• pavillonnaires : _____

• populaires : _____

ANALYSER

2 Le mot « banlieue » a été associé, au fil du temps, à des représentations différentes. Caractérisez ces représentations.

_____

_____

3 À quoi ressemble le paysage de la banlieue ?

_____

_____

4 Qu'entend-on par « balianophobie » et quelle image s'oppose à l'image de « balianophobie » ?

_____

5 Géographie de la banlieue. Dessinez une carte et notez :

• les cités difficiles ; les grandes cités ; les communes sensibles à problèmes ;

• les zones résidentielles des cadres et des classes moyennes ; les zones résidentielles privilégiées ; les zones pavillonnaires.

DÉBATTRE

6 Choisissez dans l'encadré un poème, une chanson, un film. Présentez-le à la classe et dites quels aspects de la banlieue il présente.

7 Comparez avec l'image de la banlieue telle qu'elle est perçue dans votre ville.

5 L'ÉTAT-NATION

■ DATES ET FAITS

Il existe une histoire partagée par la plupart des Français.

• L'histoire de France commence par un acte de **résistance** : la résistance des Gaulois, indisciplinés, divisés, à la **conquête romaine de la Gaule** par César, entre 59 et 51 avant J.-C.

• Avec **les Francs et Clovis** (496), le royaume a un nom, la France, une capitale, Paris, et il devient royaume chrétien.

• **Charlemagne** (800), avec son Empire, réalise l'union politique, religieuse et culturelle de l'Europe.

• 987 est une date importante : avec **Hugues Capet, roi de France**, c'est le début de la construction de l'**État-Nation**.

• 1431 : **Jeanne d'Arc** est brûlée à Rouen : la **Guerre de Cent Ans** a fabriqué pour plusieurs siècles un ennemi héréditaire : l'Anglais.

• 1515 : **François Ier**, vainqueur à Marignan, réalise le rêve italien de la France. La France importe de l'Italie une architecture, un art de vivre et une culture.

• 1610 : assassinat d'**Henri IV** : après les **guerres de Religion** (1572-1593) et l'**édit de Nantes** (1598), c'est l'unité nationale toujours en construction qu'on assassine.

• Le XVIIe siècle est **le siècle de Louis XIV**, synonyme de l'affirmation du **pouvoir de l'État**.

• 1789 : La **Révolution française**, c'est la prise de la Bastille (14 juillet), la Déclaration des droits de l'homme et du citoyen, la *Marseillaise*, Valmy (1792) et le peuple en armes, la mort du roi par la guillotine (1793), la Terreur (1794) et l'ascension de Bonaparte avec la campagne d'Italie (1796-1799).

• 1800-1815 : le Consulat (1800-1804) et l'épopée de Napoléon. L'Empereur (1804), Austerlitz (1804), le Code civil (1804), la retraite de Russie (1812), Les Cents Jours (1814) et Waterloo (1815).

• 1848-1870 : **Napoléon III**. La modernisation économique et sociale de la France et la transformation de Paris.

• 1870 : la **défaite contre la Prusse**, la perte de l'Alsace-Lorraine, la **Commune de Paris**, et un nouvel ennemi héréditaire : l'Allemand.

• La **Troisième République** (1875-1940) : le temps de l'école laïque, du libéralisme économique, de la militarisation mais aussi de la constitution d'un **empire colonial**.

• 1914-1918 et 1939-1945 : les **deux guerres mondiales** et la fin de la domination des puissances européennes.

• 1940 : la **défaite**, la collaboration avec l'Allemagne nazi mais aussi la **Résistance** autour du **Général de Gaulle**.

• 1958 : le retour du Général de Gaulle au pouvoir, la Ve République, la **fin de l'aventure coloniale et de la guerre d'Algérie**, le renouveau économique de la France et la **construction européenne**. Georges Pompidou (1969-1974) puis Valéry Giscard d'Estaing (1981) lui succèdent.

• 1981 : **la gauche** arrive au pouvoir avec François Mitterrand (1981-1995). C'est le début de l'**alternance gauche/droite** avec les présidences Chirac (1995-2007) et Sarkozy (2007-2012), à droite, et Hollande (2012-2017), à gauche. Avec les gouvernements Chirac (1986-1988) et Balladur (1993-1995), sous un président de gauche, et le gouvernement Jospin (1997-2002), sous un président de droite.

Louis XIV en costume de sacr

COMPRENDRE

1   **Regroupez les faits sous ces différentes rubriques.**

• les actes de résistance : _____

• les défaites : _____

• les actes de rupture : _____

• les influences : _____

• les désastres : _____

• les temps de construction : _____

ANALYSER

2   **L'affirmation de l'État est une constante de l'histoire de France. Retrouvez les moments clés.**

_____

_____

3   **L'histoire de France est faite aussi d'affrontements intérieurs. Faites-en la liste.**

_____

_____

4   **La France a subi des influences au cours de son histoire et elle s'est aussi trouvée des ennemis héréditaires. Quelles sont ces influences et qui sont ces ennemis ?**

_____

_____

5   **Choisissez un personnage de l'histoire de France que vous connaissez ou que vous aimeriez découvrir et faire découvrir. Faites-en le portrait.**

DÉBATTRE

6   **La mémoire collective française a retenu quelques dates et événements clés : 52 avant J-C ; 800 ; 987 ; 1431 (Jeanne d'Arc brûlée vive) ; 1610 ; 1789 ; 1800-1815; 1870 ; 1914-1918 ; 1940 ; 1958 ; 1981... Quelle histoire dessinent-elles ? Comparez avec ceux de votre propre pays.**

■■■ PERSONNAGES

Quarante rois, deux empereurs, vingt-trois présidents de la République, sans compter les figures de la Révolution et les ministres éclairés, ont assuré la continuité de l'histoire de la France. Tous n'ont pas eu le même rôle. Certains ont été conquérants, visionnaires ou résistants, d'autres ont été bâtisseurs ou gestionnaires.

• Aux **visionnaires**, nous devons « une certaine idée de la France », de sa place dans l'Europe, de son rôle dans l'organisation des relations internationales. Charlemagne, Napoléon, Aristide Briand, Charles de Gaulle, Jean Monnet ont été ces visionnaires.

• Les **résistants** ont été les hommes et les femmes des situations désespérées : Vercingétorix contre l'invasion romaine, Jeanne d'Arc contre l'envahisseur anglais, de Gaulle contre l'acceptation de la défaite.

• Les **bâtisseurs** sont ceux qui ont fait la France : ils ont agrandi patiemment son territoire, lutté contre les hommes qui ne reconnaissaient pas leur pouvoir, assuré la paix, la justice, le progrès et l'unité, créé les institutions. Hugues Capet, Philippe

Jeanne d'Arc.

Auguste, Saint Louis, Louis XI, Henri IV, Louis XIV, Mirabeau, Danton, Robespierre, Marat, Napoléon 1er et Napoléon III, Gambetta, Thiers, Blum, de Gaulle, Georges Pompidou ont été ces bâtisseurs.

• Les **gestionnaires** ont eu la charge de la continuité de l'État, de la modernisation et de la bonne administration du pays et de son économie. Du Guesclin, Michel de l'Hospital, Sully, Richelieu, Mazarin, Turgot, Necker, Jules Ferry, Poincaré, Clémenceau, Pinay, Mendès France, Raymond Barre, Jacques Delors ont été ces hommes-là.

• Enfin, il y a les **constructeurs**, ceux qui ont aussi laissé une trace à travers les monuments qu'ils ont fait bâtir : François Ier et les châteaux de la Loire, Louis XIV et Versailles, Napoléon III et le nouvel urbanisme de Paris, Georges Pompidou et le Centre Pompidou, François Mitterrand et ses grands travaux (musée du Louvre, Bibliothèque nationale de France, Arche de la Défense, Opéra-Bastille), Jacques Chirac (Musée du Quai Branly).

Libération de Paris : le général de Gaulle descend les Champs-Élysées (26 août 1944).

COMPRENDRE

1 Définissez les mots suivants et employez-les dans un autre contexte que celui du texte.

• visionnaire : _____

• résistant : _____

• gestionnaire : _____

• bâtisseur : _____

ANALYSER

2 À qui est associé le destin de l'Europe à ces différentes époques...

• au début du IXe siècle ? _____

• au début du XIXe siècle ? _____

• après la Première Guerre mondiale ? _____

• après la Seconde Guerre mondiale ? _____

3 Précisez les buts dans lesquels ont agi les différents constructeurs.

_____

4 En groupe, faites une recherche sur les trois résistants cités dans le texte puis essayez de définir, aux vues de leurs actions, les qualités dont on fait preuve les résistants qui honorent l'histoire de la France.

DÉBATTRE

5 Il y a en France une croyance profonde en l'homme (de Gaulle) ou en la femme (Jeanne d'Arc) providentiel qui, surgi de nulle part ou presque et par sa seule volonté et sa capacité à rassembler, va changer le cours de l'histoire. Que pensez-vous d'une telle croyance ? Comparez avec ce qui s'est passé dans votre pays.

ÉCOUTER

6 🎧 Écoutez puis répondez aux questions.

Simone Veil

Simone Veil est la femme préférée des Français selon le baromètre des personnalités du *Journal du Dimanche.*

• Notez dans l'itinéraire de Simone Veil ce qui illustre :

– son engagement européen : _____

– son combat pour les femmes : _____

• Qu'est-ce que l'on peut lire sur son épée d'Académicienne ? _____

VALEURS

Comment tiennent ensemble tant de diversités ? Par la volonté exprimée de vivre ensemble. Des hommes et des femmes venus de peuples, de langues et de traditions différentes, ont choisi d'abandonner leurs particularités et de **se fondre dans une identité plus vaste** qu'ils ont librement acceptée. C'est ce qui fait la nation française.

• Les valeurs qui les unissent viennent de la **Déclaration des Droits de l'Homme et du citoyen (1789)**. Elle garantit les libertés fondamentales de l'individu : liberté physique, de conscience, de culte, d'expression, d'association et de réunion. Elle rappelle les droits politiques, économiques et sociaux des individus.

• Les Français sont également très attachés au **rôle de l'État**. L'Histoire

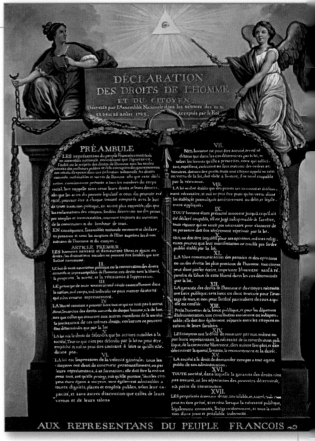

La déclaration des droits de l'homme et du citoyen (1789)

■ *La Marseillaise* vue par…

Edgar Morin

« *La Marseillaise*, que l'on chante désormais dans une étonnante unanimité […] est un hymne de combat (il fut celui de l'armée du Rhin). Composé par Rouget de Lisle en 1792, adopté comme hymne national en 1795 puis définitivement en 1879, il est tout à fait différent des hymnes nationaux, qui sont quasi religieux et liturgiques, à la Nation (*Deutschland über alles*, « l'Allemagne au-dessus de tout ») ou à la royauté, symbole de la Nation (*God Save the Queen*, « Que Dieu sauve la reine »).

Le premier couplet de *La Marseillaise*, qui est seul exécuté, mémorisé et chanté, surprend. […] Cet hymne de combat est un hymne d'éveil et de résistance à l'invasion des armées royalistes conjurées. Le danger est alors mortel pour la République naissante. Son caractère sanguinaire est lié à ce moment d'exaltation, voire d'ivresse vitale. Et surtout, il lie indissolublement l'identité de la République à la résistance aux tyrannies. Il lie non moins indissolublement l'idée de République à l'idée de France. »

D'après *Le Monde*, 18-19 mai 2014

a construit **un État fort** en même temps que se construisait la Nation. Aujourd'hui, la **construction européenne** et la **mondialisation** amènent à repenser le rôle de l'État ; elles imposent de le réformer. Cette réforme est très difficile à réaliser.

• De 1789 à 1968, l'histoire de France donne l'impression de ne pouvoir avancer que par **révolutions, révoltes, changements de régime politique**… En deux siècles, la France a connu trois révolutions, cinq républiques, deux empires, une monarchie constitutionnelle, un régime d'exception (État français de Vichy entre 1940 et 1944).

• Depuis 1870, la **République**, avec sa devise « **Liberté, Égalité, Fraternité** », est le régime qui exprime le mieux **l'idéal de gouvernement des Français**. Elle est liée par la Révolution française à l'idée de Nation et, par la Royauté et par l'Empire, à l'idée d'État fort ; elle doit favoriser l'épanouissement de l'individu et garantir le progrès social et économique.

COMPRENDRE

1 À quoi correspondent ces dates ?

• 1871 : —————————————— • 1789 : ——————————

• 1940-1944 : ——————————— • 1789-1968 : ——————————

ANALYSER

2 Qu'est-ce qui fait la particularité de la nation française ?

———————————————————————————————

3 Lisez les deux articles de la Déclaration des droits de l'homme et du citoyen de 1789 cités dans l'encadré ci-contre. Recherchez, dans les deux articles, les nouveaux principes qui remplacent le pouvoir absolu du roi et les privilèges de l'aristocratie.

———————————————
———————————————
———————————————
———————————————

> **Déclaration des droits de l'homme et du citoyen de 1789**
>
> **Article premier.** – Les hommes naissent et demeurent libres et égaux en droits. Les distinctions sociales ne peuvent être fondées que sur l'utilité commune.
>
> **Art. 6.** – La loi est l'expression de la volonté générale. Tous les citoyens ont droit de concourir personnellement, ou par leurs représentants, à sa formation. Elle doit être la même pour tous, soit qu'elle protège, soit qu'elle punisse. Tous les citoyens, étant égaux à ses yeux, sont également admissibles à toutes dignités, places et emplois publics, selon leur capacité, et sans autre distinction que celle de leurs vertus et de leurs talents.

4 « L'histoire en France n'avance que par révoltes, révolutions, changements de régime politique… » Illustrez par des exemples cette affirmation.

———————————————————————————————
———————————————————————————————

5 Que vous inspire la fameuse réflexion du Général de Gaulle : « Comment voulez-vous gouverner un pays où il existe 300 variétés de fromages ?! » ?

———————————————————————————————
———————————————————————————————

DÉBATTRE

6 Réforme ou révolution ? Quelle est, selon vous, la meilleure manière de mettre en œuvre le changement ? Comparez la manière d'avancer de votre pays avec celle qui prévaut en France.

6 POINTS DE REPÈRES

1789 ET LA RÉVOLUTION FRANÇAISE

La Révolution française a été un bouleversement total. C'est l'événement qui a le plus marqué les esprits à travers le monde.

Mouvement de libération et dictature, fête et terreur, révolution bourgeoise et mouvement populaire, **la Révolution française contient toutes les formes de révolutions** qui ont suivi jusqu'à aujourd'hui.

• Entre 1789 et 1799, elle est marquée par une série d'événements spectaculaires parmi lesquels on retiendra : la **prise de la Bastille** (14 juillet 1789), acte fondateur de la Révolution et symbole du peuple en armes ; l'abolition des privilèges (4 août 1789), hors le droit de propriété ; la **Déclaration des droits de l'homme et du citoyen** (26 août 1789), célébrée et reconnue pour son caractère abstrait donc universel ; la fête de la Fédération (14 juillet 1790), symbole de l'unité nationale ; la **victoire de Valmy** (20 septembre 1792) contre les puissances royales européennes, qui consacre l'armée de la Nation et popularise en Europe les idées révolutionnaires ; l'**exécution de Louis XVI** (21 janvier 1793), défi à l'Europe monarchique ; la Terreur (1793-1794), qui fait 100 000 victimes ; le peuple en armes contre les coalitions des monarchies européennes ; les campagnes d'Italie et d'Égypte (1796-1799), qui voient l'émergence de **Bonaparte** et d'une génération de jeunes et brillants chefs militaires qui repoussent les armées royales européennes et imposent la paix ; le coup d'État de Bonaparte, du 18 brumaire 1799, qui met fin à la Révolution : « Citoyens, la Révolution est fixée aux principes qui l'ont commencée, elle est finie. »

• La Révolution française a favorisé **l'arrivée d'hommes nouveaux** qui ont fait l'histoire de cette période : La Fayette, Mirabeau, l'abbé Grégoire, Condorcet, Carnot, Robespierre, Danton, Marat, Saint-Just, Babeuf, Barère, Sieyès, Barras, Talleyrand et bien sûr Bonaparte et ses généraux.

• De la Révolution française, on retiendra un certain nombre de **symboles** : le drapeau bleu, blanc, rouge, la *Marseillaise*, la devise de la République, « Liberté, Égalité, Fraternité », et la création des départements.

Prise de la Bastille (1789) : l'événement le plus symbolique de la Révolution française.

COMPRENDRE

1 Associez les dates aux événements.

• 14 juillet 1789 : ———————————

• 14 juillet 1790 : ———————————

• 21 janvier 1793 : ———————————

• 26 août 1789 : _____

• 20 septembre 1792 : _____

• 18 brumaire _____

ANALYSER

2 De quoi ces événements sont-ils le symbole ?

• Prise de la Bastille : _____

• Déclaration des droits de l'homme et du citoyen : _____

• Victoire de Valmy : _____

• Exécution de Louis XVI : _____

• Campagnes d'Italie : _____

• Coup d'État du 18 brumaire : _____

3 Parmi les « hommes nouveaux » cités dans le texte…

• qui a participé à la guerre d'indépendance américaine ? _____

• quel est le prêtre qui a fait voter l'abolition de l'esclavage ? _____

• quels sont ceux qui ont joué un rôle déterminant pendant la Terreur (1793-1794) ? _____

• qui a participé au coup d'État du 18 brumaire 1799 ? _____

4 Quels symboles de la France d'aujourd'hui datent de la Révolution ?

_____

5 Comment la Révolution a-t-elle modifié profondément l'organisation administrative de la France ?

_____

6 Choisissez un « homme nouveau ». Faites son portrait. Dites quel a été son rôle pendant la Révolution.

DÉBATTRE

7 Pourquoi la Révolution française a-t-elle inspiré tant de mouvements de libération à travers le monde ? Existe-t-il des traces de la Révolution française dans votre propre pays ?

MAI 1968 ET L'ESPRIT DE MAI

En mai 1968, le Général de Gaulle est depuis dix ans au pouvoir : il a mis fin à la guerre d'Algérie, donné à la France de nouvelles institutions, relancé puissamment l'économie, participé à la construction européenne, rétabli le prestige extérieur de la France.

• Et pourtant la France va connaître **un sociodrame unique dans l'histoire contemporaine** : comment un mouvement étudiant (semblable à ceux de Berkeley, Berlin ou Mexico) va se transformer en **révolte antiautoritaire, sociale, politique et culturelle**, entraîner la classe ouvrière dans une grève générale de cinq semaines et déstabiliser le pouvoir politique ?

• Mouvement social le plus important de la seconde moitié du XXᵉ siècle, Mai 68 a aussi été **un grand happening révolutionnaire lyrique et utopique**, où se sont multipliés les réunions informelles, les prises de parole, les discussions fleuves, les débats enflammés dans les entreprises, les lycées, les universités, les théâtres, les maisons de jeunes et de la culture

• De mai 1968, il reste surtout une série d'images en noir et blanc : **les barricades du Quartier latin** ; l'immense défilé populaire du 13 mai ; **l'occupation de la Sorbonne** ; **Jean-Paul Sartre**, en grand témoin à la Sorbonne et en militant, juché **sur un tonneau** devant les usines Renault ; **Daniel Cohn-Bendit, dans le rôle de Gavroche**, face aux CRS ; le Festival de Cannes interrompu ; les **usines occupées** comme en 1936 ; le Président et le Premier ministre absents, en voyage officiel à l'étranger ; **le voyage secret du Général de Gaulle** à Baden-Baden ; **les accords sociaux de Grenelle,** négociés par Georges Pompidou ; le contre-défilé gaulliste du 30 mai, avec Malraux à sa tête ; l'essence retrouvée et le départ en week-end de la Pentecôte…

• De mai 68, ont émergé un certain nombre de thèmes qui vont structurer le débat public jusqu'à l'arrivée de la gauche au pouvoir, en 1981 : l'autogestion, l'antiautoritarisme, l'écologie politique, les mouvements de libération des femmes, la décentralisation, le retour à la terre, le réveil des cultures régionales…

• Les événements de mai 1968 ont surtout marqué l'apparition d'une autre France, de nouvelles générations, celles du « baby boum » nées après la Seconde Guerre mondiale et décidées à prendre leur part de pouvoir et d'initiatives, à imposer leurs modes de pensée et d'être et leurs références.

■ L'esprit de mai

De mai 1968, il reste aussi un certain nombre de slogans, ce qu'on a appelé « l'esprit de mai », un esprit plein d'humour, corrosif voire surréaliste : « L'imagination prend le pouvoir » ; « Prenez vos désirs pour des réalités » ; « Il est interdit d'interdire » ; « Soyez réalistes, demandez l'impossible » ; « Sous les pavés, la plage » ; « Jouissez sans entraves » ; « Je suis marxiste, tendance Groucho » ; « Cours camarade, le vieux monde est derrière toi » ; « Plus je fais la révolution, plus j'ai envie de faire l'amour » ; « Nous sommes tous des Juifs allemands » ; « Cache-toi, objet » ; « Assez d'actes, des mots ». Et puis ces mots du général de Gaulle : « La récréation est terminée : la réforme, oui, la chienlit, non ! ». Les affiches qui ont souvent accompagné ces slogans sont aujourd'hui à la Bibliothèque nationale.

Conflit entre générations en mai 1968 :
un slogan provocateur.

COMPRENDRE

1 Voici un certain nombre de verbes utilisés dans le texte. Ils structurent les différents aspects et conséquences de mai 1968. Retrouvez ces différents aspects. Puis faites un résumé avec ces verbes.

• connaître : ———————————————

• se transformer : ———————————————

• entraîner : ———————————————

• émerger et structurer : ———————————————

• prendre et imposer : ———————————————————————

ANALYSER

2 Que faut-il comprendre quand on parle de mai 1968 comme d'un sociodrame ?

———————————————————————————————————————

3 Classez les images de mai 1968 évoquées dans le texte.

• images politiques : ———————————————

• images sociales : ———————————————

• images culturelles : ———————————————

• images protestataires : ———————————————

4 Quelles ont été les conséquences durables de mai 1968 ?

———————————————————————————————————————

5 Quand la classe rejoue « Mai 1968 ». Chacun choisit un slogan, dit pourquoi il l'a choisi, ce qu'il évoque pour lui.

DÉBATTRE

6 7 Lisez l'encadré « L'esprit de révolution ». Quelles images permanentes de la France, « Mai 1968 » évoque-t-il pour vous ? Un tel mouvement est-il, aurait-il été possible dans votre pays ? Pour quelles raisons ?

L'esprit de révolution

L'Histoire de France donne bien souvent l'impression de ne pouvoir avancer que par **déchirement, affrontement** et **révolte**... En deux siècles, la France a connu trois révolutions, cinq républiques, deux empires, une restauration, une monarchie constitutionnelle, trois coups d'État, un régime d'exception (Vichy), un putsch manqué...
Elle a connu aussi plusieurs **guerres civiles**, qui ont opposé des Français à d'autres Français : les guerres de religions au XVIe siècle ; la Terreur sous la Révolution ; la Commune ; la Résistance contre le régime de Vichy ; l'OAS (Organisation de l'armée secrète) contre le pouvoir gaulliste, pendant la Guerre d'Algérie...
L'histoire sociale est aussi une histoire d'**affrontements** : aux jacqueries (révoltes) paysannes de l'Ancien Régime ont succédé les grands mouvements ouvriers : grèves des canuts (ouvriers de la soie), à Lyon, des mineurs dans le Nord, à Saint-Étienne et à Decazeville, dans les Cévennes. Le XXe siècle a surtout retenu le grand mouvement social de 1936, au moment du Front populaire et, bien sûr, les événements de mai 1968.
L'histoire culturelle est aussi une histoire de **ruptures** : le romantisme, le surréalisme, le nouveau roman, la nouvelle vague sont à leur manière des coups d'état artistiques.

LA FRANCE DES ENTRE-DEUX-GUERRES

Trois guerres (1870-1871, 1914-1918, 1939-1945) vont faire et défaire le destin de la France moderne.

• **La guerre de 1870** et la défaite contre la Prusse, la répression sanglante de la Commune de Paris permettent à la République de devenir le régime politique définitif et consensuel dans lequel se reconnaissent les Français.

• **Entre 1875 et 1914**, La France vit à l'heure allemande. La revanche souhaitée contre le Reich victorieux conduit à un immense effort dans les domaines de l'éducation, de l'industrie, de la recherche et de l'équipement militaire. Elle développe une politique extérieure conquérante. L'école laïque, gratuite et obligatoire, la naissance d'un grand capitalisme industriel, le pari de la recherche (Pasteur, Pierre et Marie Curie), le choix de l'innovation (électricité, automobile, aviation), la constitution d'un immense empire colonial illustrent la volonté française de **rattraper** et de **devancer l'Allemagne**.

• **La guerre de 1914-1918**, malgré la victoire finale, laisse la France dans un état effrayant : **1,4 million de morts ou disparus, 3 millions de blessés**, tous jeunes ; tous les groupes sociaux sont touchés (intellectuels, paysans, ouvriers, professions libérales) ; les dégâts sont considérables dans les dix départements du Nord et de l'Est qui ont subi toute la guerre.

• **L'entre-deux-guerres (1918-1939)** est marqué par un rapide redressement économique jusqu'en 1929, par le sentiment que le monde ne sera plus jamais comme avant, comme en témoignent les mouvements artistiques de l'époque. La crise de 1929 indique le début d'une crise de confiance dans le capitalisme et se manisfeste par une aspiration profonde aux changements sociaux, qui aboutit au Front populaire (1936). La montée et le triomphe des totalitarismes en Italie, en Allemagne, en Espagne et en URSS se traduisent par **une perte de confiance dans la démocratie**.

• **La défaite** et surtout l'effondrement militaire, politique, humain de **juin 1940** illustrent une France vaincue par la victoire surhumaine de 1918, dont elle ne s'est, en réalité, jamais remise. **De 1940 à 1945, la France va connaître** sans doute **la plus grave crise de son histoire millénaire** : la défaite, l'occupation totale de son sol, l'humiliation, la misère, le pillage de ses ressources, la collaboration, la division et la guerre civile. Il faudra la vision, l'assurance de tous les instants de sa légitimité, l'autorité du **Général de Gaulle** et le courage et l'organisation de la **Résistance** intérieure et extérieure pour la sauver du naufrage et permettre sa reconstruction par une nouvelle génération d'hommes et de femmes, issue de cette épreuve.

Monument aux morts des deux guerres mondiales.

COMPRENDRE

1 Associez des dates à ces faits.

- _____ : l'esprit de revanche contre l'Allemagne
- _____ : une crise de confiance économique et politique
- _____ : de l'humiliation de la défaite à la résistance victorieuse
- _____ : la France victorieuse mais dans un état effrayant

ANALYSER

2 Comment se traduit l'obsession française des années 1870-1914 : rattraper et devancer l'Allemagne.

_____

3 En quoi la défaite et l'effondrement de 1940 constituent-ils pour la France la plus grave crise de toute son histoire ?

_____

4 Recherchez et présentez un livre, une chanson, un poème ou un film qui est représentatif de la période 1939-1945.

DÉBATTRE

5 Quelles réflexions vous inspirent l'effondrement global de la France en 1940 ? Un tel effondrement politique, économique, militaire et humain est-il encore possible dans le monde d'aujourd'hui ?

ÉCOUTER

6 🎧 Écoutez puis répondez aux questions.

L'entrée au Panthéon de 4 résistants

Quatre héros de la Résistance : Pierre Brossolette, Germaine Tillion, Jean Zay et Geneviève de Gaulle-Anthonioz ont fait leur entrée au Panthéon.

- Qui est…
- Pierre Brossolette ? _____
- Germaine Tillion ? _____
- Qu'ont-ils en commun ? _____

- Jean Zay ? _____
- Geneviève de Gaulle-Anthonioz : _____
- Qu'est-ce qu'ils symbolisent ? _____

DE L'EMPIRE COLONIAL À LA DÉCOLONISATION

La construction d'un grand empire colonial est liée à la défaite de 1870. L'expansion coloniale a plusieurs objectifs :

– **politique** : rendre sa puissance à la France ;

– **économique** : lui procurer les matières premières qu'elle n'a pas et assurer à sa production de nouveaux marchés ;

– **militaire** : constituer un réseau de bases navales dans le monde entier.

• L'Afrique du Nord, l'Afrique subsaharienne, le Moyen-Orient, l'océan Indien, l'Extrême-Orient forment **un empire de 10 millions de km²** peuplé de **50 millions d'habitants**.

• Avec cet empire, la France est la **seconde puissance coloniale du monde** après le Royaume-Uni. Elle couvre ses intérêts d'une mission civilisatrice : « porter partout sa langue, ses mœurs, son drapeau, ses armes et son génie ».

• Les désirs d'indépendance, après la Seconde Guerre mondiale, encouragés par les États-Unis, suscités par l'URSS et souhaités par l'Organisation des Nations Unies, obligent la France à renoncer à cet Empire.

• Elle le fait **de manière pacifique, en plusieurs étapes, avec les pays d'Afrique** : la Conférence de Brazzaville, réunie par le général de Gaulle en 1944, la « Loi Deferre » en 1956 et la création de la Communauté française, en 1958, vont ouvrir la voie et faciliter le passage des pays africains à l'indépendance (1959-1962).

• Elle le fait **de manière négociée avec la Tunisie** et avec **le Maroc** qui accèdent à l'indépendance en 1956.

• Elle le fait **de manière contrainte, à la suite de deux guerres, en Indochine et en Algérie**.

En Indochine, la France s'enlise dans une guerre contre le Vietminh communiste pour le compte d'États théoriquement indépendants (Cambodge, Laos, Vietnam). La défaite de Diên Biên Phû, les accords de Genève, en 1954, mettent fin à la présence française en Indochine.

En Algérie, la pression des populations européennes, le cadre institutionnel qui fait de l'Algérie trois départements français rendent impossible toute réforme du statut de l'Algérie. L'insurrection de la Toussaint (1954), déclenchée par le FLN (Front de libération national), engage la France dans une guerre meurtrière qui a plusieurs conséquences : elle va déchirer le pays jusqu'à la guerre civile (putsch des généraux et création de l'OAS ; elle précipite la fin de la IVe République ; elle permet le retour au pouvoir du Général de Gaulle (1958), qui fait approuver par référendum d'abord le droit de l'Algérie à l'autodétermination (1961) puis à l'indépendance, à la suite des accords d'Évian (1962).

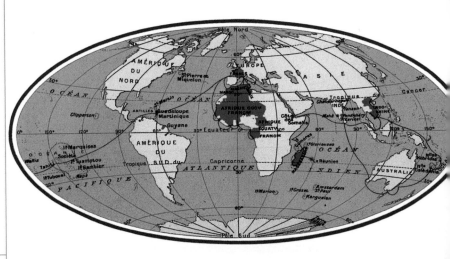

Carte des colonies françaises.

COMPRENDRE

1 À quels événements de l'histoire coloniale française correspondent ces dates.

• 1870 : _____

• 1944 : _____

• 1954 : _____

• 1956 : _____

• 1959-1962 : _____

• 1962 : _____

ANALYSER

2 Quels sont les objectifs de la constitution d'un empire colonial pour la France ?

_____

3 Dans quelles régions du monde la France a-t-elle établi des colonies ? Pour chaque région, faites la liste des pays concernés.

_____

_____

4 En quoi consiste la « mission civilisatrice » de la France dans ces colonies ?

_____

_____

5 Qu'est-ce qui explique l'engagement militaire de la France dans deux guerres coloniales, en Indochine d'une part et en Algérie d'autre part.

_____

6 Choisissez un des acteurs de la décolonisation et faites son portrait.

DÉBATTRE

7 La colonisation est aujourd'hui présentée comme une tache sur le drapeau de la France des droits de l'homme. Repentance, excuse, lois mémorielles font aujourd'hui partie des nouvelles manières de gérer le rapport à l'histoire. Qu'en pensez-vous ? Qu'en est-il dans votre pays ? Comparez.

LA FRANCE D'AUJOURD'HUI

La Ve République (1959) est née d'une crise : la guerre d'Algérie. Elle marque **le retour du Général de Gaulle au pouvoir** (1958-1969). Il fait voter une **nouvelle Constitution** qui renforce les pouvoirs du président de la République et donne ainsi au pays des institutions stables. Il achève la décolonisation en Afrique subsaharienne et parvient à mettre fin à la guerre d'Algérie en avril 1962. Les événements de mai 1968 surprennent le Général de Gaulle qui quitte le pouvoir en avril 1969.

• La présidence de **Georges Pompidou (1969-1974)** est surtout marquée par la mise en œuvre d'une politique industrielle dont les effets se font encore sentir aujourd'hui. Les années Pompidou sont synonymes d'un enrichissement significatif de la France et des Français.

• **La crise pétrolière de 1973** va orienter les choix politiques et économiques de la France pour les décennies qui suivent : faire en sorte que la crise soit la moins douloureuse possible pour les Français grâce à une puissante protection sociale, donner la priorité à la formation pour répondre à la crise, restructurer et ouvrir l'économie, accélérer la construction européenne afin de créer un espace de développement puissant et protégé. Les présidents **Giscard d'Estaing** (1974-1981), **Mitterrand** (1981-1995), **Chirac** (1995-2007), **Sarkozy** (2007-2012) et **Hollande** (2012-2017) ont suivi, avec des nuances, cette orientation stratégique générale.

• Le grand changement politique se produit en **1981** avec **l'arrivée de la gauche socialiste au pouvoir,** qui constitue la première alternance politique depuis le début de la Ve République. Politique industrielle, innovations sociales, politique culturelle, intégration européenne, grands travaux ont caractérisé les quatorze années de la présidence de François Mitterrand. Elles marquent aussi le début d'une **cohabitation entre droite et gauche** : Jacques Chirac (1886-1988) puis Édouard Balladur (1993-1995) seront les Premiers ministres de droite de François Mitterrand et Lionel Jospin (1997-2002) sera le Premier ministre de gauche de Jacques Chirac.

• Aujourd'hui, la mondialisation libérale et financière, la pression migratoire, la question identitaire, les interrogations sur les orientations à donner à la construction européenne, les tentations de repli sur soi montrent les limites de ce qu'il est convenu d'appeler le « **modèle français** ». Un modèle issu du Programme national de la Résistance (1945) : socialement solidaire et massivement redistributeur, grâce à une forte pression fiscale, et économiquement libéral mais contrôlé par un État stratège et gestionnaire. Ce modèle apparaît de plus en plus comme profondément inégalitaire ; il implique pour demain des choix structurels difficiles que la France n'a jamais su mettre en œuvre par le consensus mais seulement à l'occasion de ruptures historiques ou institutionnelles.

Affiche de la campagne présidentielle de François Mitterrand, 1981.

COMPRENDRE

1 **Qui a fait quoi ?**

• vote d'une nouvelle Constitution : _____

• mise en œuvre d'une grande politique industrielle : _____

• politique de grands travaux : _____

• cohabitation entre droite et gauche : _____

ANALYSER

2 **Voici l'article 1er et l'article 2 de la Constitution qui a fondé la Ve République.**

ARTICLE PREMIER.
La France est une République indivisible, laïque, démocratique et sociale. Elle assure l'égalité devant la loi de tous les citoyens sans distinction d'origine, de race ou de religion. Elle respecte toutes les croyances. Son organisation est décentralisée. La loi favorise l'égal accès des femmes et des hommes aux mandats électoraux et fonctions électives, ainsi qu'aux responsabilités professionnelles et sociales.

ARTICLE 2.
La langue de la République est le français. L'emblème national est le drapeau tricolore, bleu, blanc, rouge. L'hymne national est « La Marseillaise ». La devise de la République est « Liberté, Égalité, Fraternité ». Son principe est : gouvernement du peuple, par le peuple et pour le peuple.

• **Comment sont définis...**

– la République ? _____

– le principe de l'égalité ? _____

– le principe de la laïcité ? _____

• Quels sont les trois symboles de la République ?

_____

• Qu'est-ce qui fonde l'identité ? _____

_____

• Comment le principe démocratique de la République est-il défini ?

_____

_____

3 **Pourquoi l'année 1981 est-elle significative d'une rupture ?**

_____

4 **Quels sont les signes qui traduisent la crise du modèle français ?**

_____

5 **Marianne représente la République. Faites une recherche en petits groupes et présentez vos résultats. Dites quelle figure féminine représente selon vous le mieux Marianne et donc la République. Justifiez votre choix.**

DÉBATTRE

6 **POUR ou CONTRE le « modèle français » ? Faites deux groupes. Rassemblez et présentez vos arguments. Comparez avec ce qui se passe dans votre pays.**

7 VIE POLITIQUE

L'ORGANISATION DES POUVOIRS

La Constitution de 1958, modifiée en 1962 (élection du Président au suffrage universel), puis en 2000 (quinquennat) et 2008 (renforcement des pouvoirs du Parlement), règle l'organisation des pouvoirs. Elle a instauré un régime à caractère présidentiel.

• **Le Président de la République est le chef de l'État.** Il est élu pour cinq ans directement par l'ensemble des Français : c'est le quinquennat. Il réside au palais de l'Élysée. Il veille au fonctionnement régulier de l'État, au respect de l'indépendance nationale et des traités. Il nomme le Premier ministre, préside le Conseil des ministres et peut dissoudre l'Assemblée nationale. Il peut aussi soumettre au référendum certains projets de loi et il promulgue les lois. Il est le chef des armées et peut décider de l'utilisation de l'arme nucléaire. Il est responsable des orientations de la politique extérieure. En cas de menace extrême touchant l'intégrité du territoire, il peut disposer des pleins pouvoirs.

• Le gouvernement, avec à sa tête le **Premier ministre,** conduit la politique de la Nation. Le premier ministre a sous son autorité l'administration, la police et l'armée. Il est responsable devant le Parlement. Il réside à l'Hôtel Matignon.

• **Le Parlement** comprend deux assemblées, **l'Assemblée nationale** qui siège au Palais-Bourbon et le **Sénat**, qui siège au Palais du Luxembourg. Ainsi 557 députés et 321 sénateurs discutent et votent la loi. Les députés sont élus au suffrage universel direct pour cinq ans ; les sénateurs au suffrage indirect pour 6 ans, renouvelable tous les trois ans. Il n'y a qu'une seule session

L'hémicycle de l'Assemblée nationale où siègent les dépu. et les membres du gouvernement (au premier rang).

du Parlement : elle commence en octobre et dure 9 mois. Le Parlement peut aussi être convoqué en session extraordinaire, à la demande du gouvernement. Le Sénat et l'Assemblée nationale peuvent aussi être réunis en congrès pour voter une modification constitutionnelle.

• Les autres institutions de la vie politique sont :
 – le **Conseil constitutionnel** : il veille à la constitutionalité des lois ;
 – le **Conseil économique et social** : il est consulté sur les projets de loi et sur les problèmes économiques et sociaux ;
 – le **Conseil d'État** : il examine les textes de loi pendant leur rédaction et conseille le gouvernement ;
 – la **Cour des comptes** : elle veille à la bonne utilisation et gestion de l'argent public par les administrations et les établissements publics.

• Des autorités indépendantes ont pour mission de réguler certains secteurs de la vie sociale ou administrative comme le Conseil supérieur de l'audiovisuel (CSA) ou encore la Commission nationale de l'informatique et des libertés (CNIL).

COMPRENDRE

1 Trouvez le sens des mots.

• quinquennat : _____

• suffrage universel : _____

• suffrage indirect : _____

• référendum : _____

• dissoudre : _____

• promulguer : _____

ANALYSER

2 Quels sont les pouvoirs qui sont élus au suffrage universel ?

_____

_____

3 Qu'est-ce qui donne à la Ve République le caractère d'un régime présidentiel ?

_____

4 Comment est organisé le travail parlementaire ?

_____

_____

5 Quel est le rôle...

• du Conseil constitutionnel ? _____

• du Conseil d'État ? _____

• de la Cour des comptes ? _____

6 Vous allez rencontrer le député des Français de l'étranger de votre zone géographique. Préparez les questions que vous souhaitez lui poser.

DÉBATTRE

7 Comparez l'organisation des pouvoirs de la France avec celle de votre pays. Faites la liste des avantages et des inconvénients des deux systèmes.

LES PARTIS POLITIQUES

La vie politique s'organise autour de deux blocs centraux la droite et la gauche. Mais ces deux blocs doivent aujourd'hui compter sur la présence, l'un, à sa droite, d'un parti populiste et l'autre, à sa gauche, d'une part d'une sensibilité écologiste avec laquelle il fait alliance et, d'autre part, d'un mouvement antimondialiste, antieuropéen et anticapitaliste.

• À droite, deux sensibilités dominent : une sensibilité gaulliste, **Les Républicains** (LR) : indépendance nationale, rassemblement de toutes les catégories sociales, intervention de l'État dans la vie économique. Son leader a longtemps été Nicolas Sarkozy. D'autres personnalités aujourd'hui s'imposent : François Fillon, Bruno Le Maire, François Baroin, Valérie Pécresse, Nathalie Koscuzko-Morizet…

L'autre force de droite est dispersée dans plusieurs partis, **l'Alliance Centriste, le Nouveau Centre, le Mouvement Démocrate et l'Union des Démocrates Indépendants**. Elle regroupe les sensibilités chrétienne, sociale et libérale, européenne. François Bayrou, Hervé Morin, Jean Arthuis en sont les leaders.

• À gauche, cohabitent une tradition socialiste démocratique et une tradition marxiste-léniniste. Le **Parti socialiste**, refondé par François Mitterrand, a porté François Hollande au pouvoir et dominé la vie politique locale, régionale et en partie nationale au cours de ces dix dernières années. C'est actuellement une force politique en voie de décomposition entre plusieurs sensibilités : sociale-écologique (Benoît Hamon), nationaliste et planificatrice (Arnaud Montebourg), européenne et libérale (Manuel Valls, Emmanuel Macron).

Le **Front de Gauche** regroupe le **Parti Communiste** et le **Parti de Gauche**. Le

Partis politiques français.

Parti communiste n'a plus l'influence politique, sociale et intellectuelle qu'il avait autrefois. Pierre Laurent, son secrétaire général actuel, tente de sauver ce qui peut l'être de la représentation municipale et parlementaire du Parti. Le PC est allié, sur sa gauche, avec le Parti de Gauche (Jean-Luc Mélanchon) qui défend des thèmes populistes, antieuropéens et anti-libéraux. Le Nouveau Parti Anticapitaliste (Olivier Besancenot) et Lutte Ouvrière sont les représentants traditionnels de l'extrême gauche marxiste.

• Deux forces occupent une place d'inégale importance :

– À droite, le **Front national** (FN), dirigé par Marine Le Pen, est un mouvement populiste autour de thèmes identitaires, anti-immigration, antieuropéens, anti-libéraux. Il rassemble un électorat rural, provincial, commerçant et ouvrier inquiet dans une France en crise et en perte de repères.

– À gauche, **Europe Écologie les Verts** séduit un électorat jeune, urbain et intellectuel, soucieux de cadre de vie, de respect écologique, de transparence démocratique, et progressiste sur les questions de société.

REPÈRES/POLITIQUE

COMPRENDRE

1 À quelles réalités renvoient chacun de ces adjectifs.

• populiste : _____

• écologiste : _____

• antimondialiste : _____

• libérale : _____

• européenne : _____

• planificatrice : _____

ANALYSER

2 Pourquoi le système des deux blocs, droite-gauche, est-il en train d'éclater ?

_____

_____

3 Quelles sont les différences entre les deux sensibilités de droite ?

_____

4 La gauche connaît un véritable éclatement idéologique. Comment se traduit cet éclatement ?

_____

_____

5 Qu'est-ce qui explique la montée en puissance d'un fort mouvement populiste à droite mais aussi à gauche ?

_____

_____

6 En tandem. Le professeur attribue un parti politique. En sachant ce que vous savez de ce parti, écrivez un tract qui propose cinq mesures pour la prochaine campagne électorale.

DÉBATTRE

7 Comparez la structuration de la vie politique par les partis politiques en France et dans votre pays.

LES RITUELS POLITIQUES

Les élections constituent le moment le plus important de la vie politique et démocratique.

• **L'élection présidentielle** est celle qui mobilise le plus les Français : elle est la plus passionnée, riche en coups de théâtre et rebondissements ; les journalistes politiques observent et analysent les stratégies et les tactiques des futurs ou possibles candidats ; les instituts de sondage donnent régulièrement les chances des futurs candidats. Le moment clé de cette élection est l'unique débat télévisé entre les deux candidats au deuxième tour de l'élection.

Dans le cadre de « **Primaires à la française** », les partis de gouvernement aujourd'hui très divisés de gauche et de droite proposent aux Français, qui se réclament de la sensibilité de l'un et de l'autre, de choisir leur champion pour l'élection présidentielle.

Journée électorale.

• L'autre élection qui mobilise les Français est **l'élection des maires** des 36 000 communes de France où les problèmes de vie quotidienne, de cadre de vie, les passions locales l'emportent sur les préoccupations nationales.

• Depuis 1986, les Français imposent par leurs choix aux élections une nouvelle forme de gouvernement : **la cohabitation**. Ainsi, un président de gauche a cohabité avec deux Premiers ministres de droite et un président de droite avec un Premier ministre de gauche.

• La vie politique continue à passionner les Français même si les hommes politiques subissent aujourd'hui un certain rejet de la part de l'opinion publique.

• **La vie politique fait l'objet d'innombrables débats** dans la presse, à la radio et à la télévision. Elle donne lieu à de nouvelles formes de journalisme politique dont « C dans l'air » (France 5), « On n'est pas couché » (France 2), « Le Petit Journal » (Canal +) sont les émissions vedettes.

• Mais la vie politique est aussi **objet de dérision**. Elle a son champion pour le dessin de presse, Plantu, dessinateur au journal *Le Monde*, son hebdomadaire satirique, *Le Canard enchaîné* toujours très attendu chaque mercredi, son émission de télévision, *Le Petit Journal*, tous les jours, sur Canal +.

■ Politique et réseaux sociaux

Au début des années 2000, il y a d'abord eu le **blog** d'Alain Juppé qu'il continue de tenir. Et puis, en 2007, c'est la campagne présidentielle qui s'invite sur la Toile avec Ségolène Royal, alors candidate de gauche, et sa **communication numérique** sur « Désir d'avenir », qui remporte un réel succès. Aujourd'hui, c'est **Facebook** qui accueille les communautés de supporteurs de l'ancien Président Nicolas Sarkozy et de l'actuel, François Hollande. Beaucoup, avec eux, ont découvert l'intérêt des **réseaux sociaux** pour les campagnes de proximité, notamment pour les campagnes municipales : « Ça complète les tours de marché ! ».

Quant à Twitter, il est devenu l'outil roi de la communication politique : une réaction en 140 caractères et en direct qui fait le tour des suiveurs, dont l'ensemble des médias… simplement efficace.

COMPRENDRE

1 Associez les événements à ces verbes.

• passionner : _____

• mobiliser : _____

• imposer : _____

• subir : _____

ANALYSER

2 En quoi l'élection présidentielle française ressemble-t-elle à un roman-feuilleton ?

_____

3 Pourquoi les Français sont-ils très attachés à l'élection municipale ?

_____

4 De quelle manière s'opère la médiatisation de la vie politique. Quel rôle joue aujourd'hui les réseaux sociaux ?

_____

5 On dit des Français qu'ils sont « un peuple politique ». Et pourtant, on constate aujourd'hui un rejet de la classe politique. Comment expliquez-vous ce paradoxe ?

_____

DÉBATTRE

6 Dans votre pays, quelles sont les élections politiques les plus importantes ? Les débats politiques passionnent-ils les électeurs comme en France. Comparez.

ÉCOUTER

7 Écoutez puis répondez aux questions.

Élections : les limites des sondages d'opinion

• Qu'est-ce qui a été un traumatisme pour les sondeurs ? _____

• Qu'est-ce qui a évolué dans les méthodes des sondeurs ? _____

• Quel est l'effet de l'enquête d'opinion sur la démocratie et le débat public ? _____

8 L'ÉTAT ET LES RÉGIONS

L'ORGANISATION ADMINISTRATIVE

Pompiers de Paris.

L'administration en France est un véritable personnage. On la décrit puissante, très organisée, fortement hiérarchisée, complexe, lointaine, exigeante mais aussi trop lente, trop nombreuse, peu rentable, égoïste et corporatiste. Et pourtant indispensable quand le citoyen s'exclame : « **mais que fait l'État ?** »

• On compte environ **5,3 millions de fonctionnaires**. La fonction publique représente 21 % du total de l'emploi en France. On distingue trois fonctions publiques : **la fonction publique de l'État** (2,4 millions d'agents) ; **la fonction publique territoriale** (1,9 million d'agents) ; **la fonction publique hospitalière** (1,1 million d'agents).

• **Le fonctionnaire**, « haut » ou « petit », incarne « l'Administration ». Les Français ont une passion pour les emplois de la fonction publique, synonymes de sécurité, de progression régulière des salaires et de retraite assurée.

• Les Français estiment les fonctionnaires avant tout **indispensables** (76 %), mais aussi **compétents** (74 %). Ils sont 64 % à les juger efficaces et 59 % rigoureux. La santé publique arrive en tête des opinions positives chez les Français qui ont été en contact avec ces services (80 %), suivie par la Sécurité sociale (75 %) et la police et la gendarmerie (70 %). 63 % des personnes interrogées se disent satisfaites de l'Éducation nationale, mais ce taux est en chute de 14 %.

• Il faut distinguer plusieurs types d'administration :

– **l'administration centrale**, celle des ministères avec leurs grandes directions ;

– **l'administration locale** avec les préfectures de région, les préfectures de département et les sous-préfectures d'arrondissement, qui toutes représentent le pouvoir central, agissent, assurent le bon fonctionnement des services et contrôlent en son nom.

– de grandes directions administratives jouent également un rôle important au niveau local : **direction de l'équipement**, **rectorat** et **académie** pour l'enseignement, **direction du Trésor** pour les impôts.

• À cela, il faut ajouter les grands établissements publics à caractère administratif (Pôle Emploi, Bibliothèque nationale de France, École nationale d'administration) et les établissements **publics** à caractère **industriel et commercial** (La Poste, la SNCF, la RATP).

• Depuis 2008, l'État est engagé dans une modernisation de l'action publique dont l'objectif, à terme, est de réduire le poids de la fonction publique.

■ **Cartes de France**

• La **carte administrative** divise la France en 36 000 communes, 101 départements et 14 régions. Sans compter les 325 arrondissements, les 3 714 cantons, les communautés d'agglomérations et les « pays ».

• La **carte électorale** dénombre 577 circonscriptions.

• La **carte juridique** compte 9 régions pénitentiaires et 33 cours d'appel.

• La **carte scolaire** et universitaire est découpée en 26 académies.

• La **carte religieuse** comprend 94 diocèses.

• La **carte médiatique** distingue 13 directions régionales de la radio et de la télévision et 24 bureaux régionaux d'information.

COMPRENDRE

1 À quoi correspondent…

• ces chiffres ?

– 5,3 millions : ———————————   – 2,4 millions : _____

–1,9 million : ———————————   – 1,1 million : _____

• ces pourcentages ?

– 21 % : ———————————   – 76 % : _____

– 74 % : ———————————   – 59 % : _____

– 80 % : ———————————   – 14 % : _____

ANALYSER

2 Qu'est-ce qui explique la passion des Français pour la fonction publique ?

_____

_____

3 Quelle est l'image de la fonction publique auprès des Français ?

_____

_____

4 La France a l'image d'un pays centralisé. Donnez des exemples de son organisation administrative qui traduisent cette centralisation.

_____

_____

5 L'Institut français est un établissement public à caractère commercial et industriel (EPIC). Recherchez sur Internet ce que signifie ce statut. Comparez avec celui de l'Alliance française.

DÉBATTRE

6 Préférez-vous ou voudriez-vous travailler dans le secteur public ou le secteur privé ? Dites pourquoi. Quels sont, selon vous, les avantages et les inconvénients ?

LE POUVOIR DES RÉGIONS

La région reste en France une idée neuve.

• Pendant longtemps, la régionalisation n'a pas eu bonne presse.

• C'est le Général de Gaulle qui, en 1968, donne une nouvelle impulsion à l'idée régionale : « **les activités régionales [...] apparaissent comme les ressorts de la puissance économique de demain.** ». Cette impulsion aboutira d'abord à la loi sur la régionalisation, en 1972, qui crée les 22 régions et surtout aux **lois de 1982** qui leur donnent de vrais pouvoirs.

• Les régions ont aujourd'hui **un pouvoir politique et budgétaire**. Routes, écoles, équipements culturels et sportifs, développement agricole, industriel et commercial, relations internationales ou interrégionales, fiscalité font partie des responsabilités des régions.

• Actuellement, le budget des régions atteint **28 milliards**.

■ Nouvelles régions, nouveaux noms

La nouvelle carte des 13 régions métropolitaines enregistre de nouveaux noms pour désigner les ensembles régionaux constitués et désigne leur capitale.
• Au Nord : les Hauts-de-France (Lille) ;
• à l'Est, le Grand-Est (Strasbourg) et la Bourgogne-Franche-Comté (Dijon) ;
• à l'Ouest : la Normandie (Rouen) ; la Bretagne (Rennes) ; les Pays-de-la-Loire (Nantes) ; la Nouvelle-Aquitaine (Bordeaux) ;
• au Centre : l'Île-de-France (Paris) ; le Centre-Val-de-Loire (Orléans) ;
• au Sud-Est : Auvergne-Rhône-Alpes (Lyon) ;
• au Sud-Ouest : Occitanie (Toulouse) ;
• au Sud : Provence-Alpes-Côte d'Azur (Marseille) ; Corse (Ajaccio).
Il convient d'ajouter pour mémoire, à ces 13 régions, les cinq régions d'Outre-Mer : la Guadeloupe (Basse-Terre), la Martinique (Fort-de-France), la Guyane (Cayenne), la Réunion (Saint-Denis) et Mayotte (Mamoudzou).

Carte des régions de France.

• La **loi de 2015** crée un nouveau cadre régional, avec la volonté de créer 13 régions-puissances de taille européenne. De nouveaux défis attendent les nouvelles régions : projeter vers l'Est l'ensemble de la région du **Grand-Est**, dont les exportations représentent 38 % du PIB ; associer les territoires ruraux à la dynamique de la région bordelaise, dans la **Nouvelle-Aquitaine** ; renforcer une économie industrielle tournée vers l'extérieur, sans oublier la dynamique agricole de la région, en **Bourgogne-Franche-Comté** ; aéronautique, armement, industries du luxe, le **Centre-Val-de-Loire** va continuer à faire progresser sa tradition industrielle ; conforter son rôle de moteur européen pour l'**Île-de-France** (2 % du territoire, un tiers du PIB national) ; sortir du chômage de masse et s'appuyer sur sa position stratégique pour les **Hauts-de-France** ; valoriser un potentiel d'attractivité et de développement économique énorme et une marque connue dans le monde entier pour la **Normandie** ; veiller à la dynamique du bassin d'emploi des **Pays-de-la-Loire** ; accrocher l'ensemble de la région à Lyon, qui a de plus en plus un statut de capitale européenne, pour **Auvergne-Rhône-Alpes** ; accélérer sa mutation du côté du numérique et de l'agroalimentaire pour la **Bretagne** ; conforter ses pôles d'excellence (aéronautique, industries de l'intelligence) et développer son offre touristique pour la région **Provence-Alpes-Côte d'Azur**. Enfin transformer en puissance économique majeure la dynamique des deux capitales régionales de l'**Occitanie** : Toulouse et Montpellier.

COMPRENDRE

1 Faites l'historique de la mise en œuvre d'une véritable régionalisation.

années...

• 1968 : _____

• 1972 : _____

• 1982 : _____

• 2015 : _____

ANALYSER

2 Quels sont les domaines dans lesquels agissent aujourd'hui les régions ?

_____

_____

3 La Loi de 2015 conduit à de nouveaux changements dans l'organisation régionale. Lesquels et pourquoi ?

_____

_____

4 Dites, de manière synthétique, quels sont les nouveaux défis qui attendent les régions ?

_____

_____

5 Faites une recherche à partir des sites des nouvelles régions sur leurs visuels. Décrivez-les. Dites s'ils vous semblent représentatifs de l'image que vous pouvez vous faire de ces régions françaises.

DÉBATTRE

6 La régionalisation vous paraît-elle une chance pour le développement d'un pays ou un handicap ? Donnez vos raisons et appuyez-vous sur l'exemple de votre propre pays.

L´ÉTAT EN CRISE

En France, l'État occupe une place très importante, il intervient dans tous les moments de la vie des citoyens : il nourrit et loge, il enseigne, il soigne, il transporte, il éclaire et il chauffe, il cherche, il relie, il défend.

• L'action de l'État est donc jugée essentielle par les Français.

• Pourtant avec la régionalisation, le rôle de l'État est en train de changer, d'autant plus que **l'État transfère massivement des compétences aux régions.** Les collectivités territoriales, dotées de la « clause de compétence générale », ont aujourd'hui en charge de plus en plus de secteurs de la vie économique, sociale, éducative et culturelle : aménagement et développement du territoire ; environnement ; innovation et internationalisation des entreprises ; soutien à l'enseignement supérieur et à la recherche ; politique des transports régionaux ; politique de l'emploi ; politique du patrimoine ; action culturelle.

• L'État doit aussi **tenir compte du rôle joué par l'Union européenne** qui, au bénéfice des transferts de souveraineté, du rôle joué par certaines instances comme la Banque centrale européenne, la

Policiers dans les rues de Paris.

Cour européenne de justice, impose des cadres d'action avec ses directives, ses programmes, son droit spécifique.

• Par ailleurs, le **malaise social** que la France connaît durablement depuis 2008, l'incapacité de retrouver une croissance économique forte, l'endettement du pays, l'absence de maîtrise réelle des dépenses publiques, la difficulté à conduire les réformes structurelles nécessaires, les problèmes liés à une immigration mal maîtrisée et, aujourd'hui, les questions de sécurité liées aux attentats qui ensanglantent le pays, font **douter les Français** de la capacité des élites à gérer le pays et de l'ensemble de la classe politique à le gouverner.

• L'image d'un État austère, protecteur, constructeur et comptable de l'argent public a vécu. Et pourtant les Français continuent d'accepter que l'État prélève 45 % de leurs revenus.

■ Justice : qui fait quoi ?

Il existe **trois types de juridictions** séparées. Les **juridictions administratives** traitent des conflits entre les citoyens et les administrations. Les **juridictions judiciaires** s'occupent de la justice civile et pénale : les contraventions relèvent des tribunaux d'instance ou de police ; les délits relèvent des tribunaux civils ou correctionnels de grande instance ; les crimes relèvent de la Cour d'assises.

Parmi les **juridictions spécialisées**, on retiendra les conseils de prud'hommes pour les conflits du travail, les tribunaux de commerce et les tribunaux pour enfants.

■ Mais que fait la police ?

À la police revient la mission d'assurer l'ordre et la sécurité intérieure. La police nationale, les compagnies républicaines de sécurité (CRS) sont chargées de ces tâches. Face à la montée du terrorisme, de l'insécurité, de la violence urbaine, de la délinquance, les trois quarts des Français lui font plutôt confiance. Pourtant, ils demandent une police de proximité plus nombreuse et plus visible ; ils souhaitent aussi que les communes soient associées au maintien de l'ordre.

COMPRENDRE

1   **Complétez. L'État...**

• intervient ————————————

• doit tenir compte ————————

• transfère _____

• prélève _____

ANALYSER

2   **Associez aux fonctions suivantes les ministères qui avec, leurs administrations, en ont la charge.**

• il nourrit : ————————————

• il enseigne : ————————————

• il transporte : ————————————

• il relie : ————————————

• il loge : _____

• il soigne : _____

• il éclaire, il chauffe : _____

• il défend : _____

3   **En quoi, la régionalisation et l'Union européenne modifient-elles le rôle de l'État ?**

_____

4   **Recherchez, sur Internet, des affiches qui témoignent de l'intervention de l'État dans différents domaines de la vie publique énoncés à la question 2.**

DÉBATTRE

5   **Comparez le rôle de l'État en France et dans votre pays. Accepteriez-vous que l'État prélève 45 % de votre revenu pour faire en sorte que chacun puisse bénéficier des mêmes services ou préférez-vous vous prendre en charge vous-même ?**

ÉCOUTER

6   **Écoutez puis répondez aux questions.**

Les Restos du Cœur

Paul-Erwan, Ninon, Estrella et Mona questionnent Olivier Berthe, le président des Restos du Cœur.

• Retrouvez les paroles de Coluche citées dans l'interview. _____

• À quoi correspondent ces chiffres :

– 1000 : _____

– une centaine : _____

• Quel est le souci des Restos du cœur en matière de qualité de repas ? _____

• En quoi les Restos du cœur se substituent-ils au rôle de l'État ? _____

9 LE CHOIX DE L'EUROPE

LA CONSTRUCTION EUROPÉENNE

Le parlement européen.

L'Europe fait partie de la réalité quotidienne des Français. Le drapeau bleu blanc rouge et le drapeau bleu aux étoiles d'or de l'Europe flottent sur de nombreuses mairies ; le passeport européen permet de voyager dans l'Europe de Schengen sans montrer ses papiers ; l'euro est la monnaie du quotidien et du voyage.

• « **Comment créer les conditions d'une paix durable en Europe ?** » En construisant « une sorte d'États-Unis d'Europe », a répondu Churchill. « En mettant en commun les ressources », ont répondu Jean Monnet et Robert Schumann : c'est en **1951**, la création de la **Communauté européenne du charbon et de l'acier** (CECA), qui réunit la France, l'Allemagne, l'Italie et les trois pays du Benelux (Belgique, Pays-Bas, Luxembourg).

• Six ans après, en **1957**, les six pays signent **le traité de Rome** qui institue une **Communauté économique européenne** (CEE) avec un Marché commun de 180 millions de citoyens qui a permis un formidable développement de ces six pays sur le plan industriel, commercial et agricole avec la politique agricole commune (PAC).

• En **1963**, le **traité de l'Élysée** officialise **la réconciliation franco-allemande**. Dès lors, le moteur franco-allemand et ses couples célèbres ont dynamisé le développement spectaculaire de la construction européenne.

• Entre 1973 et 1995, l'« Europe des Six » devient l'« Europe des Quinze » : les six pays du traité de Rome et la Grande-Bretagne, l'Irlande, le Danemark, la Grèce, l'Espagne, le Portugal, l'Autriche, la Suède, la Finlande.

• **Jacques Delors**, président de la Commission de 1985 à 1995, a préparé le **traité de Maastricht** (**1992**), qui institue **l'Union européenne** et la mise en œuvre de l'intégration monétaire jusqu'à la mise en place de la monnaie unique.

• **Le traité de Maastricht a dessiné la nouvelle forme de l'Europe**. Le **Parlement européen**, élu au suffrage universel et qui siège à Strasbourg, s'est vu accordé des pouvoirs de contrôle plus importants.

• **La Commission** a l'initiative de préparer les directives (orientations) et de les mettre en œuvre. Les directives sont soumises à l'approbation du **Conseil des chefs d'État et de gouvernement** qui est l'autorité souveraine de décision.

• En **2002**, la monnaie commune de 11 puis de 18 pays devient **l'euro**.

• En **2004** a lieu **le grand élargissement** : la Hongrie, la Pologne, la République Tchèque, la Slovénie, la Slovaquie, les trois pays baltes (Estonie, Lituanie, Lettonie) et les deux îles méditerranéennes (Malte et Chypre) rejoignent l'Union européenne à laquelle s'est ajoutée la Croatie, en 2013.

• **Le traité de Lisbonne (2007)** dote l'Union d'une personnalité juridique unique ; il institue la responsabilité de la Commission devant le Parlement qui l'investit et peut la soumettre à une motion de censure ; il crée la fonction de président du Conseil européen ; il dote l'Union d'un Haut Représentant pour les affaires étrangères.

COMPRENDRE

1 Retrouvez à quoi correspondent ces dates.

• 1951 : _____

• 1957 : _____

• 1963 : _____

• 1992 : _____

• 2004 : _____

• 2007 : _____

ANALYSER

2 Quelles sont les principales institutions européennes et quelle est leur composition ?

_____

3 Quels sont les rapports entre le Parlement européen, le Conseil européen et la Commission européenne ?

_____

4 Quelles sont les grandes réalisations de l'Union européenne ?

_____

5 Dans la vie quotidienne, à quoi un Européen reconnaît-il qu'il est citoyen européen ?

_____

6 En quoi le traité de l'Élysée, entre la France et l'Allemagne, a-t-il joué un rôle important dans la construction européenne ?

_____

7 Préparez une visite du Parlement européen à Strasbourg.

DÉBATTRE

8 L'élargissement continu de l'Europe pose la question des frontières de l'Europe. Pour vous, quand on dit le mot « Europe », à quoi pensez-vous ?

_____

L'AVENIR EUROPÉEN

Zone de libre échange intégrée ou Europe puissance sur le modèle des États-Unis, la France penche depuis longtemps pour ce second scénario.

• Les principales réalisations de ce nouvel espace européen dans lequel la France s'insère aujourd'hui sont :

– **La réalisation du marché unique,** c'est-à-dire d'un espace de libre circulation des marchandises, des services, des capitaux et des hommes et totalement ouvert à la concurrence. Il s'agit pour les États de se soumettre aux règles de concurrence établis par la Commission qui veille à leur respect, interdit les fusions d'entreprises qui créeraient des positions de monopole sur un marché national. Certains domaines comme la poste, les transports ferroviaires restent encore non soumis à des règles communes de concurrence.

– **La mise en œuvre de la monnaie unique, l'euro,** à partir du 1er janvier 2002 est la plus spectaculaire de ces réalisations. Elle a changé la vie quotidienne, les représentations, les systèmes de référence de 300 millions d'Européens.

– **La création de l'espace de Schengen (1993)**, auquel 26 pays participent aujourd'hui, est une zone unique de libre circulation sans frontières intérieures. Les pays frontaliers de l'espace Schengen assurent les contrôles d'entrée par terre, par air ou par mer pour l'ensemble des pays.

– La mise en place d'un espace juridique avec **la Cour européenne de justice de Luxembourg** devant laquelle tout citoyen européen peut déposer un recours, sachant que le droit européen, quand il existe, prévaut sur le droit national.

– **L'organisation d'une Europe industrielle** dont les deux plus belles réussites sont **Airbus** et **Ariane**, toutes deux nées d'une initiative et d'une volonté

L'euro : monnaie unique européenne.

françaises. Mais les télécommunications, l'automobile, l'industrie pétrolière, l'agroalimentaire, l'habillement, l'édition, les médias, la banque et les assurances sont des domaines très divers où l'Europe a su construire des groupes industriels de dimension mondiale.

• **Depuis 2008, l'Union Européenne est entrée dans une période de turbulences intérieures et de doutes :**

– **Doutes sur l'élargissement** : avec le grand élargissement à 27 membres s'est ouvert le débat sur la nature et l'organisation d'un si vaste ensemble et sur sa capacité à avancer au même rythme et avec la même volonté d'intégration.

– **Doutes économiques et financiers** : la crise financière de 2008 et la crise des dettes souveraines (Grèce, Portugal, Espagne) ont mis en lumière les limites de l'intégration européenne en matière monétaire.

– **Doutes sécuritaires** : la crise migratoire (depuis 2014), les conflits du Moyen-Orient mettent en question la capacité de l'Union à contrôler ses frontières extérieures et à assurer la sécurité intérieure par les moyens et les outils créés et mis à sa disposition par les accords de libre circulation de Schengen.

– **Doutes sur l'Union elle-même** : le « **Brexit** » de juin 2016 introduit un doute quant à la voie à suivre à l'avenir.

• Tout se passe comme si l'Europe fatiguée n'entendait plus l'injonction finale du discours de Churchill : « Debout l'Europe ! ».

COMPRENDRE

1 Trouvez les mots et expressions associés aux mots suivants.

• unique : _____

• puissance : _____

• libre : _____

• intégration : _____

ANALYSER

2 Expliquez, dans le contexte de l'Union européenne, les termes suivants.

• marché unique : _____

• monnaie unique : _____

• espace Schengen : _____

• Cour européenne de justice de Luxembourg : _____

3 Quels sont les signes de l'existence d'une Europe industrielle ?

_____

_____

4 Pour créer une Europe véritablement politique, quels sont les domaines où l'intégration européenne devrait progresser ?

_____

_____

5 Quelles sont les principales difficultés que rencontre aujourd'hui l'Union européenne ?

_____

_____

DÉBATTRE

6 POUR ou CONTRE. Qu'il s'appelle Cacanie, Poudlard, Freedonia ou Gondor... L'un de ces pays a décidé de quitter l'Union européenne. Organisez le débat.

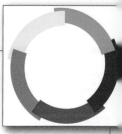

OIF, Organisation
internationale
de la Francophonie

10 LA FRANCOPHONIE

■ UNE LANGUE EN PARTAGE

C'est au géographe Onésime Reclus (1837-1916) que l'on doit le mot francophonie.

• Aujourd'hui, le mot francophonie a quatre sens :

– **un sens linguistique** : celui qui parle le français ;

– **un sens géographique** : l'ensemble des peuples et des hommes dont la langue maternelle, officielle, courante, administrative est le français ;

– **un sens spirituel et politique** : le sentiment d'appartenir à une même communauté et une solidarité née du partage de valeurs communes aux différents individus des communautés francophones ;

– **un sens institutionnel** : l'ensemble des associations et organisations publiques et privées ; une communauté organisée de concertation et de coopération.

• L'écrivain sénégalais et homme politique **Léopold Sedar Senghor**, les poètes, le Martiniquais **Aimé Césaire** et le Guyanais **Gontrand Damas** ont très vite compris que la colonisation leur avait laissé un instrument précieux pour exprimer la négritude : la langue française. Ce que Senghor a résumé ainsi : « **Le français, cet outil merveilleux trouvé dans les décombres de la civilisation par colonisation.** ». Elle est ainsi devenue la langue d'une communauté d'écrivains, notamment africains et maghrébins, qui ont choisi le français comme langue d'expression de leur identité et souvent de leurs conflits d'identité.

• Le Tunisien Habib Bourguiba y ajoute deux idées : la langue française est **le véhicule qui permet** aux anciens colonisés **d'accéder à la modernité** ; le français « langue de la liberté » est un puissant moyen de contestation et de rencontre ; c'est pour les pays décolonisés, **la langue du non alignement**.

• La francophonie fait ainsi du français une langue qui a plusieurs statuts :

– **langue maternelle** comme en France, en Belgique, en Suisse ou au Québec ;

– **langue officielle** dans 29 pays ;

– **langue d'enseignement** comme à Madagascar ou en Côte d'Ivoire ;

– **langue étrangère** privilégiée comme au Maroc ou en Tunisie.

■ La Francophonie en chiffres

• **Bassin de population potentiel** : 870 millions : 13 % de population mondiale.

• **Nombre de locuteurs** : 274 millions.

• **Nombre de locuteurs quotidiens** : 212 millions (+ 7 entre 2010-2014).

• **Rang** : 5e langue mondiale.

• **Statut de langue officielle** : 29 pays.

• **Nombre de pays membres de l'OIF (Organisati internationale de la Francophonie)** : 77 (57 de plein dro + 20 observateurs).

• **Éducation**

– **Nombre d'apprenants** : 125 millions dont 49 millions e FLE (+ 6 % en moyenne au niveau mondial depuis 2010).

– **AUF (Agence universitaire de la Francophonie)** 98 pays (800 institutions d'enseignement supérieur 65 représentations dans 40 pays ; 60 campus numériques)

– **Alliance française** (137 pays, 850 implantations, 500 00 apprenants) + Instituts français (160 pays, + 13 % d'inscrits

– **Études supérieures en français** : 300 000 étudian étrangers (France : 3e pays d'accueil après les États-Unis le Royaume Uni).

– **Fédération internationale des professeurs de français FIPF** : 186 associations dans 140 pays.

• **Médias**

– **Position sur Internet** : 4e place pour le nombr d'utilisateurs ; 4e place pour les contenus ; 3e place po les blogs ; 4e place pour les réseaux sociaux.

– **TV5** : 189 millions de foyers / 55 millions de téléspectateur

• **Économie**

– **Revenu brut mondial** : 14 % (part mondiale).

– **Échanges commerciaux** : 20 % (part mondiale).

Source : *Rapport Langue française 2014 (OIF), Natho*

COMPRENDRE

1 Retrouvez dans le texte les mots par lesquels on désigne le français.

ANALYSER

2 Qu'ont en commun Léopold Sedar Senghor, Aimé Césaire, Gontrand Damas et Habib Bourguiba ?

3 Quels sont les différents sens du mot francophonie ?

4 Lisez cet extrait du *Cahier d'un retour au pays natal* d'Aimé Césaire. Que faut-il entendre par *« négritude »* ?

ma négritude n'est pas une taie d'eau morte
sur l'œil mort de la terre
ma négritude n'est ni une tour ni une cathédrale

elle plonge dans la chair rouge du sol
elle plonge dans la chair ardente du ciel
elle troue l'accablement opaque de sa droite
patience

5 Est-ce que le français a partout le même statut dans les pays qui partagent cette langue ?

6 Lisez les données de l'encadré. Quelle image dessinent-elles de la francophonie ?

7 Choisissez un des pères fondateurs de la francophonie et faites son portrait.

DÉBATTRE

8 Pensez-vous que des pays puissent se retrouver sur la seule base d'une langue partagée ?

UN PARI POLITIQUE ET CULTUREL

TV5MONDE.

C'est le 17 février 1986 que naît, politiquement et officiellement, l'espace francophone tel que nous l'entendons aujourd'hui avec la réunion, à Versailles, de la première conférence « des pays ayant en commun l'usage du français » (on dit aujourd'hui le français en partage).

• La conférence des pays ayant en commun l'usage du français se fixe les objectifs suivants : offrir un forum original de dialogue Nord-Sud ; apporter aux pays les plus démunis l'appui des nations industrialisées ; mettre l'accent sur les technologies du futur : banque de données, télécommunications, télévision, industries de la langue.

• **Du Sommet fondateur de Versailles, on retient que la francophonie a : une visibilité** (conférence) ; **un poids** (nombre de pays : aujourd'hui 57 pays membres et associés et 20 pays observateurs) ; **une démarche originale** (le dialogue Nord-Sud) ; **un souci identitaire** fort : la pérennité culturelle par la langue ; l'investissement à fond dans la modernité.

• **15 Sommets** ont été depuis organisés sur tous les continents (Québec, Moncton, en Amérique du Nord ; Beyrouth, au Moyen-Orient ; Dakar, Cotonou, Ouagadougou, Kinshasa, Madagascar (2016), en Afrique ; Montreux, Bucarest, Paris, en Europe, Hanoï, en Asie).

• Les différents Sommets ont mis chacun l'accent sur un certain nombre de thèmes qui sont des **constantes de la coopération dans l'espace francophone** : solidarité et stratégie économique ; préoccupation écologique (déforestation, eau) ; éducation et formation ; culture (diversité, promotion, éducation) : son plus grand succès, d'avoir porté la résolution de l'UNESCO sur la diversité culturelle ; santé publique (liée aux différentes épidémies (sida, Ebola...)

mais aussi protection de la femme et de l'enfant ; jeunesse (pas moins de trois Sommets autour des thèmes éducation, formation, insertion socioprofessionnelle, citoyenneté : Moncton, Dakar, Ouagadougou, 245 millions de jeunes concernés) ; promotion et usage de la langue française ; francophonie numérique ; résolutions des conflits, sorties de crise et promotion de la paix.

• **L'organisation de l'espace francophone est régie par la Charte de la Francophonie (Beyrouth, 1997).**

• Les institutions qui structurent l'espace francophone sont aujourd'hui regroupés autour de l'**Organisation internationale de la Francophonie** (OIF), présidée par Michaëlle Jean. Ces institutions sont :

– l'AUF (Agence universitaire de la Francophonie, exemple : AUPEL-UREF, 1961) ;

– TV5MONDE, chaîne internationale de télévision ;

– L'Association internationale des maires francophones (225 villes dans 49 pays) ;

– L'Université Senghor, à Alexandrie.

• L'OIF associe la société civile en donnant un rôle consultatif à 63 associations accréditées dans les domaines d'intervention de la francophonie (diversité culturelle, gouvernance démocratique, éducation).

• Politiquement, la communauté francophone est devenue une réalité.

COMPRENDRE

1 Quels événements correspondent à ces dates.

- 1986 : _____

- 1997 : _____

- 2016 : _____

ANALYSER

2 Comment la francophonie est-elle devenue une réalité politique ?

_____

_____

3 Qu'est-ce qui fait l'originalité de la démarche de l'espace francophone ?

_____

_____

4 Quels sont les thèmes qui montrent l'investissement de la coopération francophone dans la modernité ?

_____

_____

5 Quelle forme d'organisation s'est donné l'espace francophone ?

_____

_____

6 Choisissez une des villes dans lesquelles s'est déroulé un des Sommets de la francophonie. Écrivez une lettre d'invitation aux participants qui vante l'intérêt de se rendre dans cette ville.

DÉBATTRE

7 La francophonie a porté la résolution de l'UNESCO sur la diversité culturelle. Pensez-vous que la diversité culturelle doive faire l'objet d'une vigilance permanente face à l'agressivité d'un marché culturel mondialisé ?

UNE CULTURE ET UNE LANGUE QUI BOUGENT

Grand corps malade.

C'est fini : les cultures francophones ne sont plus des cultures marginales, militantes ou pour spécialistes, à côté de leur grande sœur, la culture française. Littérature, musique, arts plastiques, cinéma, mode vestimentaire, objets du quotidien, la culture francophone est partout.

• **En littérature**, depuis le prix Goncourt de Tahar Ben Jelloun (*La Nuit sacrée*), en 1987, puis de Patrick Chamoiseau (*Texaco*), en 1992, après celui d'Antonine Maillet (*Pélagie la charrette*, 1979) et avant celui de Marie NDiaye en 2009, saison après saison, les écrivains francophones imposent la richesse de leur imaginaire et de leur langue.

• Pour **l'Afrique noire**, Ahmadou Kourouma (*Allah n'est pas obligé*, 2000), Calixthe Beyala (*Les honneurs perdus,* 1998), Alain Mabanckou (*Bleu-Blanc-Rouge*, 1998, *Mémoire de porc-épic*, 2006, *Black Bazar*, 2009), Patrice Nganang (*Temps de chien*, 1999), Sami Tchak (*Le Paradis des chiots*, 2006), Abdourahman Waberi (*Balbala*, 1998, *Transit*, 2003, *La divine chanson*, 2015), Marie NDiaye (*Trois femmes puissantes*, 2009) parlent des réalités du continent africain.

• Au **Maghreb**, c'est Yasmina Khadra (*Ce que le jour doit à la nuit*, 2006, *L'attentat,* 2005, *Les Hirondelles de Kaboul,* 2008, Boualem Sansal (*Le Serment des barbares*, 1999, *Le Village de l'Allemand*, 2008, *Rue Darwin*, 2011) et plus récemment Karim Daoud (*Meursault contre enquête*, 2014) qui disent la désillusion, le désenchantement et le déchaînement de violence d'aujourd'hui.

• La **Caraïbe** est travaillée par la question de l'identité : les romanciers de la créolité, Dany Laferrière de l'Académie française (2013), Patrick Chamoiseau et Raphaël Confiant en portent témoignage.

• **Au cinéma**, une nouvelle génération de réalisateurs est en train de s'imposer : ils sont vietnamiens (Tran Anh Hung), belges (Lucas Belvaux, Luc et Jean-Pierre Dardenne), québécois (Xavier Dolan, Denis Villeneuve), tunisiens (Karim Dridi, Nouri Bouzid), marocains (Nabil Ayouch, Ahmed El Maanouni, Brahim Chkiri), libanais (Danielle Arbid), maliens (Cheick Ouma Sissoko), guinéens (Gaité Fofana), algériens (Malek Bensmail, Dahmane Ouzid)...

• **Le son francophone**, c'est celui de la musique africaine ou berbère, celle de Youssou N'Dour ou de Rachid Taha, remixée avec les instruments et les rythmes d'aujourd'hui, des tubes planétaires de Stromae ou de Céline Dion, des joutes oratoires des rappeurs (Keny Arcana, OrelSan, El Matador, Booba, Guizmo), de la poésie des slameurs avec Grand Corps Malade, Souleymane Diamanka, Abd Al Malik, etc.

■ **Le poids économique de la Francophonie en matière de culture**

• Poids des pays francophones (langue officielle et coofficielle) dans l'ensemble de l'économie de la culture : 11,51 % (le double de leur poids démographique).

• Poids dans le marché d'exportation des contenus audiovisuels : 14,43 %.

• Poids dans le marché d'importation : 22,29 %.

• Cinéma : 272 + 37 (207 d'initiative française), part de marché : 35,5 %.

COMPRENDRE

1 À quels espaces de la francophonie appartiennent les écrivains qui...

• travaillent la question de l'identité : _____

• parlent des réalités du continent africain : _____

• disent la désillusion, le désenchantement et le déchaînement de la violence : _____

ANALYSER

2 Alors qu'elles étaient considérées comme des cultures marginales, les cultures francophones sont-elles devenues une source d'inspiration pour la culture et la vie quotidienne en France ? Trouvez des témoignages.

_____

3 Choisissez un écrivain francophone que vous avez peut-être lu dans votre langue, que vous aimeriez lire, dont vous avez entendu parler et écrivez une notice de présentation de cet auteur pour la bibliothèque de votre institution.

4 Qu'est-ce que vous aimez du son francophone ? Faites écouter. Comparez. Puis faites partager vos goûts sur votre page Facebook, dans un chat, sur un forum ou sur un autre média écrit de votre choix.

DÉBATTRE

5 Comparez comment les cultures francophones se fécondent les unes les autres avec ce qui se passe dans votre propre culture.

ÉCOUTER

6 Écoutez puis répondez aux questions.

Mots en toc et formules en tic

• Notez les tics d'expression relevés par Frédéric Pommier : _____

• À quels tics d'expression font allusion les maladies qu'il dénonce ?

– justouille ? _____

– ducoupette ? _____

– toutafiole ? _____

• Qui est atteint par l'usage de ces tics de langage ? _____

LES GRANDES RÉGIONS FRANCOPHONES

REPÈRES/FRANCOPHONIE

LE MAGHREB

Le Maghreb tire son nom de l'arabe et signifie « le Couchant ». Mais, en berbère, la région s'appelle aussi « Tamazgha », qui signifie « Terre des hommes libres ».

• Les pays francophones du Maghreb, **Algérie**, **Maroc**, **Tunisie**, que l'on assimile aussi à « l'Afrique du Nord », ont en commun d'avoir fait partie de l'Empire colonial français du XIXᵉ et XXᵉ siècles.

• Mais ces trois pays ont une longue histoire dont portent témoignage les ruines romaines et l'histoire de la puissante Carthage. C'est aussi là, à travers les Berbères chrétiens, que se trouve l'une des sources du christianisme occidental (Saint-Augustin). **Les pays du Maghreb sont donc** à la croisée des civilisations arabes, méditerranéennes et africaines. De culture berbère, le Maghreb a été arabisé à partir du VIIᵉ siècle. Il subira aussi des influences italiennes et espagnoles, comme l'Europe connaîtra pendant plusieurs siècles l'influence arabo-berbère dont Séville, Cordou, Tolède portent encore témoignage. Il est lié au monde arabe par la langue arabe et par l'islam.

• Le Maghreb est une terre entre mer et désert. Il est traversé, sur plus de 2 000 kilomètres, par la chaîne de l'**Atlas** (4 000 mètres d'altitude) avec ses paysages stupéfiants, face au désert.

• Ouarzazate (Maroc), Tataouine (Tunisie), Tassili (Algérie) donnent son image grandiose au désert du **Sahara** (2 millions de km²) qui est aussi synonyme de gaz, de pétrole (Algérie), de phosphates (Maroc et Tunisie) et qui porte encore les traces de l'aventure nucléaire de la France.

• Mais c'est sur les plaines littorales du Maghreb que se concentrent les populations (84 millions d'habitants). **Alger**

Alger.

(7,7 millions d'habitants), **Casablanca** (4,2), **Tunis** (2,6), **Rabat** (2,1), **Oran** (1,3), Agadir, Constantine et Tanger témoignent de l'urbanisation grandissante d'une population jeune et concentrent l'activité économique et portuaire.

• À côté de l'arabe littéral, qui est la langue officielle des pays du Maghreb et des parlers arabes maghrébins très influencés par la langue berbère, **le français** est utilisé dans les affaires et l'enseignement et il **reste la langue de la création littéraire** dont portent témoignage, aujourd'hui, plusieurs générations d'écrivains algériens, marocains et tunisiens : de Khateb Yacine à Rachid Boudjedra, Boualem Samsal et Karim Daoud en Algérie ; de Driss Chraïbi à Tahar Ben Jelloun au Maroc ; de Albert Memmi à Tahar Bekri en Tunisie.

■ Le raï

C'est *Didi* de Khaled, en 1992, qui a fait le succès du r[...] qui est devenu une musique mondialisée, écoutée parto[...] et notamment dans les discothèques et sur les scène[...] européennes.

Le raï a sa capitale : Oran. C'est une musique qui mêle [...] poésie et le quotidien, qui parle des rêves mais aussi de[...] attentes des jeunes. Il subit aujourd'hui d'autres influence[...] (Raï-Rnb) ou rap (L'Algerino, Jul, Rim'K).

Le raï a ses « cheb », les jeunes stars du raï, qui mêle[...] diverses influences (Cheb Kader, Cheb Mami [funk, roc[...] reggae] et aussi Rachid Taha, Faudel), ses « cheba » aus[...] avec la plus reconnue Zahouania et ses « cheickh » (se[...] maîtres) dont Khaled est aujourd'hui le maître incontes[...] et le plus populaire dans le monde.

COMPRENDRE

1 À quelles réalités géographique, historique et culturelle sont associés les noms suivants ?

• Carthage : _____

• Atlas : _____

• Sahara : _____

• Afrique du Nord : _____

• Raï : _____

ANALYSER

2 Quelles sont les différentes influences qui ont façonné le Maghreb ?

_____

3 Le Sahara est à la fois une terre qui fascine et une terre que l'on convoite. Dites pourquoi.

_____

4 Quels rapports entretiennent les langues française, arabe et berbère ?

_____

5 Choisissez une ville du Maghreb dont il est question dans le texte. Faites un Powerpoint où vous présentez cette ville.

6 Projet pour la classe. Fabriquez une petite anthologie de textes des écrivains francophones cités dans le texte. Écrivez une courte présentation de chacun des écrivains. Aidez-vous d'Internet.

7 En vous aidant de YouTube, organisez en classe un karaoké autour du raï.

DÉBATTRE

8 POUR OU CONTRE. Les pays du Maghreb sont partagés entre plusieurs langues dont l'arabe et le français. Considérez-vous que ce soit un avantage ou un obstacle à leur développement ?

LE PROCHE-ORIENT

Beyrouth, capitale du Liban.

Le Proche-Orient francophone dessine un arc méditerranéen qui va d'Istamboul à Tripoli. Une francophonie qui tient autant à l'histoire, à la politique qu'à la culture.

• **L'histoire** : la constitution de communautés francophones est liée au lien spirituel avec le berceau du christianisme ; aux croisades et au rôle joué par le Royaume de France : dans la mise en œuvre, la conduite des différentes croisades, entre 1096 et 1291 ; à la création des États latins d'Orient (1098-1268), notamment le Royaume de Jérusalem (de Gaza à Beyrouth et jusqu'à la mer Rouge). Elle tient aussi au statut particulier du Royaume de France reconnu en 1536 par Soliman le Magnifique comme « protecteur des Lieux Saints et des chrétiens de l'Empire ottoman ».

• **La politique** : la politique de la France vis-à-vis de l'Empire ottoman (Turquie actuelle) puis du monde arabo-musulman est une des constantes de la diplomatie française. Elle remonte à François 1er (XVIe siècle) ; elle se poursuit avec l'expédition d'Égypte et de Palestine de Bonaparte qui inaugure une politique d'ouverture vers le monde arabo-musulman, dont témoigne la création de l'École des langues orientales en 1795 et dont le percement du Canal de Suez par Ferdinand de Lesseps est l'acte le plus symbolique et le plus spectaculaire.

• **La culture** : la France invente, au Proche-Orient, sa diplomatie culturelle. Dans tout le Proche-Orient, le français devient la langue de culture et de communication. Naît une civilisation proche-orientale d'expression française, dont les ports cosmopolites de Beyrouth (Liban) et Alexandrie (Égypte) sont les exemples les achevés.

• Aujourd'hui, le **Proche-Orient francophone** doit sa visibilité au dynamisme francophone du Liban et d'Israël, aux grandes institutions culturelles comme l'université de Galatasaray en Turquie, **l'université Saint-Joseph à Beyrouth** ou la bibliothèque d'Alexandrie, aux missions archéologiques et d'études, hier de Damas (réfugiés à Beyrouth) et toujours du Caire, à son réseau d'écoles et de lycées francophones de la Turquie à la Libye.

• **De nombreux créateurs francophones assurent aujourd'hui la continuité de cette francophonie proche-orientale :** des écrivains (d'Albert Cossery à Edmond Jabès, d'Andrée Chedid à Amin Malouf, de Salah Stetié à Kamal Ibrahim et Myriam Antaki) ; des cinéastes (Youssef Chahine ; Yousry Nashrallah ; Amos Gitaï ; Nadav Lapid ; Elia Suleiman ; Danielle Arbid ; Jocelyne Saab) ; mais aussi des plasticiens (Mona Hatoum, Elie Bourgely, Agam) ou musiciens (Natasha Atlas, Ibrahim Maalouf, Avishai Cohen, Yaël Naïm).

Inauguration du Canal de Suez, 17 novembre 1869.

COMPRENDRE

1 Retrouvez les informations associées à...

• Soliman le Magnifique : _____

• Bonaparte : _____

• Ferdinand de Lesseps : _____

ANALYSER

2 Quel rôle a joué l'histoire dans la constitution des communautés francophones du Moyen-Orient ?

_____

3 Quels sont encore aujourd'hui les signes d'une présence française au Moyen-Orient ?

_____

4 La diplomatie française a fait de sa relation avec le Moyen-Orient une de ses constantes. Donnez des exemples.

_____

5 Choisissez un écrivain, un cinéaste ou un musicien. Faites-en une présentation à la classe.

DÉBATTRE

6 Histoire, politique, culture, qu'est-ce qui vous semble important dans l'attachement à une langue étrangère ? Donnez des exemples personnels.

ÉCOUTER

7 Écoutez puis répondez aux questions.

Liban : Dominique Eddé

Entretien avec la romancière et essayiste franco-libanaise : Dominique Eddé. Dernier roman paru : *Kamal Jann*.

• Remplissez la carte d'identité du roman : type de roman, nom de la famille, fonctions du chef de la famille :

_____

• Que font les membres de la famille : le fils, son frère, la femme ?

_____

• Quel est le thème du roman ? Est-ce qu'il est d'actualité ?

_____

L'AFRIQUE SUBSAHARIENNE

Marché d'Abidjan, Côte d'Ivoire.

On distingue généralement trois zones : l'Afrique de l'Ouest qui comprend la Mauritanie, le Sénégal la Guinée, la Côte d'Ivoire, le Mali et le Niger, le Burkina Faso, le Togo et le Bénin. L'Afrique centrale avec le Cameroun, le Gabon, le Congo, la République centrafricaine et le Tchad. La région des « Grands Lacs », autour des lacs Tanganyika, Kivu et Victoria qui inclut le Burundi, la République démocratique du Congo et le Rwanda.

• La géographie coloniale et la Conférence de Berlin (1885) ont décidé de la structure actuelle de ces pays bien différente de celle qu'ils avaient avant la colonisation. **Ces pays étaient organisés en empires, état et royaumes** dont les plus connus sont l'empire du Ghana (du Niger à la Mauritanie), les empires du Mali (Burkina, Mali, Mauritanie, Guinée) et du Songhaï, l'état du Kanem (Cameroun, République centrafricaine, Tchad) et les royaumes du Kongo (actuel Congo et République démocratique du Congo, Angola), du Rwanda et du Burundi.

• De la même manière, la géographie coloniale, qui a imposé l'usage du français au détriment des langues locales, n'a pas non plus respecté **les grands ensembles linguistiques et culturels** : **langues bantoues** comme le bambara (Mali mais aussi Burkina Faso et Côte d'Ivoire), le peul, le wolof, le malinké, le sango (République centrafricaine), le fang (Gabon), le bassa, l'éwondo et le bamiléké (Cameroun) ; **langues sahéliennes** comme le haoussa (Niger et Mali) ; la République démocratique du Congo dispose quant à elle de quatre langues nationales : le lingala, le ciluba, le kikongo et le swahili qui est la langue vernaculaire de communication et du commerce des pays des Grands Lacs et de l'Afrique de l'Est en général.

• L'Afrique subsaharienne est une des régions dont la démographie est l'une des plus dynamiques du monde avec une augmentation de 3 % par an de la population. Près de la moitié de cette population se concentre dans les grands centres urbains : **Abidjan** (3,6 millions d'habitants), **Bamako** (1,8), **Brazzaville** (1,7), **Conakry** (1,8), **Dakar** (1,1), **Kinshasa** (10), **Niamey** (1), **Ouagadougou** (1,5), **Yaoundé** (1,4)…

• Mais l'Afrique subsaharienne est aussi synonyme de fragilité politique, économique et sanitaire :

– **fragilité politique** : si des alternances démocratiques ont été réussies comme au Sénégal, d'autres ont sombré dans des rivalités ethniques (Rwanda) ou religieuses (Centrafrique). De fortes menaces extérieures pèsent également sur la politique intérieure de certains pays (Mali, Cameroun, Tchad, Nigéria) ;

– **fragilité économique** : en dépit d'un taux de croissance important (entre 3,5 et 6 % selon les pays), nombre des pays de l'Afrique subsaharienne sont abonnés aux programmes internationaux d'aide au développement ;

– **fragilité sanitaire** : l'Afrique subsaharienne reste synonyme de problèmes de malnutrition ; de risque alimentaire en milieu urbain ; d'épidémies comme le SIDA ou le virus Ebola.

■ Quelques proverbes africains

« Le bœuf ne se vante pas de sa force devant l'éléphant

« La chèvre broute là où elle est attachée. »

« Un œil est meilleur témoin que deux oreilles. »

« Ce n'est pas dans ma bouche que tu vas manger piment. »

« Que celui qui n'a pas traversé ne se moque pas de c qui s'est noyé. »

« La pluie est tombée, on ne peut plus la renvoyer au ci

« La force du baobab est dans ses racines. »

COMPRENDRE

1 **Sur ce fond de carte de l'Afrique…**

- Dessinez les contours des trois grandes zones.
- Placez les grands empires, état, royaumes d'avant les différentes colonisations.
- Indiquez l'emplacement des grandes villes.

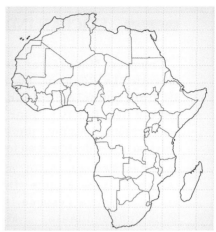

ANALYSER

2 **Quelles sont les différences entre la géographie coloniale, la géographie ethnique et la géographie linguistique de l'Afrique subsaharienne ?**

_____

3 **À quels grands défis l'Afrique subsaharienne doit-elle faire face ?**

_____

4 **Quelles sont les conséquences du dynamisme démographique de l'Afrique subsaharienne ?**

_____

5 **Vous voulez faire un voyage en Afrique subsaharienne. Choisissez la destination, établissez le programme et décrivez les principales étapes. Faites-en la présentation à la classe.**

DÉBATTRE

6 **Choisissez par groupes, un proverbe et organisez un débat avec le reste de la classe.**

ÉCOUTER

7 **Écoutez puis répondez aux questions.**

Les enfants des rues de Kinshasa.

Une quasi société parallèle qui s'organise, entre mendicité et prostitution, sous l'effet de la misère galopante.

- Relevez tous les mots qui désignent les enfants de rues : _____
- Quels sont les risques de la rue pour les enfants ? _____
- Que font les structures d'accueil ? _____

L'OCÉAN INDIEN

Comores, Madagascar, île Maurice, Mayotte, La Réunion, les Seychelles, la francophonie indienne est une terre d'îles. Des îles, pour la plupart, volcaniques. Des îles que leur climat, leurs paysages destinent au tourisme.

Scène de rue, Port-Louis, île Maurice.

• Des îles au statut marqué par le lien avec la France. Des îles qui appartiennent à l'espace francophone mais indépendantes : **Madagascar** (grande comme la France, l'une des cinq plus grandes îles du monde), **l'île Maurice, les Comores** de l'Union des Comores et les **Seychelles**. Une île qui a un statut de département d'outre-mer : **La Réunion**. Quant à **Mayotte**, elle est à la fois département et région. Au-delà de ces différents statuts, certaines images prédominent quand on évoque cette région de l'océan Indien.

– Image touristique. Dans l'imaginaire collectif, les îles de l'océan Indien sont synonymes d'exotisme, de parfums, de soleil et de mer. Elles représentent des destinations touristiques très recherchées : les Seychelles, archipel de rêve avec sa mer bleue, son sol de granit et de corail, ses plages de sable fin parmi les plus belles du monde, sa faune (100 000 tortues géantes) et sa flore (cocotiers, palmiers géants, arbres fruitiers ou à épices, orchidées sauvages). L'île Maurice

profite de la barrière de corail qui entoure l'île et permet de protéger les lagons et les plages bordées de cocotiers et de filaos. Elle est aussi recherchée pour ses micro-paysages aux noms évocateurs : Chamarel, Terre 7 couleurs, jardin botanique de Pamplemousse, île aux cerfs, Coin de Mire…

La Réunion est aussi connue pour ses grands paysages volcaniques, sommets autour de 3 000 mètres (Piton des Neiges et de la Fournaise : l'un des volcans les plus actifs du monde) ; ses vastes cirques dûs à l'érosion ; ses ravines profondes… ces paysages sont la joie des nombreux randonneurs qui viennent explorer l'île.

– Image de saveurs et de parfums. Les îles de l'océan Indien sont aussi associées à l'imaginaire des parfums : ylang-ylang, vanille, citronnelle, cannelle, girofle, vétiver sont récoltés dans les différentes îles au profit de l'industrie du parfum qui en fait un grand usage.

– Images rituelles. *Grand mariage*, avec ses différentes étapes pendant un mois et son coût exorbitant aux Comores ; habitations indépendantes *bangas* à Mayotte pour favoriser la construction de la personnalité des adolescents ; folklore des Seychelles autour de certains personnages familiers tels que « **Soungula** », réputé pour son habileté et l'ingéniosité dans la résolution de problèmes de la vie ; *famadihana*, cérémonie de l'exhumation des morts pour assurer la paix des vivants à Madagascar. Ces rituels constituent des éléments importants du patrimoine culturel de cette terre d'îles de l'océan Indien.

■ Au rythme du séga

Funérailles, mariages, anniversaires, la Réunion, les Seychelles, l'île Maurice vivent en toutes occasions au rythme du séga, de leur séga, un rythme inventé par les descendants d'esclaves.

Pour danser le séga, tout est dans les mouvements plus ou moins suggestifs que l'on impulse au bassin. Aujourd'hui, les jeunes artistes accompagnent le séga avec des boîtes à rythme et autres instruments électroniques ; ils n'hésitent pas non plus, dans les années 1980, à marier le séga avec le reggae jamaïcain pour donner le *seggae* ou avec le reggaemuffin des jeunes américains pour faire du *seggaemuffin*. Il a aussi évolué depuis le début des années 2010 vers le rap et le hip-hop.

COMPRENDRE

1 À quelles îles de l'océan Indien francophone appartiennent…

• les tortues géantes : _____

• les cocotiers : _____

• les barrières de corail : _____

• les orchidées sauvages : _____

• Pamplemousse : _____

• le Piton des Neiges : _____

• Chamarel : _____

ANALYSER

2 Quels sont les liens qui unissent chacune des îles à la France ?

_____

_____

3 Sur quels aspects de la vie portent les différents rituels ?

_____

_____

4 Faites la page Internet ou le dépliant d'une des grandes destinations touristiques des îles francophones de l'océan Indien.

5 En groupe, organisez une soirée séga avec la classe.

• Choisissez la musique sur YouTube.

• Prévoyez une initiation à la danse.

DÉBATTRE

6 Comparez les éléments sur lesquels repose l'attrait touristique de votre pays avec ceux des îles de l'océan Indien. Si vous deviez réaliser une campagne de promotion pour votre pays, à l'étranger, quels éléments valoriseriez-vous ?

REPÈRES/FRANCOPHONIE

LES ANTILLES FRANÇAISES ET LA GUYANE

Plantation de canne à sucre, en Guadeloupe.

On l'appelle la francophonie des Amériques : Haïti, les Antilles françaises, la Guyane. Un archipel d'identités, d'histoire et de culture dans la mer des Caraïbes et à l'extrémité continentale de l'Amérique du Sud.

• Elles ont des noms d'aventure et de poètes, la Guadeloupe, La Désirade, Marie-Galante, l'archipel des Saintes, la Martinique, Saint-Martin... Ce sont les **Antilles françaises**. 2 835 km² et 885 000 habitants.

• Terres d'aventures, découvertes avec l'Amérique, elles ont attiré tous les pirates, boucaniers, flibustiers qui peuplent jusqu'à nos jours les récits d'aventures et de piraterie et qui avaient fixé leur quartier général sur l'île de la Tortue.

Aujourd'hui, les Antilles françaises, **départements-régions d'outre-mer** pour la Guadeloupe et la Martinique, font partie intégrante du territoire de la République française.

• Massifs volcaniques de la Montagne Pelée, forêt luxuriante de La Soufrière, plages de sable fin dont celle de la Grande Anse des Salines et de Marie-Galante, récifs de corail au large de Deshaies, pointe de la Grande Vigie, diversité des paysages de Saint-Martin, La Désirade, Les Saintes, Grande-Terre et Basse-Terre, Marie-Galante, charmants villages créoles dispersés un peu partout, font des Antilles françaises **une destination touristique recherchée** qui procure en retour d'importants revenus.

Centre spatial à Kourou, en Guyane.

• Mais l'économie des Antilles françaises est d'abord agricole et agroalimentaire. Quatre produits assurent l'essentiel de l'activité : la **banane**, premier produit agricole d'exportation, le **rhum** agricole à forte valeur ajoutée, la **canne à sucre** en forte progression et les **ananas** qui représentent plus de 1 % de la production agricole en valeur.

• **La Guyane française,** département français, est d'abord un espace naturel couvert par **98 % de forêts** à très haut niveau de biodiversité. C'est un espace protégé par un parc national et six réserves naturelles.

Terre de l'aventure aérospatiale européenne, **la Guyane** abrite, avec **Kourou**, la grande **base spatiale européenne** pour le lancement des fusées Ariane 5 et bientôt 6.

• **Haïti** est le seul pays francophone indépendant des Caraïbes. C'est aussi le premier pays au monde indépendant (1804) issu d'une révolte des esclaves. Son héros s'appelle **Toussaint Louverture** le « Spartacus noir », célébré par Alexandre Dumas.

Haïti garde une incroyable **vitalité culturelle** dont l'élection, en 2013, de **Dany Laferrière à l'Académie française** reste le symbole. Littérature avec René Depestre et Jean Métellus, peinture avec les courants naïfs et vaudous, musique avec le métissage des musiques comme le kompa ou le zouc avec le merengue, le hip-hop, le ragga ou le reggae et dont Ti-Jack est la figure emblématique, cinéma incarné par le réalisateur Raoul Peck.

COMPRENDRE

1 Associez des noms de lieux à ces différents paysages.

• volcan : _____

• forêt : _____

• plage : _____

• récif de corail : _____

2 Qui a-t-on surnommé le « Spartacus noir » ?

_____

3 Où se situe Kourou et qu'est-ce qu'on y fait ?

_____

ANALYSER

4 Quels sont les statuts politiques des différents territoires qui composent les Antilles françaises et la Guyane ?

_____

5 Sur quoi repose l'économie des Antilles françaises ?

_____

6 Quels sont les atouts de la Guyane ?

_____

7 Qu'est-ce qui témoigne de la dynamique culturelle francophone de Haïti ?

_____

8 Faites le portrait de Toussaint Louverture sous forme d'un diaporama.

DÉBATTRE

9 À l'image de ce qui se fait pour l'enseignement du créole, doit-on enseigner les langues régionales ? Comparez si c'est le cas avec ce qui se passe dans votre pays ou dans un pays que vous connaissez bien. Cet enseignement constitue-t-il un avantage ou un handicap ?

DE LA NOUVELLE-CALÉDONIE À LA POLYNÉSIE FRANÇAISE

4 612 kilomètres séparent Nouméa de Papeete. Entre les deux capitales de la Nouvelle-Calédonie et de la Polynésie française, s'étend la francophonie du Pacifique. Un ensemble d'îles perdu entre Australie, Nouvelle-Zélande et Papouasie-Nouvelle-Guinée, qui comprend également le Vanuatu et Wallis et Futuna.

• Ces îles, dont certaines aux noms évocateurs comme **Tahiti**, les **îles Marquises** ou les **îles Loyauté,** sont synonymes de paysages de rêves qui associent des reliefs volcaniques, une végétation tropicale, une nature bercée par des vents modérés au nom poétique, les alizés, et bien sûr les lagons qui les protègent des immensités océaniques grâce aux barrières de corail.

• Les îles francophones du Pacifique ont **des statuts politiques différents** : le Vanuatu est un État indépendant ; la Nouvelle-Calédonie est une collectivité d'outre-mer avec un statut de large autonomie qui devrait encore évoluer avec le référendum d'ici à 2018 sur le statut institutionnel de l'Archipel ; la Polynésie

Le centre culturel de Tjibaou, à Nouméa, en Nouvelle-Calédonie.

française et Wallis et Futuna sont également des collectivités d'outre-mer avec des statuts différents, la Polynésie bénéficiant d'une large autonomie politique.

• Outre le vaste domaine maritime (6,5 millions de km^2) prometteur d'immenses ressources futures, les îles francophones du Pacifique ont **une économie florissante**. Elles exploitent les richesses du sous-sol des îles : le nickel pour la Nouvelle-Calédonie, qui en est le troisième producteur mondial, et le manganèse pour le Vanuatu ; mais aussi l'or, le cuivre, le chrome et le plomb. Quant à la Polynésie, elle vit surtout du tourisme mais aussi de l'exportation de produits rares comme les perles et la vanille.

• Les îles francophones du Pacifique bénéficient d'**une image culturelle forte**. **La culture ma'ohi en Polynésie et la culture kanake en Nouvelle-Calédonie** sont associées, la première à la musique, à la sculpture, au tatouage et à la danse ; la seconde à l'architecture, dont le centre culturel Tjibaou dessiné par Renzo Piano constitue le plus bel hommage, mais aussi à la sculpture, à la danse (pilou) et à la littérature. La Polynésie a attiré de grands artistes comme Gauguin et Matisse qu'elle a inspirés.

■ Au pays du kava

Communiquer avec les ancêtres, c'est d'abord à ça que sert la consommation de kava au Vanuatu. Parce que le kava est un psychotrope que les hommes et les femmes préparent sous forme d'infusion. Préparation et consommation accompagnent certaines cérémonies traditionnelles. Le partager est un signe d'amitié. Parce qu'il procure une sensation de calme et d'apaisement, le kava, le plus gros produit d'exportation du Vanuatu, est notamment utilisé aujourd'hui comme décontractant pour lutter contre le stress, l'anxiété et la dépression.

COMPRENDRE

1 À quoi correspondent ces chiffres…

• 4162 : _____

• 6,5 : _____

ANALYSER

2 En quoi la situation politique de la francophonie du Pacifique est-elle complexe ?

_____

_____

3 Quels sont les atouts économiques de la francophonie du Pacifique ?

_____

_____

4 Qu'est-ce qui fait de ces îles des lieux de rêve et d'évasion ?

_____

_____

5 Les îles du Pacifique ont une image culturelle forte. Donnez des exemples. Choisissez une des personnalités qui reflètent cette image culturelle. Faites une recherche sur cette personnalité et faites-en une présentation orale pour la classe.

6 Tahiti, îles Marquises, îles Loyauté… À quoi ces noms vous font-ils penser ? Écrivez un petit texte en forme de rêverie.

DÉBATTRE

7 POUR ou CONTRE. En 2018, la Nouvelle-Calédonie va devoir choisir par un référendum le statut institutionnel qui va décider de la conservation ou non de son lien avec la France. Organisez le débat et choisissez votre camp. Donnez vos arguments.

L'ASIE DU SUD-EST

Cambodge, Laos, Vietnam sont aujourd'hui liés à la francophonie par leur appartenance à l'Organisation internationale de la Francophonie.

• La Francophonie asiatique entre Thaïlande et Chine, ouverte sur la mer de Chine et sur l'océan Pacifique est rassemblée autour du fleuve Mékong qui traverse les trois pays.

• **L'histoire coloniale française** avait regroupé ces trois pays sous le nom commun d'**Indochine française** et plus politique d'Union puis de Fédération indochinoise. Dans l'imaginaire français, cette Indochine renvoie à des noms évocateurs : **Cochinchine** (Sud-Vietnam), **Tonkin** (Nord-Vietnam), **Annam** (Centre du Vietnam) à côté de ceux du Cambodge et du Laos. Elle a aussi des **réminiscences littéraires** (Pierre Loti, André Malraux et surtout Marguerite Duras), **cinématographiques** (*Barrage contre le Pacifique* (1958), *Indochine* et *L'Amant* (1992), architecturales (Temples d'Angkor au Cambodge), **historiques** (Hué au Vietnam), **touristiques** (Baie d'Along).

• Le **protectorat français** couvre la période qui va des années 1860 à

Vieux quartier à Hanoï, au Vietnam

1954, date des accords de Genève qui mettent fin à la colonisation française dans le Sud-Est asiatique et à la guerre d'Indochine (1945-1954) avant que les États-Unis n'interviennent dans le conflit vietnamien.

• Aujourd'hui, ces trois pays sont indépendants. Le Laos et le Vietnam sont des républiques socialistes et le Cambodge est une monarchie parlementaire.

• Sur le plan urbanistique et architectural, **la France a en particulier marqué l'urbanisme et l'architecture** de villes comme Phnom-Penh (Cambodge) ou Hanoï. Ho-Chi Minh Ville (l'ancienne Saïgon, au Vietnam) conserve également de belles traces architecturales des années 1930. Le spectaculaire développement ferroviaire, routier et portuaire a permis la réalisation de plus de 3 000 km de voies ferrées, 35 000 kilomètres de routes et le développement de deux grands ports : Saïgon et Haïphong.

• Sur le plan culturel, c'est en Indochine qu'est fondée, en 1900, la célèbre et prestigieuse **École française d'Extrême-Orient**, qui a contribué au renouveau des études sur les civilisations asiatiques (renaissance des arts au Cambodge, restauration de l'enseignement de l'art traditionnel khmer), à la réhabilitation du site d'**Angkor**, des vestiges du **Royaume de Champâ** et à la découverte du site d'**Oc Eo** (Vietnam).

Indochine, *film de Regis Wargner avec Catherine Deneuve.*

COMPRENDRE

1 Associez ces noms à leur réalité géographique d'aujourd'hui...

• Indochine : _____

• Cochinchine : _____

• Tonkin : _____

• Aman : _____

• Mékong : _____

2 À quoi correspondent ces dates ?

• 1860-1954 : _____

• 1945-1954 : _____

• 1900 : _____

ANALYSER

3 Il existe en France un imaginaire indochinois. Quelles en sont les principales composantes ?

_____

_____

4 Quelles ont été les réussites de la présence française en Asie du Sud-Est ? Donnez des exemples.

_____

_____

5 Quels sont aujourd'hui les statuts politiques des différents états de la péninsule indochinoise ? Existe-t-il encore un lien avec la francophonie ? Lequel ?

_____

6 Préparez une visite guidée du site de Angkor. Faites faire cette visite virtuelle à la classe.

DÉBATTRE

7 L'imaginaire indochinois fait à sa manière partie de l'identité française. Comparez le rôle des imaginaires étrangers dans la construction de votre identité nationale. Est-ce selon vous une bonne ou une mauvaise chose ?

L'AMÉRIQUE DU NORD

La ville de Montréal en automne.

Québec, Ontario, Nouveau-Brunswick, Nouvelle-Angleterre, Louisiane sont les acteurs et les témoins de la Francophonie nord-américaine. On estime la zone d'influence francophone en Amérique du Nord à 2 millions de km^2 et sa population à 15 millions d'habitants.

• Le Québec avec l'Ontario, le Nouveau-Brunswick et la Nouvelle-Angleterre sont les moteurs de la francophonie nord-américaine.

• Les principales villes francophones sont Montréal, Québec, Ottawa-Gatineau, Moncton-Dieppe, Lafayette, La Nouvelle-Orléans.

• Le **Québec** (7,2 millions d'habitants) est l'unique territoire continental nord-américain où l'on peut vivre en français. Le français est la langue d'usage dans toutes les sphères de la vie courante. Il est protégé depuis 1977 par la Charte de la langue française (Loi 101) et l'Office de la langue française.

• Le **Nouveau-Brunswick** (750 000 habitants dont 250 000 francophones) est la seule province canadienne officiellement bilingue. Les francophones sont majoritairement les descendants des Acadiens qui ont échappé à la déportation de 1755.

• L'**Ontario** ou le **Manitoba** offrent de nombreux services en français. La communauté francophone la plus nombreuse est celle de l'Ontario, en particulier dans la région d'Ottawa.

• Aux **États-Unis**, d'après le *US Census Bureau*, 13 millions d'Américains sont d'origine française et 1,6 million parle le français à la maison. Le Maine, le Vermont et le New Hampshire comptent une proportion non négligeable de francophones.

• En **Louisiane**, le français bénéficie du statut de langue officielle. Les francophones de Louisiane sont pour la plupart des Cajuns, descendants des Acadiens, déportés d'Acadie par les Anglais en 1755. 800 000 Louisianais se disent d'origine française et 200 000 déclarent parler français à la maison.

• Synonyme de culture, **la Francophonie nord-américaine est la terre de nombreux artistes** : de Jack Kerouac à Antonine Maillet (*Pélagie-la-charrette*), Réjean Ducharme (*L'Avalée des avalés*), Marie-Claire Blais (*Une saison dans la vie d'Emmanuel*) ; de Zachary Richard à Céline Dion, Cœur de Pirate et Natasha St-Pier pour la chanson, sans oublier le jazz et sa capitale historique la Nouvelle-Orléans ; de Denys Arcand (*Le Déclin de l'Empire américain*, *Les invasions barbares*) à Jean-Marc Vallée (*CRAZY*), Denis Villeneuve (*Incendies*, *Sicario*) et Xavier Dolan (*Mommy*, *Juste la fin du monde*) pour le cinéma.

■ Montréal

Montréal (2 millions d'habitants et une agglomération de 4 millions d'habitants) est la troisième ville francophone du monde, après Kinshasa et Paris. C'est une des villes les plus cosmopolites du monde. Fondée vraiment en 1642, Montréal se distingue par son dynamisme économique continu et culturel.

Dynamique économique dans les domaines des télécommunications, de l'aéronautique, de la pharmaceutique, des hautes technologies, des jeux vidéo, du textile, de la mode, de l'électronique, du matériel de transport, du tabac et de l'imprimerie. Montréal est devenu l'un des cinq pôles mondiaux de développement de médias numériques interactifs.

Dynamique culturelle avec ses grandes universités francophones et anglophones (Université de Montréal, McGill, Concordia), les nombreux festivals (festivals de jazz, Francofolies, Festival Juste pour rire), avec ses institutions comme le Cirque du Soleil et grâce à ses artistes : de Oscar Peterson à Leonard Cohen, de Robert Charlebois à Diane Dufresne, de Rufus Wainwright à Céline Dion.

A C T I V I T É S

COMPRENDRE

1　Quelle réalité de la francophonie américaine dessinent ces chiffres ?

• 2 millions : ————————————————— • 15 millions : _____

• 7,2 millions : —————————————— • 250 000 : _____

• 1,6 million : ——————————————— • 800 000 : _____

• 200 000 : ————————————————

ANALYSER

2　Dessinez une carte de la francophonie nord-américaine. Quelles réflexions cette carte vous inspire-t-elle ?

_____

3　Quels sont les différents statuts de la langue française en Amérique du Nord ?

_____

4　Faites une recherche sur le contenu de la Loi 101 au Québec et présentez vos résultats par écrit.

5　Enquête linguistique. Recherchez quelques particularités du parler joual et cajun. Construisez un petit dialogue en joual ou en cajun.

DÉBATTRE

6　POUR ou CONTRE. Faut-il croire ou ne pas croire à l'avenir de la Francophonie en Amérique du Nord, dans un monde dominé par la langue et la culture anglo-saxonnes ? Donnez vos raisons.

ÉCOUTER

7　🎧　Écoutez puis répondez aux questions.

Fred Pellerin, conteur québécois

Star au Québec, Fred Pellerin est un magicien des mots. Il puise sa source d'inspiration dans son village.

• Trouvez les informations suivantes sur Fred Pellerin : âge ; profession artistique ; premier métier ; nom de son village ; succès.

• Quelles histoires raconte Fred Pellerin ? _____

• Où trouve-t-il son inspiration ? _____

• Quelles sont les conséquences pour son village du succès de Fred Pellerin ? _____

▬▬ L'EUROPE

Belgique, Luxembourg, Suisse, Val d'Aoste, les territoires francophones d'Europe sont concentrés autour des frontières de la France et en contact avec l'Allemagne, les Pays-Bas et l'Italie.

• La francophonie européenne se déploie dans **un espace plurilingue**. Dans la plupart des pays où elle s'inscrit, elle est souvent circonscrite à quelques régions : Vallonie en Belgique et Bruxelles ; canton de Genève, canton de Neuchâtel, du Jura et canton de Vaud en Suisse, auxquels s'ajoutent les cantons bilingues de Fribourg, du Valais et de Berne pour la Suisse, la région autonome du Val d'Aoste en Italie.

• La population francophone européenne regroupe **8,3 millions de francophones** dont 4,2 millions en Belgique, 3,6 millions (dont 1,8 comme langue principale) en Suisse, 450 000 au Luxembourg et 100 000 au Val d'Aoste.

• Les grandes villes francophones sont **Bruxelles**, **Liège**, **Genève** et **Lausanne**. Bruxelles, Genève et Lausanne abritent de grandes institutions internationales : Institutions européennes pour Bruxelles ; ONU et Croix Rouge pour Genève ; Comité Olympique et UEFA pour Lausanne.

• Économiquement, les pays francophones européens occupent une place importante dans **une économie à haute valeur ajoutée** : économie

Le Palais des Nations, à Genève.

des services (banque, assurances) ; recherche ; industries pharmaceutiques ; industrie des télécommunications ; industries mécaniques de précision ; industries agroalimentaires.

• Villes patrimoniales de Suisse et de Belgique, paysages de lacs et de montagnes de Suisse et du Val d'Aoste, domaines skiables de Suisse et du Val d'Aoste, la francophonie européenne bénéficie d'**une forte attractivité touristique.**

• De Georges Simenon à Henri Michaux, de Hergé à Marguerite Yourcenar, Henri Bauchau, Conrad Detrez, Pierre Mertens et Jean-Philippe Toussaint, de Georges Rodenbach à Jean Ray et Suzanne Lilar pour la Belgique ; de Ramuz à Jacques Chessex, de Philippe Jacottet à Robert Pinget, Yves Laplace et Titeuf, de Cendras à Nicolas Bouvier et Ella Maillart pour la Suisse et jusqu'à Edmond Dune pour le Luxembourg, **la littérature francophone européenne illustre magnifiquement la langue française.**

▪ Variations en français

La francophonie belge, suisse et luxembourgeoise préfère *septante* à soixante-dix ; *huitante* à quatre-vingts ; *nonante* à quatre-vingt-dix.
En Suisse, le vocabulaire courant préfère *panosse* à serpillère ; *chenit* à désordre ; *lavette* à gant de toilette ; *souper* à dîner… En Belgique on *soupe* également plutôt qu'on dîne ; on *astruque* quand on avale de travers ; on *babèle* quand on bavarde ; on *gaze* quand on va vite ; on *rabistoque* quand on rafistole ; on *rote* quand on râle ; et on *pince* son français quand on parle pointu !

La collégiale Saint-Barthélemy de Liège, en Belgique.

COMPRENDRE

1 Situez sur une carte les différentes régions et pays francophones d'Europe.

ANALYSER

2 Qu'est-ce qui caractérise la francophonie européenne ?

3 Qu'est-ce qui fait de Bruxelles, Genève, Lausanne, des villes connues dans le monde entier ?

4 Quels sont les atouts économiques et touristiques des pays francophones européens ?

5 Les pays francophones européens ont tous des particularités linguistiques. Trouvez des exemples. Imaginez un échange entre Européens francophones autour de ces mots.

6 Commissaire Maigret, Titeuf, Tintin… Choisissez un de ces héros de la littérature et de la BD francophones. Faites son portrait.

DÉBATTRE

7 Pour un pays plurilingue et pluriculturel, le plurilinguisme est-il une chance ou un handicap ?

12 L'IMAGE ÉCONOMIQUE

L'Airbus A 380 en plein vol.

UNE ÉCONOMIE PERFORMANTE

La France est la cinquième puissance économique mondiale. La valeur de son PIB (produit intérieur brut) est estimé à 2 181 milliards. L'économie française est, pour l'essentiel, une économie de services (76,7 % des emplois), le secteur industriel représentant 20,5 % et l'agriculture et la pêche, 2,8 %.

• **L'économie française est une économie ouverte :** la France se classe au 6e rang mondial pour les importations et au 7e rang pour les exportations. Elle est le troisième investisseur mondial direct à l'étranger ; le cinquième exportateur mondial de biens d'équipements, le quatrième pour les services, le troisième pour l'agriculture. Elle est la première destination touristique mondiale et elle possède la deuxième zone maritime du monde.

• **La France a su créer dans tous les domaines de grandes entreprises multinationales** qui se classent toutes parmi les dix premières entreprises mondiales de leur secteur : Total (pétrole), EDF, Engie (énergie), Alcatel (industries électriques et électroniques), Sanofi-Aventis (pharmacie), L'Oréal et Groupe Yves Rocher (cosmétiques), EADS (Airbus), Thalès, Dassaut (aéronautique et aérospatial), Carrefour (distribution), Axa (assurances), PSA (Peugeot-Citroën), Renault-Nissan (automobiles), Michelin (pneus), Accor (tourisme hôtelier), BNPParibas, Société générale (banque), Alstom-Transports, LVMH (Louis Vuitton) (luxe). Elles reflètent une économie performante, fortement mondialisée, innovante et tournée vers l'exportation.

• Une illustration symbolique de cette réussite : Bernard Arnaud (LVMH) se classe au 4e rang des fortunes mondiales et Liliane Bettencourt (L'Oréal) est la seconde femme la plus riche du monde.

• **La France bénéficie d'une forte attractivité :** c'est le troisième pays au monde pour l'accueil des investissements étrangers et le premier en Europe. Les principaux atouts de la France sont la densité de ses infrastructures, le faible coût de l'énergie (grâce à l'énergie d'origine nucléaire), le niveau de qualification globalement élevé de sa main-d'œuvre, le niveau élevé de productivité et la qualité de la vie en général.

• **La France n'a donc pas peur de la compétition internationale.** Ses points forts sont les exportations agroalimentaires, les produits manufacturés (avions, automobiles, matériel militaire, bateaux de plaisance et bateaux de croisière, télécommunications) et les services (distribution commerciale, assurances, banques, travaux publics, traitement des eaux, tourisme).

COMPRENDRE

1 Associez ces rangs aux performances de l'économie française.

• 1ère : _____ • 2ème : _____

• 3e : _____ • 4e : _____

• 5e : _____ • 6e : _____

• 7e : _____

ANALYSER

2 À quoi reconnaît-on que l'économie française est une économie ouverte ?

_____

3 Citez les domaines dans lesquels les entreprises françaises font partie des leaders mondiaux ? Quelle image de l'économie française transmettent-elles ?

_____

4 Qu'est-ce qui fait que la France est un pays attractif pour les investisseurs étrangers ?

_____

5 Quelle image vous faites-vous de la puissance économique et commerciale de la France ? Comparez avec vos camarades.

DÉBATTRE

6 Pour quelles raisons l'image économique de la France est-elle différente de ses performances ?

ÉCOUTER

7 Écoutez puis répondez aux questions.

Le nucléaire

En France, 78 % de l'électricité produite est d'origine nucléaire. S'agit-il d'une énergie propre ? fiable ? risquée ? Faut-il sortir du nucléaire ? Existe-t-il des solutions alternatives ?

• **Classez les réactions :**

– sentiments éprouvés : _____ – arguments pour : _____

– arguments contre : _____ – solutions alternatives : _____

UNE PUISSANCE AGRICOLE ET AGROALIMENTARE MONDIALE

Une terre fertile, un climat modéré ont permis très tôt à la France de développer un mode de vie rural et une agriculture diversifiée. Le tableau de Millet, *l'Angelus,* est le symbole de cette France paysanne, laborieuse, nombreuse, conservatrice et catholique. Cette image a dominé jusqu'au milieu du XXᵉ siècle.

Vaches laitières normandes.

• **Premier producteur agricole européen**, l'agriculture française est devenue **une agriculture industrielle**. Elle se caractérise par une forte concentration des exploitations agricoles (516 000) et la population agricole tous secteurs confondus ne représente plus que **922 000 personnes** à temps plein contre 7 millions en 1946 !

• **L'agriculture s'est aussi spécialisée :** élevage industriel en Bretagne, lait dans le Grand Ouest (Basse-Normandie, Bretagne, Pays de la Loire), céréales dans le Bassin parisien et le Sud-Ouest, culture de la vigne, arbres fruitiers, légumes dans le Sud-Est.

• **Huitième producteur et quatrième exportateur mondial**, cinquième producteur mondial de blé, premier pour le vin, troisième pour le lait, septième producteur mondial de sucre, premier producteur mondial de viande bovine, parmi les cinq premiers également pour le colza et plusieurs fruits et légumes, **les résultats de l'agriculture française restent impressionnants**.

• **De grands groupes contribuent au succès de l'agroalimentaire :** Danone et Lactalis pour les yaourts et les produits laitiers ; Pernod-Ricard pour les alcools ; LVMH pour les champagnes et le cognac.

• Aujourd'hui, l'industrie agroalimentaire doit répondre à la demande des consommateurs en produits du terroir et à leur exigence d'un contrôle sanitaire plus important : **4,7 % des exploitations agricoles françaises cultivent aujourd'hui en mode biologique**.

• L'espace rural est aujourd'hui synonyme de mieux vivre, de vivre autrement. Cette tendance est visible à travers le succès que connaissent le **tourisme vert**, le **Salon de l'agriculture** chaque année à Paris, **les marchés de produits fermiers ou biologiques ou labellisés**, le retour à **une gastronomie de terroir**. Elle s'explique aussi par la prise de conscience collective du rôle des ruraux dans la préservation du patrimoine de tous.

Vignoble en Alsace.

COMPRENDRE

1 Caractérisez l'agriculture française. Complétez avec les adjectifs qui caractérisent cette agriculture.

Une agriculture —————————, —————————, —————————.

Une ————————— concentration des exploitations. De ————————— groupes agroalimentaires.

Un passage des exploitations en mode —————————. Le succès du tourisme —————————.

ANALYSER

2 Quels sont les avantages naturels qui ont permis le développement de l'agriculture ?

_____

3 Quels sont les secteurs où l'agriculture française illustre ses performances ?

_____

4 Comment l'agriculture française prépare-t-elle son avenir ?

_____

5 Vous voulez faire du tourisme vert en France. Examinez sur Internet les différents types d'offres. Choisissez une destination et faites le programme.

DÉBATTRE

6 Produire, nourrir, exporter, protéger le patrimoine naturel, quel est selon vous le rôle prioritaire de l'agriculture ?

ÉCOUTER

7 Écoutez puis répondez aux questions.

Les AMAP (Association pour le maintien d'une agriculture paysanne)

De nombreux Français se tournent vers des Amap, structures qui mettent directement en relation consommateurs et producteurs locaux.

• Nombre d'adhérents à l'association : ————————— • Principe : —————————

• Avantages de ce choix : pour le consommateur : ————————— ; pour le producteur —————————

• Quels changements dans la relation producteur/consommateur ? _____

Les éoliennes : une nouvelle source d'énergie en France.

LES ENJEUX DE L'ENVIRONNEMENT

Droit, art, sciences, économie, société : l'environnement joue le rôle d'un révélateur de transformations profondes.

• **En droit**, le droit français stipule que « **chacun a le droit de vivre dans un environnement équilibré et respectueux de la santé**. » Les résultats de la COP 21, dont la France a porté la réussite lors du Sommet de Paris, en décembre 2015, vont venir apporter des obligations supplémentaires en matière de responsabilité environnementale.

• **En art**, des artistes ou des personnalités utilisent l'art pour sensibiliser la population à la défense de l'environnement : c'est le cas, par exemple, du photographe **Yann-Arthus Bertrand** (*Home*, *Human*, *Vu du ciel*) ou de l'actrice **Mélanie Laurent,** avec son documentaire *Demain*, de l'ancienne star du cinéma français, **Brigitte Bardot**, pour la défense des espèces animales menacées. Des personnalités médiatiques comme **Nicolas Hulot**, avec son « pacte écologique », mettent leur popularité au service de la cause environnementale.

• **En sciences, l'écologie** est devenue une discipline incontournable. En France, les recherches sont particulièrement actives en matière de climat, de radioactivité, de pollution fluviale et marine, et de biodiversité.

• **En matière économique**, les politiques publiques favorisent la recherche et la mise en œuvre de modèles de développement économique alternatifs. On estime à 47,5 milliards d'euros l'effort financier de la France pour la protection de l'environnement et l'investissement. **La protection de l'environnement** concerne les dépenses de protection de l'air, de gestion des eaux usées, des déchets, de lutte contre le bruit, de traitement des déchets radioactifs.

• **L'investissement dans les énergies renouvelables** est estimé à 24 milliards d'euros. La part des énergies renouvelables représente 14 % de la consommation énergétique, dont 70 % pour l'hydraulique, 18 % pour l'éolien, 5,3 % pour le solaire.

• L'économie de l'environnement, les éco-activités représentent 448 000 emplois, en croissance, dont les principaux dans les secteurs des énergies renouvelables, du traitement des eaux usées, des déchets et de la réhabilitation des sols.

• Sur le plan social, on assiste à l'émergence d'un mouvement de retour vers la campagne avec les **néo-ruraux**. C'est une population jeune entre 25 et 34 ans pour qui l'espace rural est aujourd'hui synonyme de mieux vivre, d'enracinement, de vivre autrement et de participation au renouvellement et au développement du milieu rural. Ce mouvement touche environ 100 000 citadins qui choisissent chaque année de quitter la ville pour s'installer dans des territoires ruraux.

COMPRENDRE

1 Retrouvez les chiffres clés de la politique de l'environnement.

• Effort financier de l'État : ———————————————————————————

• Investissement dans les énergies renouvelables : ———————————————

• Part des énergies renouvelables dans la consommation énergétique : ——————

• Nombre d'emplois liés à l'environnement : ——————————————————

• Nombre de citadins qui ont choisi de s'installer à la campagne : ———————

ANALYSER

2 Quelles conclusions tirez-vous de ces chiffres clés quant à la politique environnementale de la France ? Comparez avec les chiffres de votre pays.

——

——

3 Préparez un petit exposé sur la COP 21 dans lequel vous répondrez aux questions suivantes : Qu'est-ce que la COP 21 ? En quoi a-t-elle consisté ? Quelles ont été les résolutions principales ? Où en est-on de leurs mises en œuvre ?

——

——

4 Comparez la mobilisation des artistes et des personnalités de la société civile en faveur de l'environnement en France et dans votre pays. Quels sont les secteurs qui mobilisent le plus ?

——

——

5 Quels sont les réflexes verts que vous faites volontiers et quels sont ceux que vous ne ferez jamais ?

——

——

DÉBATTRE

6 Comparez la vie rurale et la vie urbaine. Laquelle préférez-vous ? Pourquoi ?

13 UNE INDUSTRIE DE L'ART DE VIVRE

Magasin Louis Vuitton, sur les Champs-Élysées, à Paris.

L'INDUSTRIE DU LUXE

Place Vendôme pour les bijoux, Rue du Faubourg-Saint-Honoré pour le prêt-à-porter de luxe, avenue Montaigne pour la haute couture, on appelle ça le triangle d'or. C'est là que se trouve réuni tout ce qui peut faire rêver et qui fait de Paris la capitale qui a inventé le luxe, un mélange de tradition, de savoir-faire et de glamour. Aujourd'hui, le luxe est une industrie qui rapporte beaucoup d'argent. L'industrie du luxe c'est en effet 210 milliards d'euros de chiffre d'affaires, 10 % de croissance par an, 80 % des ventes à l'exportation, 135 marques.

• Vuitton, Hermès, Chanel, Dior, Saint-Laurent, Guerlain, Cartier, tous ces noms sont synonymes de beauté, d'élégance et d'un art de vivre qui contribuent beaucoup à une certaine image de la France.

• C'est Coco Chanel qui a inventé le luxe moderne en l'adaptant à un monde qui bouge et c'est Pierre Cardin qui a élargi son marché en créant le prêt-à-porter et son mode de diffusion.

• Cette industrie du luxe est aujourd'hui regroupée dans deux groupes leaders : LVMH (Louis Vuitton-Moët-Hennessy), dirigé par Bernard Arnault et qui regroupe les marques Vuitton, Dior, Max Jacobs, Fendi, Kenzo, Guerlain, Bulgari, Hennessy, Veuve Cliquot mais aussi Le Bon marché et Sephora ; Kering, dirigé par François Pinault, qui réunit Saint-Laurent, Gucci, Boucheron mais aussi Le Printemps et la FNAC. À eux deux, ils réunissent la mode, les parfums, les vins fins et spiritueux, la distribution de luxe et le marché des objets d'art.

• Comme le souligne Bernard Arnault, « une marque se construit dans la durée et la patience ». C'est grâce au caractère intemporel des produits, qui leur garantit une authenticité prestigieuse, ainsi qu'à un savoir-faire d'exception « made in France », qui leur confère exclusivité et rareté, que les biens de luxe français jouissent d'une qualité artisanale identifiable. Un mélange de savoir-faire qui se transmet de génération en génération et une recherche continue de l'innovation.

• Pour s'adapter aux nouvelles formes de vie et aux nouvelles exigences d'un marché jusqu'alors concentré entre les États-Unis, le Japon et l'Europe et qui s'élargit aujourd'hui à la Chine, au Brésil et à l'Inde, l'industrie française du luxe s'est regroupée au sein d'un comité, le Comité Colbert, qui réunit 75 maisons et qui permet d'échanger sur les évolutions, les stratégies, les savoir-faire et surtout qui veille au maintien de cette image haut de gamme dans laquelle s'incarne le goût français.

COMPRENDRE

1 **Retrouvez ces informations.**

• Les lieux du luxe : _____

• Les chiffres clés de l'industrie du luxe : _____

• Les groupes leaders : _____

• Les principales marques : _____

• Les marchés cibles à l'exportation : _____

• Le nom de la structure qui fédère l'industrie du luxe : _____

ANALYSER

2 **Qu'est-ce qui fait du luxe, une industrie ?**

_____

_____

3 **Quelles sont les caractéristiques de l'industrie du luxe ?**

_____

_____

4 **Depuis plus d'un siècle, Paris est la capitale de la mode et du luxe. Quelle image de la France est ainsi créée ?**

_____

_____

5 **Choisissez un créateur ou une créatrice. Faites une recherche sur son histoire. Présentez-le ou présentez-la sous la forme d'un exposé.**

DÉBATTRE

6 **Les grands groupes de mode à petits prix, H&M, Zara, Uniqlo, font appel à des créateurs de mode de l'industrie du luxe. Que pensez-vous de cette démocratisation du luxe ?**

LA GASTRONOMIE

Boutique Ladurée.

« **Comment voulez-vous gouverner un pays qui a trois cents sortes de fromages ?** » Ce bon mot du Général de Gaulle montre à quel point la gastronomie est partout y compris en politique... En témoignent le roi Henry IV et sa « poule au pot » du dimanche pour chaque famille ; Marie-Antoinette et sa malheureuse répartie « Qu'ils mangent de la brioche ! » et les innombrables images culinaires que l'on trouve dans le vocabulaire : on parle de « cuisine politique », de « pot-de-vin », de « prime à la casserole », de « panier de crabes », etc.

• La gastronomie, les plaisirs de la table sont **le premier sujet de conversation des Français...** à table. Ils sont à l'origine d'un nombre considérable d'ouvrages, guides, dont le plus célèbre et le plus attendu pour les étoiles qu'il distribue, le *Guide Michelin*, livres de recettes, livres de grands cuisiniers et pâtissiers. Ils sont le prétexte de nombreuses émissions de radio et de télévision dont le célèbre « Top Chef ».

• La gastronomie est devenue **un art** : La Varenne, Vatel (XVIIe), Carême (XVIIIe), Escoffier (XIXe) et Curnonsky (XXe) en sont les pères ou parrains. Mais ce sont surtout les femmes, celles qu'on appelait « **les mères** » comme les célèbres mère Blanc (Vonnas dans l'Ain) et mère Brazier (Lyon), célébrées par Paul Bocuse, qui ont créé et entretenu les traditions de la gastronomie française. Foie gras, truffes, huîtres, poulet de Bresse, canard, gigot d'agneau, bœuf de Salers, grenouilles, escargots, macarons font partie des produits célébrés et distinctifs de la gastronomie française. Les vins français et les fromages français font partie intégrante de la cuisine française dans son ensemble, dans laquelle ils sont utilisés comme ingrédients et comme accompagnements.

• Aujourd'hui, on assiste à **une médiatisation très forte des stars du fourneau et de la pâtisserie** qui sont connues comme les grands couturiers : tout a commencé avec Paul Bocuse, inventeur de la nouvelle cuisine qui se veut plus légère et plus respectueuse des produits et des saveurs. Aujourd'hui, Georges Blanc, Alain Ducasse, Anne-Sophie Pic, Pierre Gagnaire, Alain Passard, Joël Robuchon, Pierre Troigros et les pâtissiers Pierre Hermé, Christophe Michalak sont les ambassadeurs de cette tradition qui vaut à **la gastronomie française d'être inscrite depuis 2010 au Patrimoine culturel immatériel de l'Humanité**.

• Il ne faudrait cependant pas oublier cette **gastronomie du quotidien** qui se transmet de génération en génération ; une gastronomie faite des produits régionaux et de traditions familiales. Une cuisine des terroirs qui fait que chaque région a sa propre gastronomie, sa manière de cuisiner, à l'huile s'il est au sud, au beurre, s'il est au nord... On assiste d'ailleurs à un fort renouveau de cette cuisine due à une attention toute particulière à la consommation de produits du terroir et au style *slow food* de plus en plus populaire.

■ À l'occasion de l'opération de promotion de la gastronomie française « Goût de France », *Le Figaro* a demandé à des chefs internationaux réputés le plat qui représentait, selon eux, le mieux la cuisine française...

• **Massimo Bottura.** 52 ans, italien, chef de *L'Osteria Francescana*, à *Modène* (3 étoiles Michelin) : La terrine de foie gras.

• **Heinz Beck.** 51 ans, allemand, chef de *La Pergola*, à Rome (3 étoiles Michelin) : La bouillabaisse.

• **Joan Roca.** 51 ans, catalan, chef d'*El Celler de Can Roca*, à *Gérone* (3 étoiles Michelin) : « Sans hésiter la poularde en vessie ! »

• **Daniel Achilles.** 39 ans, allemand, chef de *Reinstoff* à Berlin (2 étoiles Michelin) : la ratatouille et le coq au vin.

• **Kobe Desramault.** 34 ans, belge, chef de *In De Wulf*, à *Heuvelland* (1 étoile Michelin) : l'omelette.

• **Taku Sekine.** 34 ans, japonais, chef de *Dersou*, à Paris XIIe : la soupe à l'oignon.

• **James Henry.** 32 ans, australien, chef de *Bones*, à Paris XIe : la charcuterie traditionnelle...

COMPRENDRE

1 Associez des noms (personnalités, institutions, émissions) à ces différents aspects de la gastronomie.

• gastronomie et politique : ————————

• gastronomie comme art : ————————

• gastronomie et expressions du langage populaire :

• gastronomie et médiatisation : ————————

ANALYSER

2 Trouvez le sens de ces expressions familières qui empruntent au registre de la gastronomie. Existe-t-il des expressions équivalentes dans votre langue ? À quels aspects de la culture quotidienne sont-elles empruntées ?

• un pot-de-vin : ————————————

• une prime à la casserole : ————————

• un panier de crabes : ————————————

• la cuisine politique : ————————————

3 Quels sont les signes de l'omniprésence de la gastronomie dans la vie quotidienne des Français ?

_____

4 Lisez l'encadré. À votre tour, dites quel plat vous aimeriez déguster. Pourquoi ?

_____

5 Composez avec la classe un repas à la française. Trouvez l'origine régionale de chacun des produits. Écrivez la recette du plat principal. Associez les vins avec chacun des plats.

DÉBATTRE

6 Considérez-vous qu'il soit justifié que la gastronomie occupe autant de place dans la vie quotidienne, les médias… Comparez cette place avec celle qu'elle occupe dans votre pays.

ÉCOUTER

7 Écoutez puis répondez aux questions.

Le repas gastronomique français classé au patrimoine immatériel de l'Unesco

• Quelles sont les caractéristiques du repas français qui ont été retenues ? _____

• Quelle autre cuisine est aussi inscrite à ce patrimoine immatériel ? _____

• Combien de pratiques sont déjà protégées ? _____

• Quel est, au final, l'enjeu général de cette protection ? _____

LE TOURISME

La France accueille chaque année plus de 80 millions de touristes : c'est la première destination touristique avec les États-Unis et l'Espagne. Les Européens (68,4 %) dont Anglais, Allemands, Néerlandais et Belges (53 %) puis les Américains (6,6 %) et les Asiatiques (5 %), Japon et Chine, sont les groupes de visiteurs les plus importants. Le tourisme représente 158 milliards d'euros de recettes et 1,2 million d'emplois.

• La géographie et ses paysages, le climat, le domaine maritime varié, l'histoire, le patrimoine et la culture expliquent ce succès.

• Les principales destinations sont:

– **Paris et l'Île-de-France** avec sa richesse artistique : châteaux (Versailles), monuments (Notre-Dame, tour Eiffel), musées (Louvre) et ses parcs d'attraction (Dysneland Paris) ;

– **le Val de Loire** et ses célèbres châteaux (Chambord, Chenonceau, Azay-le-Rideau) ;

– **la Provence et la Côte d'Azur** pour leur climat, les paysages de Cézanne et Van Gogh, leurs lieux mythiques (Saint-Tropez), leurs villages forteresses (Gordes, Saint-Paul-de-Vence), leurs festivals (Cannes, Avignon) et une tradition de villégiature luxueuse (Nice, Cannes, Monaco) ;

– le Grand Ouest (**Normandie, Bretagne, Vendée**) pour la beauté de ses côtes (falaises d'Étretat, pointe du Raz), ses immenses plages et ses sites historiques (plages du débarquement, Saint-Malo) et artistiques (Mont-Saint-Michel) ;

Une touriste choisissant des cartes postales de Paris. On peut voir, de haut en bas, La Joconde (musée du Louv l'Arc de triomphe et les Champs-Élysées, le pont Alexandre-III et la tour Eiffel, le Centre Georges-Pompidou.

– les **Alpes** pour les sports de neige (Mégève, Val d'Isère, Les Arcs) et de montagne (Chamonix) ;

– le **Sud-Ouest** pour ses plages (les Landes), pour les sports de glisse (Hossegor, Biarritz) et pour le tourisme religieux (Lourdes).

• La France a su aussi adapter son offre touristique en proposant **un tourisme thématique** : tourisme blanc lié aux sports d'hiver ; tourisme vert proche du monde rural ; tourisme nature et découverte ; tourisme gastronomique, œnologique ; tourisme de randonnées grâce au réseau des chemins de grandes randonnées ; tourisme balnéaire de remise en forme et enfin tourisme collaboratif pour le transport et l'habitat qui concerne déjà un touriste sur trois.

■ Où vont-ils ?

Sites culturels : musée du Louvre (9,1 millions) ; château de Versailles (7,7) ; musée d'Orsay (3,5) ; Centre Pompidou (3,5).
Sites récréatifs : Dysneyland Paris (14,2 millions) ; Puy du Fou (1,9) ; parc Astérix (1,7) ; Futuroscope (1,6) ; Grandes eaux musicales de Versailles (1,3).
Monuments : Notre-Dame de Paris (14 millions), tour Eiffel (7,1).

COMPRENDRE

1 À quoi correspondent ces données chiffrées ?

• 80 : _____

• 1,2 : _____

• 158 : _____

2 Où vont les touristes pour…

• faire du ski : _____

• bronzer sur une plage ensoleillée : _____

• faire du surf : _____

• retrouver les paysages qui ont inspiré certains peintres : _____

• visiter une cathédrale gothique célèbre : _____

• participer à un pèlerinage religieux : _____

• visiter des châteaux de la Renaissance : _____

• visiter l'un des plus grands musées du monde : _____

ANALYSER

3 Quelles sont les raisons de l'attractivité touristique de la France ?

_____

_____

4 Quels sont les différents types de tourisme que l'on peut pratiquer en France ? Lequel aurait votre préférence ? Pourquoi ?

_____

_____

5 Vous gagnez un séjour de deux semaines en France. Quelles destinations choisiriez-vous ? Décrivez-les. Préparez votre itinéraire et présentez-le à la classe.

DÉBATTRE

6 Le tourisme constitue-t-il un atout économique durable pour un pays ou au contraire peut-il devenir une source de déséquilibres ? Comparez, à cette occasion, la place que le tourisme occupe dans l'économie de votre pays avec celle qu'il occupe en France.

14 EN FAMILLE

Vive les mariés !

COUPLE « FAMILLES » À GÉOMÉTRIE VARIABLE

L'Économie du couple (2016), un couple en cours de séparation et qui règle ses comptes (au sens propre), *Victoria* (2016), une femme, jeune avocate, qui élève seule ses enfants, *La belle saison* (2016) ou les amours contrariées de Delphine et Carole, le cinéma français n'en finit pas d'ausculter les aller-retour du couple et la cartographie de **la famille française, composée, décomposée et recomposée**.

• **Le mariage** reste un mode de vie en commun important pour les 240 000 couples (dont 3,3 % de couples gays) qui choisissent de s'unir à la mairie. Le mariage à l'église ne concerne plus que 30 % d'entre eux. **On se marie** souvent après une longue période de cohabitation et **de plus en plus tardivement : 28 ans pour les femmes, 30 ans pour les hommes**. On se marie aussi pour régulariser la situation des enfants nés hors mariage. On se marie enfin pour profiter d'avantages fiscaux et juridiques. Et lorsque l'on se marie, c'est pour en faire **un événement personnalisé** que l'on n'oubliera pas : cela se traduit par une recherche de personnalisation et d'originalité, avec des mariages « à thème », en fonction des caractéristiques des mariés.

• **L'union libre** est l'autre grand mode de vie en couple. Elle concerne aujourd'hui **20 % des couples** et elle est majoritaire chez les 25-29 ans. C'est une manière de mieux respecter la liberté individuelle dans le couple.

• **Le PACS (pacte civil de solidarité)** est, depuis 1999, le nouveau venu à la table du couple. Il représente **une alternative réaliste et moderniste** et il se rapproche de plus en plus, sur le plan des droits du couple, du mariage. Pas un mariage, plus qu'une union libre, simple et avec une symbolique de l'engagement moins lourde que le mariage, c'est un contrat que deux personnes passent entre elles, qu'elles soient du même sexe ou de sexe opposé. Plébiscité, environ **170 000 PACS** sont signés en moyenne chaque année depuis le début des années 2010. Et un mot est devenu courant : « pacsé(e)s ».

• Conséquence d'une instabilité de la vie en couple (**125 000 divorces** en moyenne chaque année), le nombre de **familles monoparentales** a explosé : **1,8 million de familles monoparentales** et 20 % des enfants de moins de 25 ans qui vivent avec un seul de ses parents, généralement la mère (85 % des cas).

• Reste le **célibat** qui est un choix de vie à part entière. Il concerne **14 % des Français** ; et ce sont les femmes cadres (20 %) qui vivent le plus souvent seules alors que ce sont plutôt les hommes de catégories sociales modestes qui se trouvent dans cette situation.

■ Jeux de rôles

Malgré une légère évolution dans le sens de l'égal dans la répartition des tâches ménagères, il appar que les femmes, dans leur grande majorité, accepte une répartition des tâches qui reste inégalitaire. Com si un consensus se faisait autour d'une répartition d compétences : l'entretien des équipements pour l l'entretien de la maison pour elle.

Répartition des tâches ménagères : 24 % des femm déclarent contribuer autant que leur conjoint ; 26 % un p plus ; 48 % beaucoup plus. Pour les hommes : 32 % autar 4 % un peu plus ; 4 % beaucoup plus.

Nature des tâches : sortir les poubelles (97 et 94 %) ; fa les courses (97 et 75 %) ; faire la vaisselle (97 et 71% cuisiner (92 et 61 %) ; laver les sols (88 et 56 %) ; changer l draps (84 et 51 %) ; trier le linge et le repasser (78 et 51 %).

A C T I V I T É S

COMPRENDRE

1 Retrouvez les données qui se rattachent à chacune de ces situations.

• mariage : _____

• union libre : _____

• PACS : _____

• famille monoparentale : _____

ANALYSER

2 20 % de couples en union libre ; 240 000 mariages ; 170 000 PACS ; 1,8 million de familles monoparentales : quelles représentations de la famille tirez-vous de ces différentes données ?

_____

3 Quelles sont les différences entre mariage et union libre ?

_____

4 Des différentes formes de vie en couple laquelle a votre préférence ? Dites pour quelles raisons.

_____

5 Une agence d'organisation d'événements vous demande d'organiser un mariage en France. Faites une proposition illustrée pour l'ensemble de la cérémonie. Aidez-vous des sites spécialisés.

DÉBATTRE

6 Lisez l'encadré sur la répartition souvent très inégalitaire des tâches entre les hommes et les femmes. Que préconisez-vous pour y remédier ?

ÉCOUTER

7 Écoutez puis répondez aux questions.

Micro-trottoir : « Mariage »

Dans les rues de Paris à la recherche des différentes significations du mot...

• Relevez les mots clés associés à chaque interviewvé.

1. ——————————— 2. ——————————— 3. ———————————

4. ——————————— 5. ————————— 6. ————————— 7. ———————

LA PLACE DES JEUNES

Ils ont entre 15 et 24 ans et ils sont 8 millions de jeunes. Ils représentent 13 % de la population française. Ce sont les enfants de la crise, de la toute puissance de la technologie, des réseaux sociaux et de la mondialisation.

• **Génération « Y » ou e-génération :** cette génération est largement identifiée aux changements introduits par les nouvelles technologies de l'information et de la communication : textos (70 % en échangent tous les jours), téléchargements *peer to peer*, usage des supports dématérialisés (audio, vidéo) ; elle est aussi familière des réseaux sociaux (90 % y sont inscrits) qu'elle utilise à 75 % chaque jour. Familière de Facebook (81,8 %), d'Instagram (33,4 %), de Twitter (39,4 %), de Snapshat (43,7 %) ou de Google+ (33,8 %)… Elle « googlise » tout ce qui lui échappe ou qu'elle ne connaît pas, le savoir toujours à portée de clic. Et surtout elle a une culture de l'instantané : « tout, tout de suite ».

• **Génération de transition :** la génération des 15-24 ans est prise au milieu d'une série de contradictions : contradiction entre le confort matériel dont la plupart disposent et l'inconfort moral lié aux difficultés d'insertion professionnelle. Entre 21 et 25 % sont chômeurs : ils sont en majorité peu formés ou sans diplômes. Les autres ont le sentiment d'être une « *génération dont personne ne veut* » : bien que bien formée (80 % a le niveau du bac et 77 % des bacheliers poursuivent des études supérieures mais seulement 63 % franchissent la première année), hors filières techniques (techniciens supérieurs) et d'excellence (technologique, scientifique et industrielle), cette génération doit enchaîner les petits boulots (27,3 % de CDD). Rien qui lui permette de gagner réellement sa vie ; elle doute qu'un jour elle atteindra une position sociale équivalente à celle de ses parents.

• **Génération « Tanguy »** en référence au film d'Étienne Chatillez (2001) qui décrit les jeunes qui s'éternisent sous le toit parental :

Jeunes à la sortie du lycée.

faute d'emploi stable, de salaire décent, cette génération reste forcément plus longtemps au domicile parental et en nourrit un sentiment de culpabilité. Ils sont 4,5 millions (1,9 million encore étudiants et 1,8 million jeunes travailleurs) à être hébergés chez leurs parents, grands-parents ou chez des amis.

• **Génération alter ego :**

– **Génération Ego** d'abord, dans la mesure où la recherche identitaire et le développement personnel sont prioritaires. Les 15-24 ans consacrent 5 heures par jour aux activités de loisirs et de sociabilité. Ils ont des goûts éclectiques ; ils n'aiment pas les mêmes musiques (techno, dance, rock gothique, reggae, etc.) ; ils n'adhèrent pas aux mêmes cultures urbaines (rap, hip-hop, clubbers…) ; ils ne pratiquent pas les mêmes sports (sports individuels de combat, sports collectifs) ; ils ne voient pas les mêmes films (action, fantastique, heroïc fantasy, comédies)… ne regardent pas non plus les mêmes séries dont ils sont addicts. Ce qui les rassemble, c'est qu'ils veulent faire toutes les expériences, tout essayer avant de changer encore.

– **Génération Alter** ensuite : ils sont « altermondialistes » avec le désir de construire un monde plus enthousiasmant, plus juste, plus durable ; ils sont aussi porteurs d'une « alterconsommation », symbolisée par l'économie du partage et de l'échange de services. Ils sont curieux du monde et des autres : tolérants et solidaires.

A C T I V I T É S

COMPRENDRE

1 Associez les données qui vont avec cette caractérisation des jeunes en France.

• enfants de la crise : _____

• adeptes des technologies : _____

• utilisateurs des réseaux sociaux : _____

• enfants de la mondialisation : _____

ANALYSER

2 Faites la liste des principales difficultés rencontrées par les jeunes. Quelle image ressort-il de cette jeune génération ?

_____

_____

3 Pourquoi parle-t-on de « génération Tanguy » ? Faites une recherche sur le film du même nom.

_____

_____

4 À quoi l'expression « génération alter ego »fait-elle référence ?

_____

_____

5 Quel rapport les jeunes entretiennent-ils avec le travail ?

_____

_____

6 Comparez la situation des jeunes en France avec celle des jeunes de votre pays.

DÉBATTRE

7 Croyez-vous nécessaires les liens de solidarité entre les différentes générations ? Dans quel sens ? Quelles formes peuvent-elles prendre ?

L'ÉTAT ET LA FAMILLE

La famille est en France une affaire publique. Elle a longtemps été la bien-aimée de la politique française. Elle obéit tout à la fois à un courant familial et à un courant nataliste ; **un courant familial** qui considère que la famille est une institution essentielle à la structuration de la société et à la transmission des valeurs ; **un courant nataliste** selon lequel l'État, garant de la continuité de la Nation, doit veiller au renouvellement des générations. **La famille a son ministère** et elle est l'objet d'une conférence annuelle (à la fois bilan et prospective), présidée par le président de la République.

• Face à une France qui vieillissait et se dépeuplait, l'État a mis en place, après la Seconde guerre mondiale, **une politique volontariste** dont l'objectif était l'augmentation du nombre des naissances. C'est ce que l'on a appelé **le baby boum**.

• Cette politique a d'abord un aspect financier : elle représente environ 4 % du PIB (produit intérieur brut) de la France soit environ 44 milliards d'euros. Les **allocations familiales** sont une aide directe de l'État à partir du second enfant. L'État accorde également des **réductions d'impôt**s importantes pour les couples avec enfants. Ces familles bénéficient également de réductions dans les transports en commun ou pour des activités culturelles. Elles ont accès aux **bourses d'études** pour les enfants si leurs salaires sont insuffisants. Elles perçoivent également l'**allocation de rentrée scolaire**.

• Sur le plan social, l'État a souhaité que les maternités ne soient pas un handicap professionnel pour les femmes : elles ne perdent ni leur salaire ni leur emploi pendant leur **congé maternité d'une durée de 16 semaines (6 semaines avant + 10 semaines après)**. À partir du deuxième enfant, elles peuvent bénéficier d'un **congé parental** d'un an, rémunéré, pour élever leurs enfants. Élever un enfant étant un

L'inscription à l'école maternelle est possible à partir de deux ans.

métier, les femmes qui ont élevé trois enfants et qui n'ont pas pu avoir une activité professionnelle autre ont droit à **une retraite**. Dans le cadre de l'égalité hommes-femmes, les hommes peuvent aussi bénéficier d'un congé parental et ont aussi droit à un **congé paternité** de deux semaines.

• Les communes qui veulent faciliter la vie des couples avec enfants ont mis en place des **crèches** qui accueillent les enfants toute la journée et des **halte-garderies** pour celles ou ceux qui font leurs courses. L'accueil à l'**école maternelle**, à partir de deux ans, est aussi une manière de permettre de concilier vie professionnelle et vie familiale.

• Enfin la vie familiale a ses symboles, la **fête des Mères** et la **fête des Pères**, et bien sûr la **fête de Noël** qui est la fête de tous les enfants.

COMPRENDRE

1   **Retrouvez et expliquez les mots suivants…**

• courant familial : _____

• courant nataliste : _____

• allocations familiales : _____

• congé parental : _____

• congé maternité : _____

• crèche : _____

ANALYSER

2   **Quelles sont les caractéristiques de la politique de la famille en France ? Comparez cette politique avec celle conduite dans votre pays.**

_____

_____

3   **Quelles sont les différentes formes d'aides financières dont peuvent bénéficier les parents dans le cadre de cette politique de la famille ?**

_____

_____

4   **Être mère est un métier : comment la politique familiale prend-elle en compte cette reconnaissance ?**

_____

_____

5   **Quels sont les dispositifs qui facilitent la vie des couples ?**

_____

_____

6   **Faites une petite recherche sur les origines et les caractéristiques de la célébration des Fêtes des Mères et des Pères.**

DÉBATTRE

7   **Doit-on rendre compatible vie familiale et vie professionnelle ?**

15 L'ÉCOLE

*Une écolière à la porte d'entrée de son é[...]
L'école est obligatoire jusqu'à 16 ans.*

ÉCOLE ÉGALITAIRE ET ÉCOLE ÉLITISTE

653 600 établissements scolaires, 12,6 millions d'élèves et 2, 2 millions d'étudiants, 146 milliards de budget (6,1 % du PIB), l'école française est à la fois le chef-d'œuvre et la caricature de ce que peut penser, organiser et mettre en œuvre l'État souverain.

• Les Français sont très attachés aux principes qui ont fondé l'organisation de l'école. La Révolution de 1789, l'Empire sous Napoléon et la IIIᵉ République ont posé et mis en œuvre ces principes : **une instruction commune à tous les citoyens**, un État qui a le monopole de l'enseignement, **une école primaire laïque, gratuite et obligatoire**, un accès garanti à toutes et à tous à tous les niveaux d'enseignement. Mais les filles n'ont eu accès à l'enseignement secondaire qu'à partir de 1880 et elles n'ont partagé le même baccalauréat avec les garçons qu'à partir de 1924.

• Aujourd'hui, **l'école est obligatoire de 6 à 16 ans**. Elle est gratuite de la maternelle à l'université (les droits universitaires étant très peu élevés). C'est un **service public** qui comprend des écoles publiques (10 millions d'élèves) et des écoles privées (2 millions) sous contrat avec l'État ; elle est **laïque**, c'est-à-dire qu'elle garantit le respect des opinions et des croyances et en interdit toute manifestation à l'intérieur de l'école, **lieu neutre** par définition.

• Pour les Français, le système éducatif doit permettre d'abord de **trouver un travail** ; mais son rôle est aussi de donner une **culture générale**, de former la réflexion et l'esprit critique, de favoriser la **réduction des inégalités** dans la société mais on lui assigne aussi de palier les insuffisances éducatives qui relèvent de la responsabilité familiale.

• Le système éducatif français, qui tente de préserver l'idée qu'il offre les mêmes chances pour toutes et tous, est en réalité profondément **inégalitaire**. Sous couvert d'égalité des chances, il organise et préserve à tous les niveaux des filières d'excellence (lycées, classes préparatoires, grandes écoles et écoles spécialisées), sélectionne dès le lycée, par l'implantation des établissements, le capital culturel et social des parents, le jeu des options, les meilleurs éléments qui formeront l'élite de demain.

• Les responsabilités concernant les établissements scolaires sont partagées entre les communes, les départements, les régions et l'État. **Les communes** s'occupent de la construction, de l'aménagement, de l'entretien, des fournitures des écoles primaires ; **les départements** de l'ensemble des dépenses des **collèges** et **les régions** de celles des **lycées**. L'ensemble des collectivités territoriales a aussi en charge le transport, la restauration scolaires et l'animation du temps extra-scolaire.

• **L'État a la responsabilité de l'organisation et de l'administration de l'ensemble du système éducatif**, et ce, de l'école maternelle à l'enseignement supérieur. Il a en charge les programmes, le calendrier scolaire, la délivrance des diplômes nationaux et le recrutement et la nomination des personnels d'encadrement et des enseignants.

COMPRENDRE

1   À quoi correspondent ces chiffres ?

• 2,2 : _____

• 12,6 : _____

• 653 000 : _____

• 6,1 : _____

• 146 : _____

• 10 : _____

• 6-16 : _____

ANALYSER

2   Quelles sont les caractéristiques (objectifs, organisation) du système éducatif français ? Comparez avec l'organisation du système éducatif de votre pays.

_____

_____

3   Quels sont, pour les Français, les objectifs de l'école ? Comment comprenez-vous ces objectifs ? Sont-ils compatibles avec la recherche de réussite d'un système éducatif ?

_____

_____

4   Comment se traduit l'inégalité du système éducatif français ?

_____

_____

5   Racontez un souvenir de vos années d'école.

DÉBATTRE

6   L'école doit-elle donner une culture générale ou préparer directement à un métier ?

L'ORGANISATION DES ÉTUDES

Le système éducatif se compose de trois degrés qui scolarisent 6,7 millions d'élèves au premier degré, 5,4 millions de collégiens et lycéens au second degré et 2,2 millions d'étudiants dans le supérieur.

• **L'école maternelle** (de 2 à 5 ans, 2,5 millions d'enfants) est gratuite, mixte et facultative. Elle accueille presque la totalité des enfants de 3 à 5 ans qui sont répartis en trois sections (petite, moyenne et grande). Elle se donne pour objectifs l'éveil et la socialisation des jeunes enfants.

• **L'école élémentaire obligatoire** à partir de six ans se fixe pour objectif d'apprendre à lire, écrire et compter à tous les enfants. Il est complété par des enseignements sur la découverte du monde, en histoire, géographie, sciences, technologie. Peuvent s'y ajouter un enseignement artistique, sportif, de langue et en informatique. 82 % des enseignants sont des femmes.

• **Le second degré distingue l'enseignement général et l'enseignement professionnel, le premier cycle (de la sixième à la troisième) et le second cycle (de la seconde à la terminale).**

– **Le premier cycle** conduit au **Diplôme national du Brevet** pour l'enseignement général, au CAP (certificat d'aptitude professionnelle) ou au BEP (Brevet d'études professionnelles) pour l'enseignement professionnel court.

– **Le second cycle** va de la seconde à la terminale et débouche sur le **baccalauréat général**, le **baccalauréat technologique** ou le **baccalauréat professionnel**. 65 % des élèves arrivent au niveau du bac et 80 % environ le réussissent.

• **L'enseignement supérieur** comprend les universités, les écoles spécialisées et les grandes écoles. **L'accès à l'université est automatique** avec le baccalauréat. Pour les études de médecine, un **numerus clausus** décide du nombre d'étudiants après un concours en fin de première année ; pour les

Université Paris-Sorbonne.

grandes écoles, il faut passer un **concours d'entrée** en classe préparatoire, très difficile. De manière sélective, des formations en deux ans débouchent sur des brevets de technicien supérieur (BTS), proposés par les lycées ou en formation en alternance ou sur des diplômes universitaires de technologie (DUT) proposés par les Instituts universitaires de technologie (IUT) ; les universités proposent aussi des formations qui débouchent sur une licence (en trois ans), un master (en cinq ans) ou un doctorat (en huit ans).

• **Les grandes écoles** sont les plus recherchées parce qu'elles proposent des formations exigeantes et un diplôme prestigieux à bac + 5. Elles **forment les cadres supérieurs de l'État et de l'économie**. Tous les grands secteurs d'activités ont leur école : l'administration de l'État, l'ENA (École nationale d'administration) ; les finances, HEC (École des hautes études commerciales) ; l'élite scientifique, l'École Polytechnique ; l'éducation, les Écoles Normales supérieures ; les travaux publics, l'École nationale des ponts et chaussées ; l'industrie, l'École des Mines ; l'agriculture, l'Institut national d'agronomie et l'École vétérinaire...

• Certains grands établissements comme le **Collège de France** et le **Conservatoire national des arts et métiers** proposent des formations non diplômantes de très haut niveau.

• Le coût total de la scolarité est estimé à 7 760 € par enfant : l'État finance 57 %, les communes ou régions, 24 %, les parents, 7 %, les entreprises 8 %.

COMPRENDRE

1 Retrouvez le sens des mots suivants...

• école maternelle : —————————

• école élémentaire : ————————————

• premier cycle : ————————————

• second cycle : ————————————

2 Développez ces sigles...

• CAP : ————————————

• BEP : ————————————

• BTS : ————————————

• DUT : ————————————

ANALYSER

3 Quelles sont les caractéristiques de chacun des niveaux d'études, en France ?

————————————————————————

4 Le baccalauréat est un objectif absolu ; c'est un véritable événement national. Essayez de trouver les raisons. Comparez avec l'importance accordée, dans votre pays, à l'examen de fin d'études secondaires.

————————————————————————

5 L'enseignement supérieur français est à la fois non sélectif et hyper sélectif. Donnez des exemples.

————————————————————————

6 Comparez le coût de la scolarité dans votre pays et le coût de la scolarité en France. Quelles conclusions en tirez-vous pour le système éducatif français ?

DÉBATTRE

7 Quels buts faut-il assigner à un système éducatif ?

ÉCOUTER

8 🎧 Écoutez puis répondez aux questions.

Éducation : les cahiers de vacances

• Écoutez et relevez...

— les avantages : ————————————————————

— les illusions : ————————————————————

— les conseils : ————————————————————

UN DÉBAT PERMANENT

Manifestion d'enseignants, à Paris.

Depuis mai 1968, les Français n'en finissent pas de dire du mal de leur système éducatif. Ils lui reprochent l'abaissement de ses exigences sur les contenus, son laxisme en matière de discipline et de contrôle du travail des élèves. Ils lui demandent de **s'adapter** en permanence aux souhaits des jeunes, des parents, aux besoins des entreprises. Ils croient que l'école, la formation, l'allongement de la durée des études, les diplômes sont **la meilleure réponse à la mutation du marché du travail et de l'emploi.** Ils considèrent que **la démocratisation** (accès aux diplômes, accès aux différents types d'enseignement, absence de sélection), principe très populaire, ne supporte ni discussion ni transgression.

• L'image de l'école comme **ascenseur social** est celle qui a la plus forte résonance chez les Français. Ils considèrent que la première mission de l'école, c'est de permettre de **réduire les inégalités sociales** : inégalités liées aux origines sociales parce que l'école reproduit davantage les inégalités culturelles plutôt qu'elle ne les corrige ; inégalités entre les filles et les garçons puisqu'à diplôme égal, une femme n'aura ni la même carrière ni le même salaire que son alter ego masculin. L'autre mission de l'école, c'est de **valoriser le mérite personnel** (cher à la Révolution française) comme voie d'accès aux plus hautes qualifications.

• Les classements très peu flatteurs des résultats de l'école française dans les classements type PISA (21ème, 25ème et 26ème place) ouvrent **un large débat politique et de société** sur les principes, les enjeux et l'organisation : réussite et limite de la démocratisation ; problème de la sélection à l'entrée de l'université ; part du financement étudiant dans les études universitaires ; autonomie renforcée des établissements scolaires et universitaires et des équipes enseignantes ; revalorisation de la fonction enseignante ; place de l'État et modalités de financement de l'ensemble du système éducatif.

• Moderniser ou conserver, les Français se divisent, réclament les classiques et Internet, la discipline et l'autonomie, l'accès pour tous à l'université et la sélection, bref, tout et son contraire. Pas étonnant que depuis 1958, la France ait « consommé » 32 Ministres de l'éducation nationale !...

COMPRENDRE

1 Retrouvez les points de vue des Français qui sont associés à ces verbes...

• ils considèrent _____

• ils croient _____

• ils reprochent _____

• ils demandent _____

• ils réclament _____

ANALYSER

2 Qu'est-ce que les Français attendent de leur système éducatif ?

_____

_____

3 Quels sont, en France, les thèmes dominants du débat sur l'école ? Est-ce qu'il y a un débat similaire dans votre pays ? Si oui, quels en sont les thèmes ?

_____

_____

4 L'égalité des chances est un principe fondamental du système éducatif français. Pensez-vous que ce principe soit complètement respecté ? Justifiez votre réponse.

_____

_____

5 Sur quels thèmes repose le débat politique sur l'école ?

_____

_____

6 Exposé. L'école est un sujet souvent montré dans le cinéma français. Cherchez sur Internet les films (documentaires, fictions) qui s'y rapportent. Faites une présentation des thèmes et de la réception de ces films.

DÉBATTRE

7 Faut-il moderniser l'école ou conserver les traditions ?

16 AU TRAVAIL

Ingénieurs travaux sur un chantier.

LA VIE PROFESSIONNELLE

25,8 millions d'actifs, soit 40 % de la population nationale travaillent. Ce qui signifie que 60 % des Français n'ont pas une activité professionnelle rémunérée : ce sont les enfants, les étudiants, les inactifs, les chômeurs, les retraités ou les préretraités.

• Aujourd'hui, on entre de plus en plus tard (entre 25 et 29 ans ; seuls 28, 5 % des 15-24 occupent un emploi) dans la vie active et on en sort de plus en plus tôt (seuls 39,3 % des seniors ont un emploi entre 55 et 64 ans contre 60 % en Suède, au Japon ou aux États-Unis).

• Ceux qui travaillent sont agriculteurs (2,9 %), artisans, commerçants ou chefs d'entreprise (6,1 %), cadres et professions intellectuelles supérieures (14,6 %), professions intermédiaires (techniciens, agents de maîtrise, enseignants (23,5 %), employés d'entreprises, du commerce, des services, policiers, militaires (28,7 %), ouvriers (23,9 %).

• On constate aujourd'hui que **les trois quarts des actifs travaillent dans les activités des services** : commerce, transport, finance, immobilier, services aux entreprises et aux particuliers, éducation, santé, action sociale, administration.

• Deux phénomènes dominent les changements dans la vie professionnelle :

– **l'augmentation du nombre de femmes** qui occupent presque la moitié des emplois (47 %) mais qui n'arrivent pas à rivaliser avec les hommes dans les emplois de cadres ou de chefs d'entreprise : majoritaires (77 %) parmi les employés, elles ne représentent que 38 % des cadres et des professions intellectuelles supérieures. L'écart de salaire est de l'ordre de 25 % en faveur des hommes et ce, malgré la loi sur l'égalité des rémunérations.

– **l'augmentation du nombre de fonctionnaires** qui sont, selon les modes de calcul, autour de 5,9 millions aujourd'hui : 2,2 millions pour la fonction publique d'État ; 2 millions pour la fonction publique territoriale ; 1,1 million pour la fonction publique hospitalière et 850 000 agents d'autres administrations publiques. En termes d'images, ce sont les policiers, les enseignants, les pompiers et les personnels de santé qui ont l'image la plus positive.

• Mais le phénomène majeur est **le chômage** : il touche 9,8 % de la population active. Il représente une véritable révolution culturelle : il a changé le rapport des Français au travail ; il est à l'origine de la multiplication des emplois précaires (CDD et interim) ou à temps partiel ; il a induit, comme solution très discutée, la diminution à 35 heures par semaine de la durée du travail ; il a engendré une moindre confiance dans les diplômes comme moyen d'accès à l'emploi ; il crée un doute durable sur le modèle français de promotion et d'intégration sociales qui va jusqu'à sa remise en cause partielle ou radicale.

■ Des Français qui travaillent à l'étranger

1,7 million de Français vivent et travaillent à l'étranger. On a enregistré une hausse des départs des jeunes vers le Royaume-Uni, l'Australie, la Nouvelle-Zélande, les États-Unis et le Canada, l'Asie et le Maghreb. Les cinq pays où l'on trouve le plus de Français expatriés sont : la Suisse (167 207 Français), les États-Unis (135 837) ; le Royaume-Uni (126 804) ; la Belgique (117 782) et l'Allemagne (112 879).

COMPRENDRE

1 Retrouvez les données suivantes...

• nombre d'actifs : —————————————————— • pourcentage de Français non actifs : _____

• actifs travaillant dans les services : —————————— • femmes qui occupent les emplois : _____

• nombre de fonctionnaires : ————————————— • pourcentage de chômeurs : _____

• nombre de Français qui travaillent à l'étranger : _____

ANALYSER

2 Observez sur le graphique ci-contre les évolutions des catégories professionnelles entre 1982 et aujourd'hui. Quelles conclusions pouvez-vous en tirer.

Agriculteurs	1,5	1982 ■
	0,4	2013 ■
Artisans, commerçants, chefs d'entreprise	1,8	
	1,6	
Cadres et professions intellectuelles supérieurs	1,9	
	4,5	
Professions intermédiaires*	3,8	
	6,5	
Employés	5,5	
	7,2	
Ouvriers	7	
	5,2	

* La catégorie des professions intermédiaires (ni employés ni cadres) s'est développée dans le commerce, l'informatique et la santé.

Source : Insee, recensement de 2013.

3 La France est une économie de services. Justifiez cette affirmation à partir des données sur l'emploi.

_____

4 Quels sont les dispositifs qui ont été mis en œuvre pour réduire le chômage de la population active ?

_____

5 En quoi le chômage a-t-il modifié le rapport des Français au travail ? Comparez ce rapport avec celui qui prévaut dans votre pays.

_____

6 Faites l'interview d'un jeune Français qui s'est expatrié pour travailler dans votre pays.

DÉBATTRE

7 La France a fait le choix de subventionner le chômage plutôt que de favoriser l'emploi. D'autres pays ont fait le choix inverse. Qu'en pensez-vous ?

REPÈRES/SOCIÉTÉ

L'ORGANISATION AU TRAVAIL

Les différents syndicats français.

Concurrence nationale et internationale, efforts de productivité, demande croissante d'efficacité et de flexibilité, culture d'entreprise, obligation de résultats constituent autant de contraintes sur les conditions de travail et donc sur son organisation.

• L'organisation du travail en France et les conditions de sa mise en œuvre sont l'enjeu de la négociation, la plupart du temps fortement conflictuelle, entre patronat et syndicat sous la tutelle de **l'État qui bien souvent impose ses solutions en matière de régulation du travail**.

• C'est l'État qui a imposé **les 35 heures et la réduction du temps de travail** comme réponse au chômage de masse et qui fait que les Français travaillent en moyenne 1 650 heures par an.

• C'est aussi à l'État qu'il revient d'avoir porté à **cinq semaines la durée des congés payés** et de décider du nombre de jours fériés : ils sont dix répartis dans l'année (jour de l'An, Pâques, 1er mai, 8 mai, Ascension, Pentecôte, 14 juillet, Assomption, 11 novembre, Noël).

• C'est une décision politique qui a fixé le départ à **la retraite pour tous les salariés à 60 ans**, aujourd'hui porté à 62 ans avec des exceptions pour les métiers pénibles. Mais pour toucher cette retraite à taux plein, il faut avoir cotisé pendant 40 ans. Beaucoup remettent en cause ce système très avantageux rapporté à l'allongement de la vie et mettent surtout en doute les possibilités de le financer durablement.

• Cette intervention massive de l'État tient au **taux de syndicalisation (7,7 %) le plus faible de l'Union européenne et à la tradition conflictuelle du syndicalisme français** (entre 1,5 et 3,7 millions de jours de grève par an) qui privilégie la revendication, l'opposition frontale qui permettent à des syndicats faiblement représentatifs d'exister dans la négociation. La France

a la réputation d'être **le pays des grèves**. Ainsi les grandes grèves de 1995, 2003, 2006 contre la réforme des retraites et régimes spéciaux de retraites, 2007 contre le service minimum, 2015 contre l'ouverture des magasins le dimanche, 2016 contre la loi sur le travail, les grèves des services publics, des étudiants, des routiers marquent profondément la vie sociale du pays.

• Les grandes centrales syndicales, **CGT** (Confédération générale du travail), **CFDT** (Confédération française démocratique du travail), **FO** (Force ouvrière), **CGC** (Confédération générale des cadres), **SUD** (Union syndicale Solidaires) et les **syndicats enseignants** regroupent environ **1,8 million d'adhérents**, un chiffre en baisse continue. Pourtant, les syndicats, dont le rôle est reconnu par la Constitution, sont seuls légitimes à négocier pour l'ensemble des salariés. C'est ainsi que plus de neuf salariés sur dix (93 %) sont protégés par une **convention collective**, l'un des taux les plus élevés du monde. Par ailleurs, les syndicats sont plutôt bien représentés sur le lieu de travail (entre 61 % et 78 % de taux de représentation suivant les secteurs).

• Reste que le modèle social français a de plus en plus de difficulté à remplir ses objectifs de protection et d'harmonisation, comme en témoignent le niveau élevé du chômage et la précarisation croissante du travail.

■ « C'est l'heure d'aller bosser ! »

Ce sont les ouvriers, les personnels de service et les employés qui sont les plus matinaux. Un tiers d'entre eux est déjà là avant 7 h 30 le matin et tous sont là à 8 h 3... Les cadres arrivent plus tard, vers 9 h mais repartent p... tard aussi, après 19 h. Les autres catégories de salari... étalent leur départ entre 16 h 30 et 18 h pour la majori... et entre 18 h et 19 h pour 20 % d'entre eux.

COMPRENDRE

1 À quoi correspondent ces chiffres ?

• 35 : _____

• 1 650 : _____

• 5 : _____

• 10 : _____

• 62 : _____

• 1,8 : _____

ANALYSER

2 Vous travaillez en France. Quels sont vos droits ?

_____

_____

3 La France est désormais une économie de services. Justifiez cette affirmation à partir des données sur l'emploi.

_____

_____

4 Quel est le rôle de l'État dans l'organisation du travail ? Comparez avec ce qui se passe dans votre pays.

_____

_____

5 Faites, sur Internet, une recherche photos de l'une ou l'autre grève mentionnées dans le texte. Faites la liste des slogans. À votre tour, en groupe, inventez des slogans.

_____

_____

DÉBATTRE

6 Êtes-vous pour ou contre la réduction du temps de travail ? Pourquoi ? Si vous aviez plus de temps libre qu'en feriez-vous ?

LES NOUVELLES FORMES DE TRAVAIL

Au pays de tous les paradoxes, des rigidités administratives et syndicales, la France s'adapte plutôt bien aux nouvelles formes de travail, nées de la révolution numérique en cours et de celles de la connectivité en train d'émerger.

• Une nouvelle génération est née qui a grandi avec le chômage : elle a une autre culture et ses maîtres mots sont flexibilité et adaptabilité, émulation et dépassement de soi. Elle bouleverse hiérarchies, rôles, carrières et ambitions. Elle a un mot d'ordre : réussir vite et un atout : le goût et la maîtrise des technologies de l'information et de la communication.

• L'État, pour répondre à cette nouvelle donne, a mis en place les outils qui favorisent le développement de cette nouvelle économie et des nouvelles formes de travail qui l'accompagnent.

• **Favoriser la création d'entreprise** : la France est aujourd'hui au troisième rang (derrière le Royaume Uni et l'Irlande) des pays qui facilitent au mieux la création d'entreprise.

• Elle s'appuie sur une culture de l'initiative : un nombre croissant de jeunes Français se lancent dans la création d'entreprises dans le but de créer également leur propre emploi mais aussi par goût de l'indépendance. Le nouveau statut de micro-entrepreneur (créé en 2008) permet de compter aujourd'hui 1 075 000 autoentrepreneurs.

• Deezer (musique en streaming), Viadeo (réseau professionnel), Criteo (marketing, ciblage publicitaire), Daylymtion (vidéo en ligne), PriceMinister (vente en ligne), Meetic (rencontres amoureuses), Sigfox (objets connectés), Free (accès internet), Le Bon Coin (petites annonces)… illustrent la capacité de **développer des *start-up***, de jeunes entreprises innovantes à fort potentiel de croissance, un enjeu majeur pour l'économie, et à les transformer en réussite économique au niveau français, européen ou

L'esprit start-up.

mondial. Des entreprises qui développent un autre modèle d'organisation du travail et de relations dans l'entreprise : éliminer les facteurs de stress, pour permettre aux employés et aux chercheurs de se concentrer moins sur l'environnement de travail et plus sur la tâche à accomplir ; permettre aux gens d'être à l'aise autant que possible, afin qu'ils puissent avoir une meilleure performance ou une meilleure inventivité.

• Covoiturage, financement participatif, partage de logements… l'**économie collaborative** permet de produire de la valeur en commun et repose sur de nouvelles formes d'organisation du travail. Elle s'appuie sur une organisation horizontale, la mutualisation des biens, des espaces et des outils (l'usage plutôt que la possession), l'organisation des citoyens en « réseau » ou en communauté et généralement l'intermédiation par des plateformes Internet qui ont pour nom Blablacar (covoiturage), Ulule (financement participatif), Kang (partage des compétences)… Ce qui est tout simplement en train de se transformer, c'est la notion d'activité.

■ Culture du travail

En France, on supporte les rapports hiérarchiques
Les Français estiment que quelqu'un qui a un statut de chef est légitime, et qu'il l'a mérité. Dans les entreprises françaises, il est très fréquent qu'une – ou plusieurs – salle(s) de réunion soient conçues uniquement pour les supérieurs. L'employé français attache également beaucoup d'importance à son espace de travail – qu'il n'aime pas spécialement partager – qui est souvent personnalisé.

Source : *Flash Eco Le Figaro*. 2013, d'après une étude comparative de *Steelcase*

COMPRENDRE

1   **Donnez la définition des mots et expressions suivantes…**

• révolution numérique : ——————————
• connectivité : _____

• micro-entrepreneur : ——————————
• économie collaborative : _____

ANALYSER

2   **Qu'est-ce qui caractérise la nouvelle génération dans son rapport au travail ?**

_____

3   **Quel rôle joue l'État pour favoriser le développement de nouvelles initiatives ?**

_____

4   **Qu'est-ce qui caractérise l'économie collaborative ?**

_____

5   **Répartissez-vous les start-up françaises qui ont réussi. Choisissez-en une et présentez-la.**

DÉBATTRE

6   **Dans le choix d'un métier, qu'est-ce qui est, selon vous, le plus important ? La sécurité de l'emploi ; l'utilité du métier pour la société ; la rémunération/le salaire ; le temps libre que laisse le métier ? Dites pourquoi. Comparez vos points de vue.**

ÉCOUTER

7   **Écoutez puis répondez aux questions.**

Le smartphone fil à la patte

Quand ils sont à usage professionnel, les smartphones peuvent devenir un vrai fil à la patte.

• Écoutez les réactions et complétez les phrases.

– l'intérêt d'avoir un smartphone… c'est _____

– ce sont surtout les mails qui arrivent le week-end de partout et la réaction, c'est que _____

– le problème, c'est que _____

– les enquêtes montrent _____

– on s'appuie là-dessus pour négocier avec nos employeurs _____

REPÈRES/CULTURE

17 LA CULTURE VIVANTE

TENDANCES MUSICALES

Daft Punk

Il existe de grandes tendances dans la chanson française que les artistes ne cessent de renouveler en les réinterprétant.

• **Art populaire de protestation**, Léo Ferré, Jean Ferrat dans les années 1960, Pierre Perret au cours des années 1970, Renaud dans les années 1980 illustrent le genre. La chanson protestataire québécoise s'inscrit aussi dans cette tradition avec Robert Charlebois, Gilles Vigneault. Aujourd'hui, les rappeurs venus de toutes les communautés et de toutes les banlieues assurent la vitalité de cette tendance : art de la « tchatche », jeux sur les mots, improvisations, le rap a ses hérauts : MC Solaar (*Caroline*), NTM (*Laisse pas traîner ton fils*), IAM (*Je danse le Mia*). Le slam (Grand Corps Malade) appartient également à cette veine-là.

• **Art de diseuse légère ou réaliste**, elle suscite des générations continues d'interprètes féminines dont la plus universelle est Édith Piaf puis Juliette Greco dans les années 1950-1980, Patricia Kaas dans les années 1990 et Juliette aujourd'hui.

• **Art du music-hall**, aujourd'hui, ce sont les spectacles musicaux comme *Starmania* (1978), *Notre-Dame de Paris* (1998), *Le Roi Soleil* (2005) *Les Trois Mousquetaires* (2016) qui héritent de cette tradition.

• **Art d'auteur-compositeur-interprète**, cette tendance reste l'image de marque forte de la chanson française. Charles Trenet, Félix Leclerc, Charles Aznavour, Jacques Brel, Georges Brassens, Gilbert Bécaud forment le carré d'as des années 1950-1970. À partir de la fin des années 1960, ils sont relayés par Serge Gainsbourg, Claude Nougaro, Michel Polnareff, Françoise Hardy puis Julien Clerc, Michel Berger, Bernard Lavilliers, Maxime Le Forestier, Francis Cabrel, Alain Souchon et, à partir des années 1980, Jean-Jacques Goldmann, Patrick Bruel, Étienne Daho, Jean-Louis Murat, Miossec, etc. Ces générations ont en commun de chercher leur inspiration dans les styles musicaux les plus divers et empruntent à la chanson anglo-saxonne l'art de faire sonner les mots comme de la musique et inversement. Aujourd'hui, Benjamin Biolay, *Jardin d'Hiver, La Superbe*, Vincent Delerm, *Fanny Ardant et moi, Le baiser Modiano*, Bénabar, *Bon anniversaire*, Raphaël *Caravane*, Carla Bruni, *Quelqu'un m'a dit*, Thomas Dutronc renouvellent cette tradition.

• **Art d'interprète**, la chanson française et francophone est bien servie dans des genres et des styles très différents par des chanteurs ou chanteuses comme Henri Salvador, Yves Montand, Dalida, Nana Mouskouri hier, Mireille Mathieu, Rika Zaraï et surtout Jane Birkin dans les années 1970 et aujourd'hui, Lara Fabian, Céline Dion ou Vanessa Paradis.

• **Art tendance rock**, Johny Halliday, Eddy Mitchell illustrent la touche française du genre. Il faut attendre Jacques Higelin et surtout Alain Bashung, le belge Arno, le suisse Stéphane Eicher pour donner au rock en français une nouvelle identité.

• Aujourd'hui, la chanson française apparaît plus que jamais **métissée** : métissée d'influences maghrébines avec le raï (Khaled, Rachid Taha, Faudel), kabyles (Idir), créoles des Antilles et de l'océan Indien (Kassav, Zouk Machine, Compagnie créole, Les Native, Tonton David), ethniques (Mano Negra, Corneille).

• En même temps que la chanson française redécouvre son **patrimoine** corse (I Muvrini), celte (Alan Stivell, Tri Yann), gascon (Zebda), le son français occupe une place importante dans la **musique électronique** (Air, Daft Punk) et la musique de DJ (Laurent Garnier, David Guetta).

COMPRENDRE

1   Associez ces différents courants à leur date d'apparition.

• le courant protestataire québécois : _____

• le rap et le slam : _____

• les spectacles musicaux : _____

• le carré d'as de l'art de l'auteur-compositeur-interprète : _____

• la nouvelle identité du rock français : _____

• la musique électronique : _____

ANALYSER

2   Quelles sont les influences francophones, régionales, étrangères qui ont marqué la chanson française ?

_____

3   Qu'est-ce qui fait la spécificité de la chanson française ?

_____

4   Choisissez une chanson française pour l'écouter et la faire partager. Dites pourquoi vous avez fait ce choix.

5   La classe organise un festival de la chanson française. Composez le programme. Justifiez vos choix. Faites écouter à partir de YouTube.

DÉBATTRE

6   Partagez et discutez vos goûts en matière de chanson française.

ÉCOUTER

7   🎧   Écoutez puis répondez aux questions.

Stromae

Il s'appelle Stromae, il est belge. Il est fils d'un Rwandais et d'une Wallonne.

• Quelle est la signification de Stromae en verlan : _____

• Comment parle-t-on de Stromae ? Relevez les expressions : _____

• Quelles sont ses influences ? _____

• Comment explique-t-il le décalage entre paroles et musiques ? _____

FILMS EN TOUT GENRE

213 millions de spectateurs, 180 films produits, 4 000 salles, le cinéma français occupe la première place en Europe.

• **Le cinéma est en France une véritable culture** : il a ses revues populaires (*Première* et *Studio Live*) et savantes (*Les Cahiers du cinéma*), ses librairies, ses collectionneurs, un réseau de ciné clubs et de cinémas d'art et d'essai important, ses festivals (Cannes) et les médias lui consacrent chaque semaine beaucoup de place.

• Au début des années 1960, **la Nouvelle Vague** va bousculer toute l'esthétique du cinéma mondial avec Truffaut (*Jules et Jim*), Godard (*À bout de souffle*) et Chabrol (*Le beau Serge*) mais aussi Agnès Varda (*Cléo de 5 à 7*), Jacques Demy (*Les parapluies de Cherbourg*), Claude Lelouch (*Un homme et une femme*), Philippe de Broca (*L'homme de Rio*), Alain Resnais (*Hiroshima mon amour*), Louis Malle (*Ascenseur pour l'échafaud*).

• **Une nouvelle génération d'acteurs** s'impose : Brigitte Bardot, Jeanne Moreau, Alain Delon, Jean-Paul Belmondo, Catherine Deneuve, Jean-Louis Trintignant...

• Après mai 1968, **les préoccupations sociales et politiques dominent** : Romy Schneider et Michel Piccoli, Yves Montand, Gérard Depardieu, Isabelle Huppert incarnent les héros des films de Claude Sautet (*Les Choses de la vie*), Maurice Pialat (*Loulou*), Bertrand Tavernier (*Coup de torchon*), Costa Gavras (*Z*).

• Le film policier est le film de genre qui domine pendant ces années-là avec Jean-Pierre Melville (*Le Samouraï, Le Cercle Rouge, Un Flic*), Yves Boisset (*Un Condé*), Jacques Deray (*Un homme est mort*)…

• Les années de crise (1980 à aujourd'hui) sont pour le cinéma français des années de doute. Elles sont marquées par :

– **un retour à une inspiration littéraire et patrimoniale** (*Cyrano, Jean de Florette, Germinal, La Reine Margot, La Môme*) ;

– **la recherche d'un cinéma de genre**

Les petits mouchoirs, *film de Guillaume Canet.*

spectaculaire et romanesque (*La Guerre du feu, Le Nom de la rose, Le grand bleu, Nikita, Le Cinquième Élément, Indochine, Un long dimanche de fiançailles, The Artist.*) ;

– **de nouvelles tendances de la comédie** (*Le père Noël est une ordure, Les Visiteurs, Le Fabuleux Destin d'Amélie Poulain, Les Choristes, Bienvenue chez les Ch'tis, Intouchables, Mais qu'est-ce que j'ai fait au Bon Dieu ?*) ;

– **des films sur les adolescents et étudiants** (*La Boum, L'Auberge espagnole*) ;

– **l'arrivée massive d'un cinéma féminin** (Claire Denis, Marion Vernoux, Catherine Corsini, Zabou Bretman, Pascale Ferrand, Anne Fontaine, Tonie Marshall, Nicole Garcia) ;

– **la recherche d'un cinéma personnel** (Arnaud Desplechin, Xavier Beauvois, Cédric Kahn, Christophe Honoré, Abdellatif Kechiche, François Ozon, Jacques Audiard) ;

– **la réussite du film d'animation** avec *Kirikou et la sorcière, Les triplettes de Belleville, Persépolis, Ma vie de Courgette* ;

– **le renouvellement des générations d'acteurs et d'actrices** : Jean Reno, François Cluzet, Vincent Cassel, Romain Duris, Guillaume Canet, Mathieu Amalric, Sophie Marceau, Isabelle Adjani, Emmanuelle Béart, Sandrine Bonnaire, Juliette Binoche, Audrey Tautou, Sandrine Kiberlain, Karine Viard et surtout Marion Cotillard...

COMPRENDRE

1 À quel genre appartiennent les films suivants ?

• *À bout de souffle* et *Jules et Jim* : _____

• *Z* et *Loulou* : _____

• *Cyrano* : _____

• *Le Nom de la rose* : _____

• *Le Cercle Rouge* : _____

ANALYSER

2 Quelle place occupe le cinéma dans la vie culturelle ? Justifiez votre réponse.

_____

_____

3 À quelles tendances du cinéma français correspondent ces dates ?

• après 1968 : _____

• après 1980 : _____

4 Pourquoi la *Nouvelle Vague* a-t-elle bousculé l'esthétique du cinéma mondial ?

_____

_____

5 Choisissez un acteur ou une actrice que vous connaissez. Faites son portrait.

_____

_____

6 Présentez un film français que vous avez vu et aimé. Parlez du scénario, des lieux où l'action se passe, des acteurs, des dialogues, du style de la mise en scène.

DÉBATTRE

7 Comparez avec les autres étudiants les représentations que vous avez du cinéma français. Comparez-le aussi avec les films que l'on peut voir dans votre pays.

▬▬ ROMANS ET BD

15 prix Nobel de littérature ; 500 à 600 romans publiés à chaque rentrée littéraire ; le goût des prix et des récompenses pour les romanciers avec le célèbre prix Goncourt ; une bande dessinée – objet culturel à part entière ; des genres… Romans et bandes dessinées qui osent s'aventurer sur des chemins de traverse et surprendre leurs lecteurs qui s'en réjouissent toujours.

• Genre majeur du XIXe siècle, le XXe siècle jusqu'à nos jours n'a jamais cessé de questionner le roman, cette forme de récit reçue en héritage, ses héros, sa manière de raconter, que ce soit pour la mettre en question ou la célébrer.

• **Remettre en question la forme romanesque** : de Proust (1871-1922) au Nouveau roman (1950-1970), les écrivains vont s'attacher à déconstruire le roman. **Proust** en racontant, dans *À la Recherche du temps perdu* (1913-1927), l'entrée d'un écrivain en littérature et en utilisant toutes les techniques narratives. Céline (1894-1961) et son antihéros, Bardamu, en faisant éclater la langue dans *Voyage au bout de la Nuit* (1932). Raymond Queneau (1900-1976), Georges Pérec (1936-1962) en ouvrant la voie à des **créations romanesques** (*Exercices de style (1947)* pour l'un et *La vie, mode d'emploi (1978)* pour l'autre), **fondées sur des contraintes choisies et des combinatoires savantes.** Robbe-Grillet (1922-2008), Nathalie Sarraute (1902-1999), Michel Butor (1926-2016), Claude Simon (1913-2005), Marguerite Duras (1914-1996) mettant en scène **des personnages sans nom et sans visage**, à la psychologie indéfinissable, **détachés du monde**, au rapport suspendu au temps et à l'espace.

• Cette remise en question de la forme romanesque se retrouve également dans **le récit post-moderne** où des écrivains comme Jean-Philippe Toussaint (*La salle de bain*, 1985), Jean Echenoz (*Cherokee*,

Annie Ernaux, écrivaine.

1983 ; *Envoyée spéciale*, 2016), Christian Gailly (*Un soir au club*, 2004), Éric Chevillard (*Mourir m'enrhume*, 1987) ont en commun d'**aborder la fiction de manière ironique**, de proposer un traitement distancié et ludique du récit, de mettre en scène des personnages empêtrés dans la vie quotidienne.

• Ce questionnement du récit est au cœur de l'œuvre de Patrick Modiano, prix Nobel de littérature (2014) qui n'a de cesse de **questionner le temps et l'espace** (*La*

■ Histoire de bulles

La plupart des aventures des héros de la bande dessin[ée] francophone sont nés dans des revues. C'est ainsi [que] *Tintin* est né en 1929, à Bruxelles, dans le journal *Le P[etit] vingtième* avant de devenir le célèbre reporter à la culo[tte] de golf, accompagné de son fidèle petit chien, *Mil[ou]* Georges Rémy alias **Hergé** fait voyager son héros des P[ays] des Soviets au Congo, du Tibet à la Lune…

Astérix, lui, voit le jour dans le journal *Pilote*, créé [par] **Charlier, Uderzo et Goscinny**. À l'arrivée, 25 albu[ms] pour célébrer les aventures d'*Astérix* et de son fid[èle] *Obélix* accompagné eux aussi d'un chien, *Idéfix* et [de] fidèles compagnons dont le druide *Panoramix* et le ba[rde] *Assurancetourix*.

Goscinny donne également naissance dans *Pilote* à d[es] héros qui ont eu une belle postérité : *Le petit Nicol[as]*, *Iznogoud* et *Lucky Luke* : tous, *Tintin*, *Astérix* comp[ris] sont depuis passés de la bulle au grand écran.

Il en va de même pour *Les Bidochon* de Christian Bin[et], héros gaffeurs dans la lignée de *Gaston Lagaffe* [de] **Franquin** et des *Schtroumpfs* de **Peyo** ; pour **Jack Palm[er]** le héros de **Pétillon** dans *L'enquête corse* ; pour l'hér[oïne] de **Persépolis** de **Marjane Satrapi** et pour *Le chat [du] rabbin* de **Joann Sfar**.

Quant au plus jeune d'entre tous, *Titeuf*, le héros [de] cours d'école, il n'échappe pas à la tradition, c'est dans [une] fanzine suisse, *Sauve qui peut*, que **Zef** a dessiné sa célè[bre] silhouette.

COMPRENDRE

1 Retrouvez à quoi se rapportent ces différents adjectifs...

• savant : _____

• indéfinissable : _____

• distancié et ludique : _____

• improbable : _____

• affectif : _____

• douloureux : _____

• introspectif : _____

• fusionnel : _____

ANALYSER

2 Pourquoi les noms de Proust et de Céline sont-ils importants dans l'histoire de l'évolution du roman ?

_____

_____

3 Qu'est-ce qui caractérise le récit post-moderne ?

_____

_____

4 Comment définir l'œuvre de Patrick Modiano, Prix Nobel 2014 ?

_____

_____

5 De quelles images du héros rendent compte les romanciers contemporains ?

_____

6 Qu'ont en commun Marguerite Yourcenar, Julien Gracq, Françoise Sagan, JMG Le Clézio et Michel Tournier ?

_____

_____

place de l'étoile, 1968 ; *Livret de famille*, 1977 ; *Vestiaire de l'enfance*, 1989 ; *Dora Bruder* 1997) comme si la narration était suspendue dans une bulle de temps improbable.

• **Questionner le héros.** Il revient à Sartre (*La Nausée*, 1938) et à Camus (*L'Étranger*, 1942) d'avoir dépeint un héros moderne emmuré dans sa propre existence, étranger à ce qu'on lui reproche et à ce qu'on attend de lui. Il revient à André Malraux (1901-1976) (*La condition humaine*, 1933), Saint-Exupéry (1900-1944) (*Vol de nuit*, 1931) d'avoir répondu que l'action, l'**engagement**, la solidarité donnaient à l'homme une raison de vivre. Il revient aujourd'hui à Michel Houellebecq (*Extension du domaine de la lutte*, 1994 ; *Les particules élémentaires*, 1998 ; *La carte et le territoire*, 2010) de dire la **misère** affective, sexuelle, spirituelle et économique du héros moderne.

• **Questionner le moi**, c'est ce à quoi s'attache une génération d'auteurs en nouant **un pacte, un contrat de lecture**

Titeuf.

Patrick Modiano, écrivain,
Prix Nobel de littérature en 2014.

avec le lecteur. Les œuvres de Simone de Beauvoir (*Les mémoires d'une jeune fille rangée*, 1958), de Annie Ernaux (*Les armoires vides*, 1974 ; *La Place*, 1983, *Une Femme*, 1988), Christine Angot (*L'Inceste*, 1999) n'épargnent rien de la construction douloureuse d'une identité.

• **Célébrer le roman.** Julien Gracq (1910-2007), Marguerite Yourcenar (1912-1987), Albert Cohen (1895-1981), Françoise Sagan (1935-2004), Romain Gary (1914-1980), Michel Tournier (1924-2016), JMG Le Clézio, (Prix Nobel 2008) s'y sont toutes et tous essayés par des voies différentes : **récit symbolique et fantastique** (*Le rivage des Syrtes*, 1951), **monologue introspectif** (*Les Mémoires d'Hadrien*, 1951), écriture hyperbolique (*Belle du Seigneur*, 1968), **jeux des apparences et faux-fuyants** (*Bonjour Tristesse*, 1954), **récit picaresque** (*La Vie devant soi*, 1975), **réécriture de mythes littéraires** (*Vendredi ou les limbes du Pacifique*, 1968), **nostalgie d'un rapport fusionnel à jamais rompu** (*Le chercheur d'or*, 1985 ; *Onitsha*, 1991).

7 Choisissez un roman français que vous avez lu en français ou dans votre langue et écrivez un article de présentation.

8 Faites le portrait d'un écrivain français. Présentez-le à la classe.

9 Les héros de nombreuses bandes dessinées (Tintin, Astérix, Le Petit Nicolas, Lucky Luke) sont devenus des héros de cinéma. De quelle manière ? Avec quelle réussite ? Faires une recherche sur Internet.

10 Voici la liste des dix écrivains préférés des Français (Opinionway-Le Figaro, mars 2015). Connaissez-vous certains de ces écrivains ? Comparez cette liste avec les écrivains cités dans le texte. Quelles conclusions en tirez-vous ?

1. Marc Lévy (25,1 %) ; 2. Jean d'Ormesson (24,2 %) ; 3. Guillaume Musso (20,3 %) ; 4. Max Gallo (17 %) ;
5. Amélie Nothomb (15,2 %) ; 6. Michel Houellebecq (14,6 %) ; 7. Fred Vargas (13,3 %) ;
8. Anne Gavalda (12,8 %) ; 9. Alexandre Jardin (11,1 %) ; 10. Éric-Emmanuel Schmitt (10,7 %).

DÉBATTRE

11 Trop cérébrale, trop élitiste, trop psychologique… la littérature romanesque française n'a souvent pas bonne réputation… Comment expliquez-vous cela ? Comparez-la avec la littérature de votre pays.

ÉCOUTER

12 🎧 Écoutez puis répondez aux questions.

Micro-trottoir : *L'Étranger* d'Albert Camus

L'œuvre d'Albert Camus (1913-2013) continue d'exercer une grande fascination sur ses lecteurs et de donner lieu à de multiples interprétations. En particulier, *L'Étranger*.

• Écoutez et attribuez ces témoignages :

– C'est une forme de distanciation ; c'est une incapacité à assumer ses actes : _____

– Un appel à la tolérance et à la fraternité : _____

– c'est un amoureux de l'Algérie. C'est une écriture à la fois lumineuse et très sensible : _____

– il y a entre nous souvent beaucoup d'incompréhension : _____

– Camus c'est deux sujets : c'est l'absurdité et c'est la liberté : _____

MÉDIAS

Internet, télévision et radio numériques, démultiplication de l'offre, modalités de consommation (en direct, en différé, à la demande), le paysage médiatique s'est profondément modifié.

• À la **radio**, tout a commencé avec le mouvement des **radios libres** qui, grâce à la libération en 1981 de la bande FM, a vu la création de centaines de radios... Trente-cinq ans après, à côté des **radios locales, associatives ou communautaires** (Beur FM, Radio Latina, Radio Notre-Dame), quelques grands groupes se sont constitués : radio **nationale**, Radio France (à côté de France Inter, Culture, Musique, 40 radios locales, une chaîne d'info en continu, France Info, une chaîne pour les jeunes, le Mouv' et RFI, chaîne à vocation internationale) ; les deux **réseaux privés** historiques, Lagardère Active (Europe 1, Virgin, RFM), RTL (RTL, RTL 2 et Fun Radio) et de nouveaux groupes NRJ (NRJ, Nostalgie, Chérie FM, Rire et chansons) ou Nest Radio TV (RMC et BFM) qui ont la faveur des jeunes.

• À la **télévision**, là où il y avait **six chaînes** : deux chaînes de service public généralistes (France 2 et France 3) et deux chaînes privées généralistes (TF1 et M6), une chaîne payante de cinéma et de sport (Canal) et une chaîne culturelle (Arte), il y a aujourd'hui la possibilité d'accéder à des **centaines de chaînes**. La télévision dispose également de plusieurs **chaînes internationales** : France 24, Euronews, TV5 Monde et Arte.

• En 2005, la télévision connaît une double révolution technologique avec, d'une part, l'apparition d'un **réseau de diffusion numérique terrestre** (32 canaux dont 25 gratuits et 7 payants) et d'autre part, la diffusion des chaînes en haute définition.

• Aujourd'hui, la vraie révolution, c'est la **convergence des médias avec Internet** qui sont en train de faire passer la radio et la télévision d'un média de flux à un média consommé à la carte, non plus en direct mais en différé (replay) et sur ordinateur, mobile ou tablette.

Kiosque à journaux, à Paris.

• La **presse quotidienne** se partage entre les **journaux nationaux** (*Le Figaro, Le Monde, Le Parisien, Aujourd'hui en France, Libération, Les Échos, La Croix...*) qui sont lus par moins d'un Français sur dix et les **journaux régionaux** (*Ouest France, Sud-Ouest, La Dépêche du Midi, Le Provençal, Les dernières nouvelles d'Alsace, Le Progrès de Lyon*), lus par moins d'un Français sur trois. C'est le journal régional *Ouest France*, devant le quotidien sportif *L'Équipe*, qui a le plus grand nombre de lecteurs.

• Les Français lisent beaucoup plus les **magazines** : magazines d'actualité (*Paris Match, L'Express, L'Obs, Le Point*), magazines féminins (*Femme actuelle, Elle, Madame Figaro*), magazines mensuels sur le cinéma (*Studio, Première*), magazines générationnels (*L'Étudiant, Phosphore, Notre Temps*), mais aussi magazines people, sur le sport et des magazines mensuels sur la cuisine, la santé, le jardinage, les voyages, la vulgarisation scientifique, l'automobile, la famille, l'histoire...

• Trois nouveaux phénomènes affectent la diffusion de la presse : les **quotidiens gratuits** urbains (*20 minutes, Métro, Direct matin*) qui comptent un peu moins de 6 millions de lecteurs (5,97) ; les **suppléments hebdomadaires de la presse quotidienne** dont les plus diffusés sont *TV Magazine* (15,9 millions de lecteurs), *Version Femina* (8,26 millions), *M* (le magazine du Monde, 1,6 million) ; la **presse en ligne** avec deux réussites, *Mediapart* et *Rue 89,* à côté des journaux en ligne des quotidiens, des hebdomadaires et des mensuels qui sont aujourd'hui tous des bi-médias.

COMPRENDRE

1 À quel type de médias appartiennent ces titres ?

• BeurFM, Radio Notre-Dame : _____

• RFI : _____

• Canal + : _____

• France 24, TV5 Monde, Arte, Euronews : _____

• *Le Figaro, Le Monde* : _____

• *L'Express, L'Obs, Le Point* : _____

• *Elle* : _____

• *20 minutes* : _____

• *Mediapart, Rue 89* : _____

ANALYSER

2 Quel changement a apporté le mouvement des radios libres ?

_____

_____

3 Qu'est-ce qui caractérise la consommation de la télévision aujourd'hui ?

_____

_____

4 Quelle est la particularité des médias *Mediapart* et *Rue 89* ? Quel rapport la presse écrite entretient-elle aujourd'hui avec Internet ?

_____

_____

5 Choisissez un quotidien ou un magazine français. Présentez-le à la classe.

6 Vous créez un magazine sur la France dans votre pays. Établissez le sommaire de ce magazine.

DÉBATTRE

7 En quel média avez-vous le plus confiance pour vous informer ? Dites pour quelles raisons.

INTERNET ET LA VIE EN NUMÉRIQUE

Internet est utilisé en France par le grand public depuis 1994, mais il n'a réellement connu un essor qu'à partir du milieu des années 2000.

• **Internet, c'est d'abord une affaire de chiffres** qui permettent de prendre la mesure de la pénétration du phénomène dans la société française. Fin janvier 2016, la France compte **55 millions d'internautes**, soit **86 %** de la population française et **32 millions** d'utilisateurs de **réseaux sociaux,** soit **50 %** des Français. **80,7 %** des foyers ont un accès Internet, soit 22,5 millions de foyers. La France compte 26 millions d'abonnements Internet haut et très haut débit sur réseaux fixes. Elle compte aussi 3,8 millions d'abonnements au très haut débit mi 2015, dont 1 140 000 en fibre optique et vise à atteindre le haut-débit (ADSL) « pour tous » en 2017.

• **Internet, c'est aussi une affaire d'équipement**. C'est ainsi que **94 %** des adultes possèdent un téléphone mobile dont **62 %** un smartphone. **74 %** ont un ordinateur, **32 %** une tablette, **3 %** une liseuse, **1 %** un objet connecté.

• **Les enfants de 6 à 13 ans** sont de plus en plus connectés et équipés d'outils numériques. Par exemple 34 % ont une adresse électronique et 32 % utilisent la messagerie instantanée, 4 % ayant un compte Twitter et 18 % ayant un compte Facebook (en dépit d'un âge légal de 13 ans). 18 % des 6-13 ans ont un ordinateur, 55 % disposent d'au moins une console de jeu vidéo (et 83 % des 10-13 ans). 51 % avaient un lecteur mp3 et 23 % un téléphone mobile (5 % ont un smartphone).

• **Internet est une affaire d'usage**. Les études disponibles, en 2015, révèlent que **78 %** des Français de 12 ans et plus se connectent tous les jours et qu'ils sont 73 % à déclarer ne plus pouvoir « se passer d'Internet dans la vie de tous les jours ». De fait, Ils passent **3 h 37 de leur journée**

Les jeunes Français sont très connectés à leur mobiles.

à aller sur Internet depuis un PC ou une tablette, **58 minutes par jour** à se connecter depuis un smartphone et **1 h 16** à aller sur les réseaux sociaux.

• Un quart des parents (24 %) se juge cependant **préoccupé par le temps passé par leurs enfants à utiliser des produits électroniques** (3 h 14 par jour en moyenne ou 22 h 38 par semaine). 24 % des enfants passent plus de 2 h/jour sur leur netbooks et 16 % des jeunes possesseurs de smartphone l'utilisent de 1 à 2 h/jour.

• **La plupart des services disponibles sur Internet sont de plus en plus utilisés.** La vente d'objets aux enchères et les achats de biens et services (64 % des internautes ont acheté un produit sur Internet en janvier 2016) font partie des activités qui ont le plus progressé. On organise aussi ses vacances, on gère ses comptes bancaires, on lit des journaux et magazines… L'activité la plus répandue concerne la gestion des e-mails (2 personnes sur 3). À l'inverse, la création d'un site web ou de blog ou les jeux en réseaux restent peu pratiqués. En matière de réseaux sociaux, ils sont 63 % **à aller sur Facebook, 11 %** sur Twitter, 11 % sur Google +, 9 % sur Snapchat, 8 % sur Skype.

• **Les usages d'Internet sont assez proches entre les hommes et les femmes**. Les hommes font cependant plus de téléchargements alors que les femmes recherchent plus souvent des informations sur la santé. Les jeunes de moins de 30 ans sont également très friands de téléchargements de logiciels ou de jeux en réseaux.

COMPRENDRE

1 À quoi correspondent ces chiffres ?

• 55 : ———————————————— • 32 : ————————————————

• 22,5 : ———————————————— • 26 : ————————————————

• 3,8 : ———————————————— • 94 : ————————————————

ANALYSER

2 Internet est devenu un outil de la vie quotidienne. Dans quels domaines est-il le plus utilisé ?

——

3 L'utilisation d'Internet et des réseaux sociaux par les enfants est un sujet de préoccupation. Sur quoi porte cette préoccupation ? Comparez avec les préoccupations sur le même sujet dans votre pays.

——

4 Travail collectif. Écrivez un code de bonne conduite de l'usage d'Internet et des réseaux sociaux

DÉBATTRE

5 Pour ou contre une journée sans Internet ?

ÉCOUTER

6 Écoutez puis répondez aux questions.

Technologie : la valise de vacances du geek

Comment faire pour passer des vacances branchées ? Suivre les conseils de Jérôme Colombain.

• Écoutez et relevez les cinq conseils.

– Pour repérer les lieux : ————————————————————————————

– Pour prendre des photos : ————————————————————————————

– Pour regarder des films ou écouter de la musique : ————————————

– Pour rester connecté : ————————————————————————————

– Pour ne pas risquer la panne : ————————————————————————

Le calendrier français indique la fête des saints et des saintes et les fêtes nationales.

18 AU JOUR LE JOUR

CALENDRIER

Sportif, étudiant, citoyen, contribuable, consommateur, spectateur, chacun a son calendrier…

• D'abord, **les Français commencent l'année deux fois** : le 1er janvier et début septembre (« c'est la rentrée ! »).

• **En janvier**, ils échangent des vœux, un peu par téléphone, en envoyant encore des cartes de vœux (en général en janvier) et surtout par messages électroniques.

• Au cours de cette année-là, **ils changeront deux fois d'heure**, au printemps et à l'automne, et s'en plaindront, **courront** également **faire deux fois les soldes**, en janvier et en juillet ; ils **iront voter au moins une fois** (les années d'abstinence sont rares entre élections municipale, cantonale, régionale, européenne, présidentielle ou parlementaire), en général au printemps.

• **Ceux qui paient l'impôt** découpent l'année par tiers (premier tiers en février, dernier tiers en septembre) sauf s'ils ont choisi la mensualisation.

• **Début septembre** commence **l'année dictée par le calendrier scolaire : c'est la rentrée !** La France vit aussi au rythme de la rentrée des classes, des **vacances scolaires** de la Toussaint (1er novembre), de Noël, du Mardi gras ou vacances de neige (février), de Pâques. L'examen du baccalauréat **en juin** est le grand moment de l'année scolaire : **toute la France passe le bac** et médite sur les sujets de philosophie, l'épreuve dont tous les médias parlent. À peine connus les résultats du baccalauréat, la France part en vacances : c'est **le temps des bouchons** sur les routes et du bronzage sur les plages.

• Une autre France qui ne chôme pas du point de vue du calendrier, c'est **la France sportive**. Elle attaque l'année fin juillet avec le début du championnat de France de football, juste après avoir rentré son vélo pour cause de Tour de France qui lui aura fait dévaler les routes de France pendant trois semaines en juillet. Auparavant, en juin, elle avait célébré l'été sur les cours de tennis de Roland-Garros pour le « French », comme on dit dans le circuit ; couronné en mai les champions de France de rugby et de football ; passé l'hiver sur les pistes de ski…

• Quant à **la France culturelle**, elle non plus ne prend pas de vacances. Elle célèbre les livres à l'automne avec les Prix littéraires, la bande dessinée en janvier à Angoulême, le cinéma à Cannes en mai mais aussi à Lyon, en octobre, pour le patrimoine, à Annecy pour l'animation ; la musique (la grande) en juillet, à Aix, Orange et Montpellier où elle tient **festival** ; la chanson aux Francofolies de La Rochelle en été, à Bourges au printemps, la musique celte à Lorient en juillet, le jazz en juillet à Vienne et en août à Marciac ; le théâtre en Avignon en juillet et à l'automne à Paris ; la photographie à Arles et à Perpignan entre début des vacances d'été et rentrée des classes ; la danse (tous les deux ans) à Lyon. Mais la France culturelle a aussi ses **fêtes**, ses journées et ses nuits : fête de la musique (le 20 juin) ; du cinéma (fin juin) ; journées du patrimoine en septembre ; nuit blanche en octobre et enfin fête des Lumières à Lyon, en décembre, juste avant les fêtes de Noël.

COMPRENDRE

1 Faites correspondre dates et événements.

• Vœux : _____   • Soldes : _____

• Impôts : _____   • Élections : _____

• Bac : _____   • Tour de France : _____

• Festival de Cannes : _____   • Festival d'Avignon : _____

• Prix littéraires : _____   • Fête des Lumières : _____

ANALYSER

2 Établissez une chronologie des événements qui rythment la vie des Français.

_____

3 Quand dit-on…

• « Je te souhaite une belle année pleine de bonheur et de projets » ? _____

• « J'ai fait une affaire : 50 % moins cher… » ? _____

• « Je l'ai !!! » ? _____

• « Et la Palme d'Or est attribuée à… » ? _____

• « *Le Prix Goncourt 2016* a été attribué à Leila Slimani pour *Chanson douce*, chez Gallimard au 1er tour de scrutin par 6 voix. » ? _____

4 Choisissez un événement du calendrier en France. Présentez-le et dites pourquoi vous aimeriez y participer.

DÉBATTRE

5 Calendrier citoyen, sportif, culturel, scolaire… Quel est pour vous le plus important et pourquoi ?

ÉCOUTER

6 Écoutez puis répondez aux questions.

Micro-trottoir : la journée de la femme

Le 8 mars, on fête la journée de la femme. Gadget ? Vrai marqueur social ? À chacun de se faire une opinion.

• Notez les différents témoignages et opinions sur cet événement.

_____

_____

À CHACUN SON TEMPS

Temps religieux, temps républicain, temps citoyen, temps patrimonial… chacun a dessiné, au fil des siècles, une certaine perception du temps du calendrier.

• **La chrétienté et le catholicisme, en particulier, ont donné son rythme au calendrier des Français.** Noël, Pâques, Pentecôte, Toussaint sont les repères forts de la pratique religieuse et de la vie sociale : moments de retrouvailles familiales autour du sapin et des cadeaux à **Noël** ; souvenir des morts pour la **Toussaint** : l'occasion de fleurir les tombes, traditionnellement avec des chrysanthèmes, l'occasion de célébrer tous les morts : les associations combattantes et sportives honorent également leurs membres décédés.

• **Pâques et Pentecôte** ont déjà un goût de vacances et de soleil : c'est le temps des petites escapades de proximité (Londres, Rome, Venise, Lisbonne, Madrid ou Amsterdam) ; l'**Ascension** et le **15 août** sont l'occasion de week-ends prolongés : le 15 août, fête de la Vierge, correspond au moment où le plus grand nombre de Français sont en vacances ; de nombreuses fêtes de village sont organisées durant cette période. C'est aussi le temps des week-ends meurtriers sur les routes.

On peut placer son soulier sous l'arbre de Noël pour recevoir des cadeaux.

• Aujourd'hui, **d'autres dates du calendrier religieux sont respectées** : le **Ramadan** des musulmans et la **fête de l'Aïd** ; le **Grand Pardon** des Juifs ainsi que le **Nouvel An chinois**.

• **La France républicaine** imprime, elle aussi, sa marque sur le temps et sur la vie sociale. **8 mai** (Fête de la Victoire 1939-1945) ; 27 mai (journée nationale de la Résistance) ; 18 juin (Appel du Général de Gaulle) ; **14 juillet** (Fête nationale) ; **11 novembre** (Armistice 1914-1918) sont les temps forts de la célébration de la mémoire nationale, un temps de célébration et de questionnements. Entre les renoncements, la collaboration, les trahisons de la période 1939-1945, les millions de morts inutiles de 1914-1918, les violences pendant la guerre d'Algérie, la mémoire nationale a beaucoup à faire.

• Quant à **la vie civile**, elle a aussi ses fêtes qui célèbrent **le travail** (1er mai), **la femme** (8 mars) pour réfléchir sur sa condition et les inégalités, **les mères** (en mai, au fil du temps méritantes, courageuses, patriotes, de famille nombreuse) et **les pères** (en juin, d'inspiration religieuse et ancienne d'abord, commerciale ensuite), **les voisins** (en mai, une initiative de l'association *Immeubles en fête* destinée à lutter, par la convivialité de voisinage, contre l'individualisme et la solitude).

■ Le temps patrimonial

Il existe un temps patrimonial : chaque année est l'occasion d'honorer naissance, mort, événement, création. On compte ces anniversaires en cinquantaine, centaine singulier et pluriel d'années. Chaque année le Ministère de la culture fait paraître le calendrier de ces commémorations. C'est ainsi qu'en 2016 figurent la fondation de l'abbaye du Mont-Saint-Michel (966), l'accession au trône d'Angleterre de Guillaume le Conquérant (1066), l'arrivée de Léonard de Vinci en France (1516), la mort de Diane de Poitiers et de Nostradamus (1566), la naissance de Vassili Kandinsky (1866), la bataille de Verdun (1916), les naissances, il y a un siècle, de Henri Dutilleux, Léo Ferré, Françoise Giroud et François Mitterrand, et il y a cinquante ans, la sortie en salle des films *Un homme et une femme* de Claude Lelouch, *Paris brûle-t-il ?* de René Clément, sans oublier *La Grande Vadrouille* de Gérard Oury.

COMPRENDRE

1 À quelles célébrations sont associés…

• le sapin et les cadeaux ? _____

• les souvenirs des soldats morts pour la France ? _____

• la visite des cimetières ? _____

• les fêtes de village ? _____

• la convivialité de voisinage ? _____

ANALYSER

2 Quels sont les liens entre vie religieuse et vie sociale ?

_____

_____

3 Qu'est-ce que le calendrier religieux révèle sur l'histoire de France ?

_____

_____

4 Caractérisez le calendrier républicain.

_____

_____

5 Comparez les jours de congé en France et dans votre pays. Expliquez les différences.

_____

_____

6 Choisissez un jour de célébration religieuse, républicaine ou civile. Décrivez en quoi consiste cet événement et dites ce que vous feriez à cette occasion.

DÉBATTRE

7 Quelle place doit-on accorder à la célébration de la mémoire nationale ? Est-ce un moment pour célébrer d'abord le roman national ou un moment pour le questionner ?

19 CHEZ SOI

Pour certains Français, le loft est le logement idéal.

HABITAT COLLECTIF OU MAISON INDIVIDUELLE

La maison individuelle fait partie de l'imaginaire collectif des Français : elle est associée à la famille, aux enfants, à la vie de retraités.

• Si 57 % des familles habitent **une maison**, 43 % habitent dans des **immeubles collectifs**. La population majoritaire des maisons individuelles est constituée de cadres avec enfants, des classes moyennes supérieures et des retraités. Les habitants d'immeubles collectifs délaissent les banlieues au profit des centres villes animés. Pour 23 % d'entre eux, le logement idéal est **un loft** et pour 21 % d'entre eux **un appartement**. Ce sont notamment des jeunes et des « bobos » qui sont à la recherche d'une vie conviviale, voire communautaire et d'équipement de loisirs. Reste que 17 % des ménages modestes louent **un logement social**

• Au total, on compte 57 % de Français propriétaires et 10 % qui ont une résidence secondaire.

• Dans leurs **choix d'implantation**, les ménages sont d'abord attentifs à la qualité du bassin d'emplois. Ils recherchent aussi la proximité des équipements collectifs (écoles, commerces, lieux de loisirs et de culture, équipements sportifs, transports, administrations). Ils s'intéressent de plus en plus à la qualité écologique, environnementale de l'habitation : construction durable ; consommation d'énergie et d'eau réduite. Ils accordent enfin une importance à la proximité de la nature.

• L'allongement de la durée des études, une entrée plus tardive dans la vie active ont vu se développer **de nouvelles formes de cohabitation** :

– **Deux jeunes sur trois de plus de 20 ans qui vivent chez leurs parents** ont construit de nouvelles relations : dépendance pour la nourriture et l'entretien, indépendance financière et affective. C'est la génération du film « Tanguy ».

– **28 % des jeunes ont choisi la solution de la colocation** : elle permet de trouver plus facilement un logement, d'avoir plus d'espace et de réduire la part du budget logement. Rendue célèbre par le feuilleton *Friends*, la colocation est synonyme de convivialité, de partage et d'échange, elle est le moyen de ne pas vivre seul.

• Ces tendances lourdes cachent cependant **une faible mobilité résidentielle**. Seulement 8 à 9 % des Français changent de logement chaque année. Ils le font parce qu'ils sont jeunes (85 %) et que leurs perspectives professionnelles, affectives se modifient souvent rapidement ; ils le font aussi pour des raisons professionnelles (11 %) ou familiales (9 %) (séparation ou disparition), parce qu'ils ont la perspective de devenir propriétaires (15 %) ou souhaitent disposer d'un logement plus grand (13 %).

COMPRENDRE

1   À quoi correspondent ces données ?

• 57 % : _____

• 10 % : _____

• 17 % : _____

• 43 % : _____

• 8 à 9 % : _____

• 56 % : _____

ANALYSER

2   Quels sont les critères que privilégient les Français quand ils ont à choisir un lieu d'habitation ?

_____

_____

3   Quand on parle de « Génération Tanguy » ou de phénomène « Friends », de quoi parle-t-on ?

_____

_____

4   Qu'est-ce qui poussent les Français à changer de résidence ? Dans quelles circonstances ?

_____

_____

5   Voici les critères de qualité de vie dans un milieu urbain : dynamisme économique, compétitivité, emplois, qualité de l'air, circulation et transports, sécurité, proximité de la mer et de la montagne, prix des logements, offre culturelle, offre d'enseignement, santé, commerces. Quels sont ceux qui pour vous sont importants ?

_____

_____

6   Voici, dans différents classements, quelques-unes des villes de plus de 100 000 habitants où il fait bon vivre en France : Rennes, Bordeaux, Lyon, Strasbourg, Angers, Nantes, Montpellier, Toulouse, Nice, Nancy. Choisissez-en une. Présentez-la et dites pourquoi vous l'avez choisie.

DÉBATTRE

7   « Vivre au pays », cette expression, née après 1968, marque profondément le rapport des Français à leur espace familier et au travail. Faut-il tout sacrifier (lieu et conditions de vie, relations personnelles, paysages familiers) pour des raisons professionnelles ?

ESPACE ET ÉQUIPEMENTS

Les Français passent en moyenne près de 18 heures par jour chez eux. Ce chiffre très élevé s'explique en partie par l'accroissement du temps libre des actifs, avec le passage aux 35 heures et par l'augmentation du nombre de retraités mais aussi par le transfert, vers le foyer, d'activités pratiquées à l'extérieur (activités de loisirs, activités sportives mais aussi télétravail). D'où une part du budget en hausse (25 %) consacrée à l'aménagement de leur logement : c'est **le premier poste de dépense.**

• **85 % des appartements disposent maintenant de tout le confort.** C'est le nombre de pièces disponibles qui fait la différence : 4,8 pièces et 110 m^2 pour ceux qui habitent dans une maison, trois pièces et 66 m^2 pour ceux qui logent dans un appartement.

• Dans l'ensemble, tout le monde ou presque (94 %) est satisfait de son logement. Pourtant **l'aménagement change** : il doit répondre à de nouvelles exigences : des exigences de loisirs (lecteur DVD ou de fichiers, téléviseur grand écran, ordinateur, Internet) ; des exigences professionnelles (ordinateur et Internet) ; des exigences individuelles (soins du corps, relaxation).

• **L'usage des différentes pièces tend à se diversifier.** La chambre devient un

Pour les Français, la cuisine doit être fonctionnelle et esthétique.

lieu où l'on peut lire, travailler, regarder la télévision, manger... Le séjour est d'abord l'espace où l'on se retrouve, où l'on discute, où l'on reçoit, où l'on se distrait. La cuisine fonctionnelle, esthétique et relationnelle, après avoir été un laboratoire, s'agrandit et redevient un lieu partagé. Dans les petits logements, elle se réduit à une cuisine « à l'américaine », ouverte sur l'espace convivial. Le coin bureau devient indispensable pour toutes les activités liées à l'ordinateur, à la gestion, au travail et à la communication à domicile : c'est en particulier vrai pour les cadres et pour les professions intellectuelles ou libérales.

• **Les dépenses d'ameublement** (1,7 %) ne reflètent pas l'investissement des Français dans leur logement.

• Le mobilier change : il se fait léger, mobile (meubles à roulettes), modulable (tables), flexible (sièges ou lits inclinables), pratique. La décoration épouse des goûts paradoxaux et contradictoires : on marie le moderne et l'ancien, le neuf et la récupération, et on fait une part aux influences ethniques. Luminaires, tapis, bougies, objets et accessoires, parfums d'ambiance, attention aux matières et aux couleurs cherchent à créer une ambiance satisfaisante à la fois pour la vue, l'odorat, le toucher mais aussi l'ouïe et le goût.

■ Taux d'équipements des ménages

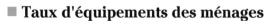

réfrigérateur : 99 %
lave-linge : 96 %
congélateur : 62 %
lave-vaisselle : 54 %
mais aussi...
four à micro-ondes : 85 %
fer à repasser vapeur : 93 %
aspirateur : 95 %
sèche-cheveux : 72 %
cafetière expresso : 27 %
grille-pain : 73 %
friteuse électrique : 38 %
robot multifonction : 55 %

COMPRENDRE

1   À quoi se rapportent ces adjectifs ?

• élevé : _____

• satisfait : _____

• partagé : _____

• indispensable : _____

• pratique : _____

• paradoxal et contradictoire : _____

ANALYSER

2   Quels sont les différents changements que l'on observe dans l'aménagement des logements des Français ?

_____

3   Quels sont les adjectifs utilisés pour caractériser le mobilier ? Qu'est-ce qu'ils révèlent des comportements des Français ?

_____

4   Comment expliquez-vous les influences ethniques que l'on retrouve dans la décoration des logements ?

_____

5   Qu'est-ce que révèle le taux d'équipement des ménages ? Tout vous semble-t-il indispensable ?

_____

6   Comparez le niveau de dépense pour l'aménagement du logement avec celui de votre pays.

_____

7   Vous voudriez louer un logement en France par AirBnb ou un site équivalent. Faites la liste des critères qui vous semblent les plus importants.

DÉBATTRE

8   Locataire ou propriétaire. Discutez le pour ou le contre.

20 À TABLE

◼️ HABITUDES

Fini le temps où, selon l'expression populaire, « on passait deux heures à table ». Un peu plus d'une demi-heure pour le dîner, le principal repas, 25 minutes à la cantine pour le déjeuner et jusqu'à une demi-heure le week-end pour le petit déjeuner (20 minutes en semaine).

• Le rapport que les Français entretiennent avec la table a profondément changé. En effet, **l'alimentation ne représente plus aujourd'hui que 12,6 % de leurs dépenses** contre 30 % au début des années 1960.

• **Au petit déjeuner**, entre 7 h et 9 h, c'est café, café au lait ou chocolat, plus rarement du thé ; beurre et confiture accompagnent tartines ou biscottes ; à côté de cette tradition (38 % des adultes), de nouveaux venus au petit déjeuner, surtout chez les jeunes et les enfants : yaourts, flocons de céréales et jus de fruits.

• **À midi**, c'est-à-dire entre midi et quatorze heures, les Français en zone urbaine déjeunent souvent au restaurant

« La table de l'ordinaire » de Stéphanie Lacombe.

d'entreprise, dans un lieu de restauration rapide (type McDo) ou se fournissent dans une des multiples sandwicheries aux formules tout compris très diversifiées. Le déjeuner tend donc à beaucoup se simplifier.

• **Le soir**, entre 19 h et 21 h, la France se met à table devant la télévision : elle dîne et s'informe en même temps (66 % des familles) au point que la durée (35 minutes) du journal télévisé et la durée du repas du soir coïncident. C'est le repas où tout le monde se retrouve. 74 % des repas du soir ont une structure simplifiée à deux plats (plat-dessert ou grosse entrée-dessert ou plat unique).

• À ce rituel, s'ajoute **le phénomène du grignotage** (75 % s'y adonnent une fois par semaine). Il reflète une individualisation des comportements et le refus des contraintes temporaires : c'est chacun selon ses envies et à l'heure qui lui convient. Le grignotage porte le nombre de prises alimentaires de 3 à 6 (13 aux États-Unis).

◼️ L'indétrônable « jambon-beurre »

La France est le seul pays au monde où le sandwich tient tête au hamburger : 2,26 milliards de sandwichs contre 1,19 milliards de hamburgers ont été vendus en France en 2015.

Au royaume du sandwich, la garniture préférée des Français reste la plus simple et la moins chère : le « jambon-beurre baguette ». 58 % des ventes avec 1,281 milliard de sandwichs vendus. En moyenne nationale, il coûte moins de 3 euros (2,84 € en moyenne ; 3,18 € à Paris).

À côté des sandwichs, les Français ont consommé 819 millions de pizzas et 310 millions de kebabs.

COMPRENDRE

1 À quoi correspondent ces données ?

• 35 minutes : ———————— • 25 minutes : ———————— • 20 minutes : ————————

• 7 h-9 h : ———————— • 12 h-14 h : ———————— • 19 h-21 h : ————————

ANALYSER

2 Caractérisez chacun des repas pris par les Français.

——

3 Qu'est-ce qui est révélateur de l'individualisation des comportements ?

——

4 De tous les changements concernant les habitudes alimentaires des Français, quel est celui qui vous frappe le plus ? Pourquoi ?

——

5 Pour quel plat de la cuisine française seriez-vous prêt(e) à faire des folies ? Décrivez-le. Dites pourquoi.

DÉBATTRE

6 Plats surgelés ou plats cuisinés ? Repas pris individuellement ou collectivement ? Sandwich, kebab, pizza ou hamburger ? Discutez de vos habitudes alimentaires.

ÉCOUTER

7 🎧 Écoutez puis répondez aux questions.

Tradition : la baguette de pain
Croustillante et dorée, c'est un des symboles typiques de la France.

• Qui est Rodolphe Landemaine ? ————————————————————————————

• Qu'est-ce que caractérisent ces adjectifs ?

– cuite : ———————— – grignée : ———— – sauvage : ————

– anarchique : ———————— – fine : ————————

• Notez les verbes et les opérations qui décrivent le pain comme un produit vivant.

——

TENDANCES ET CONFLITS

Les Français aiment découvrir de nouvelles saveurs, venues du monde entier.

Depuis quelques années on observe un intérêt renouvelé pour la cuisine. Cette observation se vérifie dans l'engouement pour les cours de cuisine que proposent chefs et pâtissiers en marge de leur activité, la prolifération d'ouvrages et d'émissions de cuisine, l'utilisation d'Internet pour échanger et commenter des recettes, l'intérêt pour les mouvements du *slow food* (cuisine authentique, solidaire et responsable) et du *fooding* (cuisine d'alliance).

• **Savoir cuisiner signifie, pour les Français, pouvoir préparer des repas à la fois équilibrés et variés, illustrer un patrimoine culinaire et découvrir de nouvelles saveurs.** Illustrer un patrimoine culinaire (une cuisine de terroir à laquelle participe, par exemple, la redécouverte de légumes anciens) et découvrir de nouvelles saveurs proches, italienne ou espagnole, héritée de la colonisation, maghrebine, moyen-orientale ou tropicale, ultramarine, créole, ou encore chinoise, indienne, thaï…

• Si les repas quotidiens prennent de moins en moins de temps, sont adaptés au goût et aux envies de chacun, il reste que le repas continue à **célébrer le plaisir d'être ensemble et un moment où l'on prend son temps.** Si les repas familiaux conservent la tradition, les repas entre amis peuvent être plus thématiques : c'est **la convivialité autour d'un plat unique** (fondue, raclette, cassoulet, choucroute, paella, couscous, potée...) qui est d'abord célébrée.

• **La recherche du plaisir** induit de nouvelles préférences : tout ce qui est associé à l'onctueux, au mou, au sucré et au tartinable (confiserie, produits laitiers, glaces) ; la préférence pour les viandes blanches, les volailles, les poissons, les pâtes molles en matière de fromage, les mélanges sucré-salé.

• **L'attention au corps et à la forme**, le souci de manger sain et équilibré ont modifié sensiblement les habitudes alimentaires des Français. Le succès le plus spectaculaire est celui des produits « bio » : fruits, légumes, produits laitiers. Ce succès s'explique aussi par le lien passionnel des Français avec la terre.

• La cuisine, le goût, la gastronomie sont aussi **une source infinie de conflits** comme les Français les aiment et qui, comme il se doit, partagent la France en deux. D'un côté, le Nord et **la cuisine au beurre**, la préférence pour la bière, la prédominance du cuit, du farineux ; de l'autre le Sud et **la cuisine à l'huile**, la préférence pour le vin, la prédominance du cru, des fruits et des légumes verts.

• **Côté goût**, ce n'est pas mieux. Il y a ceux qui aiment la viande saignante, encore rouge, et ceux qui l'aiment à point, plutôt cuite ; ceux qui consomment les légumes verts « al dente » et ceux qui les mangent bien cuits.

• Et pour le **sucré-salé**, il y a ceux qui aiment bien les mélanges, les raisins secs, les pommes dans la salade, le miel avec l'agneau, les cerises avec le canard et ceux qui jugent la frontière entre sucré et salé infranchissable.

• Quant à la querelle **vin blanc/vin rouge**, elle a vu le poisson filer vers le vin rouge et le fromage faire des clins d'œil au vin blanc... Il n'y a finalement que le champagne pour réconcilier tout le monde et, bien sûr, la potion magique d'*Astérix* !

COMPRENDRE

1   À quelles réalités ces verbes sont-ils associés ?

• échanger, commenter : _____

• illustrer et découvrir : _____

• célébrer : _____

• manger : _____

• partager _____

ANALYSER

2   Où se manifeste le nouvel intérêt pour la cuisine ?

_____

_____

3   Comment s'explique l'ouverture aux cuisines du monde ?

_____

_____

4   Que révèle le succès des produits « bio » ?

_____

_____

5   Quels sont les conflits gastronomiques qui opposent les Français ? De tels conflits existent-ils dans votre pays ?

_____

_____

6   Vous invitez la classe autour d'un plat unique. Décidez de ce plat. Trouvez la recette. Réalisez-la !

DÉBATTRE

7   La recherche du plaisir est-il conciliable avec l'attention au corps et à la forme physique ?

21 CONSOMMER

■ SALAIRES ET REVENUS

On n'en parle pas ! D'ailleurs, la tradition catholique invite à la circonspection à l'égard de l'argent et la littérature (Balzac, Zola) le méprise ou en décrit les ravages (avarice, destruction, obsession)…

• Aujourd'hui, **les gains** des sportifs, top models, golden boys, stars de cinéma, dirigeants de grands groupes industriels sont annoncés et commentés dans les médias ; tous les Français savent que M. Arnault (LVMH), Mme Bettencourt (actionnaire principale de l'Oréal) font partie du top 10 des plus grosses fortunes mondiales ; et le président de la République, les ministres sont obligés de communiquer

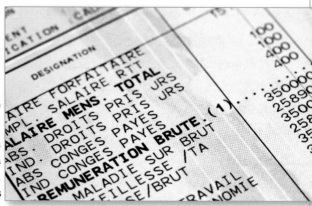

Fiche de paie.

l'état de leur patrimoine au moment où ils entrent en fonction. Selon une enquête IFOP réalisée en octobre 2012, **78 %** des Français perçoivent les riches de façon négative mais 76 % d'entre eux n'ont rien contre le fait de s'enrichir. Par ailleurs, **82 %** d'entre eux stigmatisent le manque d'exemplarité des riches, ce n'est pas leur fortune qu'ils critiquent mais leur comportement…

• **Gagner de l'argent** et rêver d'en avoir beaucoup est devenu, au fil du temps, une ambition légitime. Longtemps discrets sur leurs salaires ou sur leurs revenus, les Français hésitent de moins en moins à en parler. Et ils placent l'argent (**52 %**) comme la première chose qu'ils aimeraient avoir pour être plus heureux aujourd'hui. Les magazines consacrent des numéros spéciaux ou des dossiers sur ce que gagnent les Français.

• Aujourd'hui, **le salaire moyen** est de **2 200 €** net par mois dans le privé et de **2 300 €** dans le public, mais **la moitié des salariés** touchent autour de **1 770 €** et **un salarié sur sept** perçoit le SMIC ou salaire minimum interprofessionnel de croissance (**1 183 €**). Les **cadres** gagnent environ deux fois plus que les employés et les **femmes** entre 10 et 19 % de moins que les hommes à profession identique (hors fonction publique ou la parité est la règle). Aujourd'hui, les **retraités** ont des revenus supérieurs à ceux des actifs. Ils contribuent beaucoup à la consommation et à la solidarité familiale pendant ces années de crise.

■ À savoir

Le **revenu brut disponible minimum** (prestations sociales comprises et impôts et cotisations sociales déduits) est de 1 458 €. On est considéré comme **riche** quand on gagne plus de 4 803 € net par mois.

Il faut rappeler que le taux moyen des prélèvements fiscaux est de 45 % et les prélèvements sociaux (sécurité sociale, retraite, contribution sociale généralisée) sont de 19,5 % sur les salaires.

Le **revenu net moyen des ménages avec deux enfants** est de 3 122 € et le revenu des 10 % les plus riches est supérieur à 5 567 € net.

Le **patrimoine** moyen des ménages s'établit à 229 300 € et le patrimoine moyen des plus riches s'établit à 552 300 €.

Les **inégalités** de patrimoine établissent que les 10 % les plus riches détiennent presque autant que les 90 % restants.

Pharmacies, opticiens, ambulanciers, prothésistes dentaires, café-tabac-jeux, boucheries traiteurs sont **les professions commerçantes qui ont les plus forts revenus** entre 175 000 et 55 000 euros.

Les **impôts indirects** (TVA, taxes sur les alcools et les tabacs) sont les plus élevés d'Europe mais un Français sur deux ne paie pas d'impôts sur le revenu.

COMPRENDRE

1 À quoi correspondent ces pourcentages ?

• 78 % : _____

• 82 % : _____

• 10 à 19 % : _____

• 45 % : _____

• 76 % : _____

• 52 % : _____

• 10 % : _____

• 19,5 % : _____

ANALYSER

2 Qu'est-ce que ces proverbes ou expressions révèlent du rapport des Français à l'argent ?

• « L'argent ne fait pas le bonheur mais il y contribue » : _____

• « Quand on aime, on ne compte pas » : _____

• « L'argent, c'est comme les femmes. Pour le garder, il faut s'en occuper » : _____

• « L'argent est un bon serviteur mais un mauvais maître » : _____

_____

3 Quelles représentations de la richesse les Français se font-ils ?

_____

4 Si vous rassemblez les informations sur les revenus moyens, les prélèvements fiscaux et sociaux, la répartition de la richesse, les disparités de revenus, la fiscalité, comment caractériseriez-vous la société française ? Comparez avec la situation dans votre pays.

DÉBATTRE

5 Considérez-vous l'argent comme un sujet personnel tabou ou, au contraire, comme un sujet sur lequel, vous concernant, il n'y a rien à cacher ?

ÉCOUTER

6 🎧 Écoutez puis répondez aux questions.

Micro-trottoir : « Gagner »

Le mot « gagner » a plusieurs sens. Comment est-il perçu ?

• Notez les différents sens du mot « gagner » qui correspondent à chacun des témoignages.

_____

DÉPENSER : LIEUX ET TENDANCES

Des grands magasins parisiens aux néo-bistrots, des hypermarchés des périphéries aux sites d'achat dématérialisés sur Internet, la France offre une grande diversité de lieux aux consommateurs.

• Il y a, à Paris, **Le Bon Marché, Le Printemps, les Galeries La Fayette**, à la fois cathédrales et symboles aujourd'hui du beau, du bon et du luxe et, hier, de la naissance de la consommation de masse et, à l'autre bout de la chaîne, il y a **les magasins d'usine, de discompte et d'occasion**. Et rien n'interdit au consommateur de fréquenter les deux et bien d'autres encore. Car ce qui caractérise aujourd'hui les lieux de consommation, c'est leur diversification. À la **domination des hypermarchés de périphérie** (Carrefour, Auchan, Leclerc, Intermarché), qui captent 67 % des dépenses alimentaires et 17,7 % des dépenses non alimentaires, s'oppose aujourd'hui la reconquête et la **redynamisation des centres villes** souvent piétonniers avec des supérettes, des magasins thématiques dédiés à la culture, aux loisirs, à l'habillement, à l'aménagement intérieur de la maison, à la consommation des produits frais (boulangerie-pâtisserie, boucherie-traiteur), des lieux de convivialité (néo-bistrots, brasseries), des espaces de services (banques, assurances), des lieux dédiés à la santé et à la beauté.

• **Les marchés** (le dimanche à Paris, en semaine dans les autres villes) connaissent aussi un grand succès : produits frais, agriculture biologique, contacts avec le monde agricole en province, couleurs, odeurs et saveurs expliquent ce succès.

• De nouveaux lieux de consommation apparaissent : ce sont **les espaces de transit des gares et des aéroports** qui offrent de plus en plus de services.

Rue piétonne et commerçante à Toulouse.

• Mais le phénomène le plus important est celui de **la dématérialisation des achats : l'e-commerce représente, aujourd'hui, 70 milliards d'euros et progresse de 15 % par an.** On compte aujourd'hui 35,5 millions de consommateurs sur Internet pour 190 000 sites marchands. On achète des voyages (32 % du e-commerce), de l'habillement (10 %), de l'équipement pour la maison (7 %), des produits culturels (5 %).

• En moyenne, une personne seule dépense 16 000 euros pour sa consommation et un ménage avec enfants 37 300 €. **Une consommation qui a beaucoup évolué**. Le consommateur français réfléchit avant d'acheter, s'informe, compare, exige des services en plus mais ne résiste pas toujours à se faire plaisir.

• C'est le logement qui est aujourd'hui la première source de dépense : 19 % du revenu lui est consacré. Viennent ensuite les dépenses de santé (13,2 %), les dépenses de transport (11,3 %), les produits alimentaires (10,2 %), les dépenses de loisirs (6,4 %), les dépenses d'équipement de la maison (4,8 %), les dépenses pour l'information et la communication (3 %) et les dépenses pour les articles d'habillement et de sport (2,9 %).

COMPRENDRE

1 Associez des lieux ou espaces à ces noms…

• Les Galeries Lafayette : _____

• boulangerie-pâtisserie : _____

• e-commerce : _____

• Carrefour : _____

• marchés : _____

ANALYSER

2 Qu'est-ce qui illustre le mieux la diversité des lieux de consommation ?

_____

3 Quels sont les traits marquants de l'évolution de l'attitude du consommateur ? Comparez avec ce qui se passe dans votre pays.

_____

4 Comparez la structure des dépenses en France et dans votre pays.

_____

5 La classe fait son marché… Chacun cherche réellement ou virtuellement un produit français. Il justifie son choix.

DÉBATTRE

6 Réfléchissez, à partir de l'activité 5, sur l'image de la France que vous avez construite à partir de vos choix. Discutez-la.

ÉCOUTER

7 Écoutez puis répondez aux questions.

« Ma Tante » ne connaît pas la crise

Ici, on échange des objets personnels contre de l'argent liquide.

• Quels sont les objets que l'on vient déposer ? _____

• Quelle partie de la valeur de l'objet reçoit-on ? _____

• À quoi correspondent ces chiffres ?

24 000 m² : _____ ; 900 000 : _____

30 % : _____ ; 9 sur 10 : _____

22 SORTIR

Les Français aiment pratiquer une activité et retrouver le contact avec la nature.

LOISIRS

4 h 30 de temps de loisir par jour en moyenne (moins que la moyenne européenne (5 h 10) mais 7 h 29 pour les 15-24 ans et 6 h pour les plus de 60 ans... Les Français travaillent en moyenne entre 1 600 et 1 700 heures par an ; ils ont cinq semaines de vacances et travaillent 35 heures par semaine.

• À quoi destinent-ils ce temps de loisir ? Faire ce que l'on aime, satisfaire à son développement personnel, retrouver un contact avec la nature, rendre le temps libre productif (bricolage, jardinage), réaliser ses désirs (pratiques culturelles), prendre sa part d'activités associatives ou de solidarité guident l'organisation de loisirs de plus en plus diversifiés.

• Deux tiers des Français préfèrent pratiquer leurs loisirs avec d'autres personnes (65 %), plutôt que seuls. Ils valorisent la convivialité (80 %), la motivation du collectif (56 %) et, pour **55 % d'entre eux, le fait de créer ou renforcer des liens**. Ce sont les plus jeunes qui expriment plus fortement le besoin de partager (69 % pour les 18-24 ans).

• Pour la majorité des Français, les sorties nocturnes ou culturelles s'envisagent forcément en groupe (respectivement 71 % et 62 %).

• **Les loisirs sont une affaire de famille (70 %) :** on aime parfois même les pratiquer de manière exclusive pour certains loisirs (55 %) et, lorsqu'on a des enfants ou petits-enfants, on reproduit avec eux des pratiques d'enfance (55 %). Les loisirs sont d'ailleurs une occasion de transmission du savoir (60 %), voire de se valoriser (53 %).

• C'est **l'offre médiatique et audiovisuelle** qui occupe le plus de temps (6 heures par jour environ), grâce aux équipements en téléviseurs, lecteurs de DVD, chaînes hifi et microordinateurs. Mais le bricolage (50 %), les collections de toute sorte (25 %), les jeux de cartes ou de société (50 %) sont aussi des activités très pratiquées

• À l'extérieur, les Français se consacrent au sport, à la vie associative (20 %), aux activités culturelles : grâce à l'équipement de leur ville ou village, ils sont 80 % à avoir accès à une bibliothèque, 75 % à une école de musique ou de danse, 50 % à une salle de spectacle ou à un centre culturel.

• Les loisirs sont en train de devenir **le premier poste de dépenses** (30 %) des Français. Les Français dépensent en moyenne 8, 1 % de leur budget pour l'achat de biens et de services culturels et pour la communication. Ces achats comprennent redevance et abonnements ; dépenses de télécommunication (abonnements triple pay liés aux numérique) ; dépenses pour la presse, les spectacles, les livres, le cinéma, l'achat de DVD et de CD (de plus en plus téléchargés).

■ Les loisirs préférés des Français

Les Français pratiquent des loisirs variés (10 activités en moyenne). C'est peut-être aussi pourquoi on retrouve principalement, dans leurs choix, des loisirs culturels et faciles d'accès comme regarder la télévision, la lecture ou bien encore le fait d'écouter de la musique. Ils ont aussi de nombreux hobbies.
Dans l'ordre, les loisirs préférés sont : le cinéma (25,2 %), la musique (20,8 %), la photographie (19,1 %), les séries télévisées (14,6 %), les voyages (14 %), la cuisine (14 %), surfer sur Internet (11,6 %), la randonnée (10,8 %), la lecture (10,3 %), le théâtre (10,3 %), la danse (8,7 %), la fête (8,3 %), les jeux vidéos (7,2 %) et le jogging (7 %)

COMPRENDRE

1 Faites la cartographie des pratiques de loisirs des Français.

• Temps consacré aux loisirs : _____

• Pratiques collectives : _____

• Pratiques en famille : _____

• Part des loisirs dans les dépenses : _____

• Nombre d'activités pratiquées en moyenne : _____

ANALYSER

2 Caractérisez le rapport des Français aux loisirs.

_____

_____

3 Qu'est-ce que les Français privilégient dans leur pratique de loisirs ?

_____

_____

4 Quels sont les types d'activités culturelles pour lesquels les Français dépensent le plus d'argent ?

_____

_____

5 Quand les Français sortent, quelles sont leurs activités préférées ? Comparez avec les choix dans votre pays.

_____

_____

6 Imaginez une soirée « à la française ». Qu'est-ce que vous allez regarder, écouter, lire ? À quoi allez-vous jouer ? Faites le programme de la soirée.

DÉBATTRE

7 Doit-on consacrer ses loisirs uniquement à la satisfaction d'intérêts personnels ou doit-on donner de son temps pour des activités sociales ou caritatives (au service des autres) ?

LES SPORTS

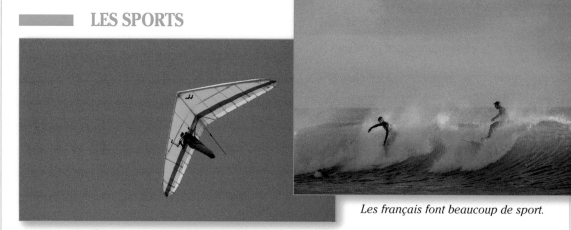

Les français font beaucoup de sport.

Les Français font beaucoup de sport : 90 % déclarent avoir pratiqué un sport ou une activité sportive au moins une fois au cours des douze derniers mois ; 91 % d'entre eux sont des hommes et 87 % des femmes. Il s'agit d'entretenir sa forme, d'être bien dans son corps, bien dans sa tête, d'être efficace et de plaire. Le sport est considéré comme un moyen de développement personnel.

• **Tous les types de sport** sont cités : le football, le rugby, le tennis, le basketball, la natation, le ski, la course à pied et le jogging, la bicyclette, la gymnastique, les arts martiaux ou tout simplement la marche à pied (17 millions) sont les plus communs.

• Les Français pratiquent aussi **des sports plus rares** : la planche à voile, l'escalade, la voile, la plongée sous-marine, le parapente, l'équitation, le golf, le canoë-kayak, le vélo tout terrain (VTT). **Les femmes**, en particulier, sont très attirées par la danse, la gymnastique (Pilates, yoga, acquagym, fitness). Et surtout, on constate une participation croissante (18 %) des **personnes âgées**.

• **Les sports collectifs sont surtout pratiqués dans des clubs** qui appartiennent à des fédérations. Il y a environ **10 millions de licenciés** en France. Le football est le sport le plus pratiqué, avec 2 millions d'inscrits, loin devant le tennis (1,1 million) l'équitation (700 000), le judo (500 000), le handball

et le basket (470 000), le golf (422 000), le rugby (330 000), mais également la natation, la voile, la gymnastique, l'athlétisme... Et on constate qu'après chaque grand événement sportif, les fédérations sportives voient affluer (c'est le cas de la boxe, en 2016, après les Jeux Olympiques) une armée de volontaires désireux(ses) de pratiquer ce sport.

• **Les nouvelles pratiques sportives** reflètent le goût de la vitesse (motocyclisme), la violence urbaine (taekwondo, karaté, taïkido), la recherche d'activités extérieures (parapente, VTT, rafting), l'importance de l'individualisme (golf).

• Les Français passent naturellement beaucoup de temps à regarder des émissions sportives à la télévision : du football et du rugby notamment, car les **équipes** nationales sont de haut niveau. Mais aussi du tennis au mois de juin (Roland Garros), et le Tour de France au mois de juillet, grand événement cycliste de l'année. Le spectacle sportif télévisuel culmine au moment de la Coupe d'Europe et de la Coupe du monde de football, ainsi que pour les Jeux Olympiques.

• La France est aussi **le pays du sport spectacle** avec le Tour de France, le Grand prix de Monaco et le Rallye Dakar. On doit aussi au baron Pierre de Coubertin l'invention des Jeux Olympiques modernes et, à Jules Rimet, celle de la Coupe du monde de football.

COMPRENDRE

1   **Classez les types de sports pratiqués. Comparez avec votre pays.**

• sports collectifs : _____

• sports de montagne : _____

• sports en salle : _____

• sports de combat : _____

• sports individuels : _____

• sports de mer : _____

• sports de plein air : _____

• sports de vitesse : _____

ANALYSER

2   **Quelles sont les raisons qui poussent les Français à avoir une activité sportive ?**

_____

3   **Diriez-vous que la France est plutôt un pays de pratiques sportives individuelles ou collectives ? Justifiez votre réponse. Comparez avec votre pays.**

_____

4   **Quelles préoccupations sont à l'origine des nouvelles pratiques sportives ?**

_____

5   **Choisissez une personnalité sportive française. Préparez son interview.**

DÉBATTRE

6   **Le sport transformé en spectacle et en marchandise ne risque-t-il pas de tuer la pratique sportive ?**

ÉCOUTER

7   🎧   **Écoutez puis répondez aux questions.**

L'Ultra-Trail du mont Blanc

Deux jours et deux nuits à faire le tour du mont Blanc à pied, soit 168 kilomètres sur le toit de l'Europe.

• L'Ultra Trail c'est : ——————— marathons ; ——————— de dénivelé ; ——————— l'Éverest.

• Rôle des bénévoles : _____

• Les chiffres du dispositif de secours : _____

• Principales pathologies : _____

• Place des femmes : _____

LES VACANCES

La plage est l'endroit favori des vacanciers français.

Avec une moyenne de 38 jours, les Français sont les champions du monde des congés payés !

• C'est en 1936 qu'est née la notion de vacances pour les salariés. Aujourd'hui, les Français bénéficient de **cinq semaines de congés annuels**, auxquels s'ajoutent les semaines (une ou deux) supplémentaires générées par une compensation des dépassements d'horaires hebdomadaires. La RTT (réduction du temps de travail) porte souvent le total annuel à huit semaines (parfois dix comme dans la banque).

• 64 % des Français partent en vacances. 66 % partent en été, qui reste la période championne des vacances. 30 % partent en juillet et 40 % en août. Et pourtant, on constate **un fractionnement de plus en plus grand des vacances** avec une multiplication des courts séjours et des longs week-ends. L'hiver et les sports de neige attirent également presque 50 % des Français. **Le budget** (2 233 € en 2016) consacré aux loisirs et voyages **est celui que les Français entendent le plus préserver**.

• Quand ils partent, **les Français choisissent** d'abord **la mer** (45 %), puis la campagne (31 %), la ville (25 %) ou la montagne (19 %), d'abord **la France**, puis l'étranger, d'abord **la Méditerranée** (25 %) puis l'Atlantique (20 %). Environ 19 % des Français partent en **vacances à l'étranger**, surtout en Europe : Les Canaries, les Îles grecques, l'Espagne, les Baléares, la Grèce continentale, l'Italie, les Antilles françaises mais aussi le Maroc, la Turquie et la Tunisie. Quand ils partent pour des **vacances plus lointaines**, les Français ont choisi, en 2016, la Thaïlande, les États-Unis, Bali, Cuba ou le Sri Lanka.

• Au-delà **des priorités qui restent pour la moitié des vacanciers le repos, la famille et les amis ou la découverte**, la randonnée à pied et la promenade, la baignade et les sports nautiques, la visite de sites et d'espaces naturels, la visite de villes et de monuments sont parmi les activités les plus pratiquées. Mais **de nouvelles formes d'activités plus sportives se développent** : parapente, rafting, escalade, VTT... Le tourisme de remise en forme (thalassothérapie) et plus généralement de santé (cure antitabac) et de bien-être (cure d'amaigrissement) se développe également. Il concerne environ 400 000 touristes.

• **Les parcs à thème** (Astérix, Dysneyland Paris, Futuroscope), la fréquentation des parcs naturels nationaux et régionaux, le tourisme éthique, responsable ou durable, le tourisme industriel, le tourisme citadin de proximité (Paris-Plage), les séjours dans des parcs de détente (type Center Parcs) dessinent de nouvelles pratiques vacancières.

• **La place d'Internet** dans le tourisme comme outil d'information, de comparaison, de réservation et de paiement est en progression constante. Partir en vacances d'été aujourd'hui cela débute tout d'abord par un surf sur Internet pour 62 % de Français. 42 % réservent directement leur hébergement sur Internet sur le site d'un prestataire ; 25 % se rendent sur des sites comme Opodo ou Expedia ; 21 % le font via un système de réservation de particulier à particulier comme AirBnb et 18 % utilisent le site Internet d'une agence de voyage.

• Au retour, ils sont 50 % à faire partager leurs vacances en postant des commentaires sur Internet ou sur les réseaux sociaux.

COMPRENDRE

1   **Retrouvez les chiffres clés des vacances des Français.**

• Nombre de jours de vacances : _____   • Français qui partent en vacances : _____

• Budget moyen des vacances : _____

• Destinations préférées : en France : ———————————— ; à l'étranger : ————————————

• Nombre de touristes pour des vacances de remise en forme : _____

• Pourcentage de réservation par Internet : _____

ANALYSER

2   **Quels sont les choix des Français en matière d'organisation, d'activités et de destination pour les vacances. Comparez avec votre pays.**

_____

3   **Caractérisez les nouvelles formes de vacances que choisissent les Français.**

_____

4   **Organisez un séjour de vacances en France. Faites une proposition de programmes.**

DÉBATTRE

5   **Pour vous, les vacances sont-elles un moment de farniente ou un moment de découvertes ?**

ÉCOUTER

6   **Écoutez puis répondez aux questions.**

Micro-trottoir : « Voyage »

Voyage : un mot chargé de sens, d'évocations multiples. Témoignages de passants et de touristes.

• À quoi les différents témoignages font-ils référence quand on évoque les voyages ? Classez-les.

dépaysement	changements pour soi	autrui
_____	_____	_____
_____	_____	_____
_____	_____	_____

PRATIQUES ARTISTIQUES

De nombreux Français pratiquent des activités artistiques en amateur.

Plaisirs d'amateur : peinture, dessin, musique, chant, théâtre, photographie, vidéo… de nombreux Français (33 %) pratiquent des activités artistiques en amateur. Ils sont 13 % à pratiquer la peinture, le dessin ou l'artisanat d'art, 12 % la photographie (mais 3 % la vidéo), 9 % à faire de la musique, 8 % à faire du théâtre, de la danse ou du chant, 6 % à s'exercer à l'écriture.

• Ces pratiques se développent en dehors des institutions culturelles, même s'**il existe de nombreuses structures qui proposent de favoriser ou d'encadrer ces pratiques** : Maison des jeunes et de la culture (MJC), Fédérations d'éducation populaire, Fédération nationale des foyers ruraux, Peuple et Culture, Fédération nationale Léo-Lagrange ou encore Fédération française de la danse. Il faut aussi prendre en compte le développement d'une **offre privée** (cours spécialisés) et, bien sûr, **l'apport d'Internet et du web 2.0** qui favorisent et valorisent la création personnelle et ont permis, dans tous les domaines, la création de nombreux réseaux d'amateurs qui échangent savoir-faire et contenus.

• De plus en plus de Français s'inscrivent à des cours collectifs. Mais chaque catégorie (jeunes ou adultes, actifs ou retraités, hommes ou femmes) ne pratique pas les mêmes activités et de la même manière.

• **Les jeunes générations** sont plus éclectiques et multipratiquantes avec une tendance au zapping ; les **retraités**, parce qu'ils sont plus disponibles, s'engagent davantage dans la découverte ou la redécouverte de la musique, du chant, de la danse, de l'écriture ou de la peinture… Les activités diffèrent selon que l'on est hommes ou femmes. Les **hommes** préfèrent faire de la musique, de la photographie ou de la vidéo numériques ; les **femmes** préfèrent la sculpture, la peinture, la gravure, font du chant et de la danse, tiennent un journal intime.

• Parisiens, ils sont les plus nombreux à faire du théâtre en amateur ou de la musique ; mais ce sont les ruraux qui pratiquent le plus la danse folklorique, notamment en Bretagne.

• 37% des Français savent jouer d'un instrument de musique et le prouvent chaque année à l'occasion de la Fête de la musique. Ils jouent majoritairement (37 %) du piano (leur instrument préféré pour 56 %) mais aussi de la flûte (33 %) qu'ils ont souvent apprise à l'école.

• Enfin, jeunes ou vieux, **ils sont près d'un tiers à faire une collection :** à côté des collections de timbres, les Français collectionnent les cartes postales, les pièces de monnaie, les objets d'art, les films 16 mm, les masques africains, les verres ou encore les bénitiers et même les étiquettes de camembert et aussi les capsules des bouchons de champagne !

COMPRENDRE

1   À quoi correspondent ces pourcentages ?

• 33 % : _____

• 37 % : _____

• Près de 33 % : _____

ANALYSER

2   Quelles sont les différences de pratiques entre les hommes et les femmes, les jeunes et les retraités ?

_____

_____

3   Quel rapport les Français entretiennent-ils avec la musique ?

_____

_____

4   Quel rôle joue Internet dans les pratiques artistiques ?

_____

_____

5   Comparez les pratiques artistiques des Français avec celles qui dominent dans votre pays.

_____

_____

6   Écrivez le texte attractif d'un *flyer* pour inviter à partager une pratique artistique.

DÉBATTRE

7   Internet peut-il changer en profondeur nos pratiques artistiques ?

23 SE SOIGNER

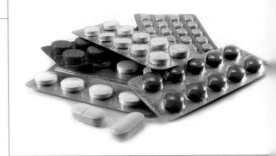

Les Français sont les champions du monde pour la consommation de médicaments.

SE SOIGNER À TOUT PRIX

« Chère Sécu... », cette expression affectueuse a un double sens : elle indique l'attachement des Français à leur système de santé et, en même temps, le coût élevé de cet attachement.

• Il est vrai que la France a un niveau de **dépenses de santé (472 milliards)** parmi les plus élevés du monde, auxquelles elle consacre 11 % de son PIB. Et pourtant la Sécurité sociale est en déficit de 9,1 milliards dont 5,8 pour la santé.

• Pour garantir ce niveau de protection, les Français acceptent que l'on prélève 15,8 % de charges sociales sur leurs salaires (30,4 % pour les entreprises). Et ils sont 93 % à souscrire **une assurance complémentaire.**

• Il faut dire qu'ils sont **grands consommateurs de soins médicaux** bien que ceux-ci leur soient faiblement remboursés (77 %) : le **budget santé** représente **13 % du budget des familles** ; ainsi, chaque Français dépense en moyenne environ 2 567 € pour sa santé. Ils adorent aller chez le médecin ou chez le spécialiste ; ils y vont 8 fois par an en moyenne et ce sont les femmes et les seniors qui consultent le plus.

• Et pourtant, les Français doutent : canicule, grippes aviaire et H1N1, pics de pollution, crises alimentaires ont ébranlé leur confiance dans la capacité de l'État à gérer la santé publique. Ils estiment que les médias ont tendance à exagérer les problèmes de santé publique et que la multiplication des informations en ligne aboutit à une surinformation qui crée du doute et sape la confiance à tous les niveaux.

• Si **les Français entretiennent encore une relation privilégiée avec leur médecin généraliste**, leur attitude cependant change. Ils n'hésitent pas à consulter plusieurs médecins.

• Parallèlement, de nombreux Français ont recours aux médecines alternatives, parallèles ou douces. Ils se méfient de la médecine de spécialiste. Ils sont aujourd'hui 39 % à avoir recouru à des **médecines douces**. 56 % ont essayé l'homéopathie, 25 % l'acupuncture, 40 % l'ostéopathie : il y a aujourd'hui en France 3 500 homéopathes et 2 500 médecins acupuncteurs.

• Par ailleurs, de plus en plus souvent, les Français décident de se soigner par eux-mêmes sans recourir à un médecin. Pour tous les maux qui leur sont familiers, ils savent quels médicaments utiliser. Cette **automédication** représente aujourd'hui 20 % du total des médicaments achetés.

• Internet constitue aussi une nouvelle source d'informations au point que l'on voie apparaître **un patient internaute** qui arrive chez son médecin avec les résultats de ses recherches, le nom des médicaments qu'il souhaite se voir prescrire ou la description des nouveaux traitements dont il entend bénéficier. Dans certains cas, il se passe même du recours au médecin et pratique directement l'automédication.

• Les Français sont, par ailleurs, champions du monde... pour la **consommation de médicaments**. Elle leur coûte 524 € par an. Dépression, problèmes de sommeil, état nerveux, angoisse, sont autant d'occasions de consommer des médicaments, trois fois plus que leurs voisins allemand ou britannique, et pour 5 % d'entre eux jusqu'à 300 boîtes par an !

COMPRENDRE

1 Associez faits et pourcentages.

• Pourcentage du PIB consacré à la santé : _____

• Pourcentage à souscrire une assurance complémentaire : _____

• Part de la santé dans le budget familial : _____

• Pourcentage du recours à des médecines douces : _____

• Part de l'automédication : _____

ANALYSER

2 Comment caractériseriez-vous le système de santé : système libéral où chacun est libre de son choix ou système étatique où tout le monde est solidaire ? Justifiez votre réponse. Comparez avec l'organisation du système de santé dans votre pays.

_____

3 À quoi se mesure l'attachement des Français à leur système de santé ?

_____

4 Les Français sont grands consommateurs de soins médicaux et de médicaments. Illustrez cette affirmation.

_____

5 Crises sanitaires, méfiance à l'égard de la médecine de spécialiste engendrent de nouvelles attitudes par rapport à la médecine qui font intervenir de nouveaux acteurs. Décrivez-les.

_____

6 Littérature, cinéma… le personnage du médecin occupe une grande part dans l'imaginaire littéraire et cinématographique. Faites une recherche sur Internet et choisissez un de ces personnages. Présentez-le à la classe.

DÉBATTRE

7 Chacun doit-il être responsable de sa santé ou chacun doit-il être solidaire de la santé de toutes et tous ?

24 CROIRE

RELIGIONS, SECTES ET SUPERSTITIONS

Chemin de Croix du Sacré-Cœur, à Paris.

La France est majoritairement chrétienne : 65 % des Français se disent catholiques et 3 % protestants.

• **Le catholicisme des Français est un catholicisme culturel et patrimonial** : c'est un héritage visible dans les églises et les cathédrales et lisible dans l'histoire, l'art et la littérature.

• La moitié des Français qui se marient le font encore à l'église et ils sont 70 % à faire baptiser leurs enfants. Mais la pratique religieuse ne concerne plus que 4,5 % des croyants. Elle passe à 20 % les jours des grandes fêtes religieuses.

• L'Église a perdu beaucoup de son influence en particulier sur le plan des mœurs où ses recommandations sont apparues complètement décalées sur le divorce, la pilule ou l'avortement.

• L'Église a cependant bien compris le besoin de spiritualité et cherche de nouvelles manières d'y répondre : les journées mondiales de la jeunesse en sont une.

• **La religion protestante** compte 1,2 million de personnes mais les valeurs du protestantisme sont de plus en plus présentes dans la France d'aujourd'hui : individualisme, éthique, économie de marché, rôle de l'argent, libre arbitre.

• Avec entre 4,7 et 6 millions de fidèles, **l'islam** (majoritairement sunnite) est devenu la seconde religion de France. La pratique du culte est rendue difficile par le nombre insuffisant de mosquées et de salles de prières (2 400). Leur construction est toujours difficilement acceptée par l'opinion publique et leur financement manque de transparence.

• La **religion juive** compte 600 000 membres, ce qui en fait, proportionnellement, la communauté la plus importante d'Europe.

• Avec 300 centres de prière, 90 instituts de formation, **le bouddhisme** compte 400 000 adeptes. Il le doit au mode de vie, à l'approche philosophique qu'il propose et à la popularité du Dalaï Lama.

• Les **agnostiques**, qui se désintéressent des questions religieuses, représentent 25 % des Français.

• On a dénombré **172 sectes** qui se partagent 400 000 membres. La secte la plus importante est celle des Témoins de Jéhovah avec 140 000 membres. Certaines sont considérées comme particulièrement dangereuses : ce sont surtout les méthodes de recrutement des sectes qui sont remises en cause. On leur reproche de vouloir embrigader les jeunes en les coupant de leur milieu familial et en exerçant sur eux des pressions psychologiques.

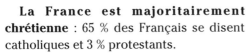

■ Peurs et superstitions

Amour, argent, santé, travail, voilà le carré magique des horoscopes ; chaque semaine, ils sont des dizaines de millions à lire les quelques lignes que les stars de l'horoscope consacrent à leur signe.
Dix millions de Français vont aujourd'hui consulter voyants et astrologues qui sont deux fois plus nombreux que les prêtres. Les voyants ont en face d'eux des clients qui viennent chercher des réponses aux questions liées au travail, à l'emploi des enfants, au chômage, à l'angoisse du quotidien et des fins de mois difficiles, aux peurs de solitude dans les grandes villes. On va désormais chez le voyant pour se raconter et être écouté ; on passe ici de la prédiction à la psychothérapie.

COMPRENDRE

1 Retrouvez les chiffres.

• Pourcentage de catholiques et de protestants : __
• Nombre de musulmans : _____
• Importance de la communauté juive : _____
• Adeptes du bouddhisme : _____
• Membres de sectes : _____
• Consultants de voyantes et d'astrologues : _____

ANALYSER

2 Quels sont les signes matériels et immatériels de l'influence de la chrétienté sur la France ?

_____

3 Pourquoi l'intégration de l'islam paraît-elle compliquée ?

_____

4 Au pays de Descartes, 10 millions de Français vont consulter voyants et astrologues. Quelles explications peut-on apporter à ce constat ?

_____

5 Comparez l'influence de la religion en France et dans votre pays.

_____

6 Certains saints et saintes sont très populaires en France : sainte Bernadette (1844-1879), sainte Thérèse de Lisieux (1873-1897), le saint Curé d'Ars (Jean-Marie Vianney, 1786-1859). Faites une recherche sur l'une ou l'autre de ces saints et saintes et dites pourquoi ils sont si populaires.

DÉBATTRE

7 Doit-on accorder une place à la vie religieuse dans la vie active ?

ÉCOUTER

8 🎧 Écoutez puis répondez aux questions.

Micro-trottoir : le vendredi 13

L'année 2017 a commencé par un vendredi 13 : le 13 janvier. Chance ou malchance ?

• Classez les témoignages.

chance	malchance	indifférent
_____	_____	_____

LEXIQUE

A

abolition : supprimer officiellement une loi. La peine de mort a été abolie en France en 1981.

abstinence : refus de manger ou boire pour des raisons religieuses ou médicales. Privation.

alternance : succession de choses d'une série qui reviennent, comme les saisons, toujours dans le même ordre. En politique, passage d'une majorité d'un parti à un autre.

amarre : câble, cordage qui maintient un bateau à quai. *Larguer les amarres* : partir.

arrogant : qui montre une insolence méprisante.

assassiner : tuer volontairement. Assassinats célèbres : Henry IV, 1610 ; JF Kennedy, 1963.

assigner : appeler à comparaître en justice ; *assigner à résidence :* obliger quelqu'un à habiter dans un lieu fixé par la loi.

atout : moyen de réussir.

autodétermination : le fait pour les habitants d'un pays, de décider de la situation politique du pays. En France, se rapporte à l'autodétermination de l'Algérie à choisir son indépendance (1962).

B

balnéothérapie : traitement médical par les bains.

bassin : récipient creux ; partie d'un port fermé ; zone géographique qui reçoit un fleuve et ses affluents (Bassin parisien) ; par extension : zone géographique qui attire des emplois.

bateau de plaisance : bateau pour les loisirs comme par exemple un voilier.

bien d'équipement : mot qui désigne tous les matériels nécessaires à la vie d'une communauté. En économie : les appareils ménagers, audiovisuels, informatiques....

bocage : paysage formé de prés fermés par des haies et des arbres.

brique : de forme régulière, moulée en terre argileuse et séchée.

C

cartésien : référence à Descartes (1596-1650), philosophe : clair, logique, méthodique. *L'esprit cartésien* des Français.

coalition : alliance de plusieurs pays ; alliance de divers partis politiques qui forment une alliance.

communautarisme : choix d'une société organisée en commu-nautés ethniques, religieuses, culturelles, sociales. La France refuse le communautarisme au nom de l'intégration nécessaire et supérieure à la Nation.

Conciergerie : Palais royal des Capétiens (987-1328) puis prison sous la Révolution. Prisonniers célèbres guillotinés : Marie-Antoinette ; Danton ; Robespierre ; et le poète André Chénier.

cône : figure géométrique dont la base est circulaire et le sommet pointu. Par extension : cornet de glace.

cordeau : associé à corde. Sert à tirer des lignes droites au sol.

corrosif : qui détruit lentement ; mais aussi : *une œuvre corrosive* : qui attaque avec violence.

cotiser : verser une somme à une association ; (*se cotiser* : contribuer)

croisade : associé à Croisades (1095-1291) : expédition au Moyen Âge pour délivrer les Lieux Saints (Jérusalem). Mouvement d'opinion dans une lutte.

CRS : Compagnie républicaine de sûreté. Chargée du maintien de l'ordre.

Cyrano : écrivain (1619-1655) et surtout personnage de la comédie d'Edmond Rostand, Cyrano de Bergerac (1897), poète et guerrier, généreux et bel esprit. Immortalisé au cinéma par Gérard Depardieu. L'un des succès les plus durables du théâtre français.

D

déboucher : en géographie, passer d'un lieu resserré à un lieu plus large. Dans une négociation : aboutir à un résultat, une solution.

délinquance : ensemble des actes punis par la loi. On distingue petite délinquance des villes qui crée de l'insécurité (vol à la personne de sac, d'argent, de marchandises) et grande délinquance (attaques à mains armées des banques, casinos, trafics de drogue, etc.).

déportation : emprisonnement dans un camp de concentration pendant la Seconde guerre mondiale. Population réduite en esclavage et déplacée d'un lieu à un autre, d'un continent à un autre (Traite des Noirs).

desservir : s'arrêter dans un lieu (le TGV dessert certaines villes ; une région bien desservie par les différents modes de transport) ; mais aussi rendre un mauvais service à quelqu'un.

E

emblématique : représentatif.

émulation : faire mieux que l'autre ; se surpasser.

enceinte : muraille fortifiée ; ville protégée par un mur. Enceintes célèbres : Carcassonne, Avignon.

érosion : usure d'une surface provoquée par l'eau. Désigne aussi toute forme d'usure (pouvoir, sentiment, situation).

exécution : réaliser quelque chose ; subir une peine ; interpréter une œuvre musicale. Exécution capitale (mise à mort en France par guillotine jusqu'en 1981).

F

façonner : modeler.

faux-fuyant : pour éviter de s'expliquer, de se prononcer ou de se décider.

fêlé : se fendre sans se casser complètement.

Folle Journée de Nantes : événement culturel musical qui a lieu tous les ans à Nantes fin janvier-début février et qui propose 200 à 300 concerts pendant trois jours dans différents lieux.

fortification : construction militaire destinée à la défense d'une ville. Fortifications célèbres : fortifications de Vauban, à Besançon.

fourneau : four industriel dans lequel on fait fondre des matières premières à haute température. Appareil domestique sur lequel on fait cuire des aliments (aujourd'hui : cuisinière).

frondeur : personnage qui appartenait à la Fronde (révolte des grands seigneurs contre le pouvoir royal du jeune Louis XIV) ; esprit qui critique violemment l'autorité ; *esprit frondeur* : esprit moqueur.

fusionnel : qui se vit sur le mode de l'unité.

G

garrigue : terrain aride avec peu de végétation de la région méditerranéenne.

guillotine : instrument utilisé en France pour la mise à mort des condamnés.

H

héréditaire (ennemi) : qui se transmet des parents aux descendants ; génétique.

humanisme : mouvement intellectuel européen de la Renaissance (XVe et XVIe siècles) ; doctrine qui fait de l'homme l'objet de son épanouissement.

I

impressionniste : qui appartient au mouvement de peinture des années 1870 dont Monnet et Renoir sont les plus célèbres représentants. *Une pensée impressionniste* : qui donne un certain éclairage aux choses et aux idées.

induire : conduire, inciter, amener quelqu'un à faire quelque chose qu'il n'a pas souhaité faire. Tromper.

injonction : donner un ordre.

insertion : introduire, intégrer.

instance : autorité ; *sur les instances de* : à la demande pressante de...

introspectif : qui fait une analyse de soi.

irriguer : arroser à l'aide de tuyaux ; traverser un organisme.

L

lande : étendue de terre où ne poussent que certaines plantes sauvages.

laxisme : tendance excessive à tout tolérer.

logistique : art de combiner tous les moyens de transport, ravitaillement et logement dans l'art militaire. Ensemble de moyens et de méthodes concernant l'organisation d'un service, d'une entreprise qui a des flux à gérer.

M

maquis : forêt méditerranéenne peu pénétrable ; (Seconde guerre mondiale : synonyme de clandestinité (*prendre le maquis*) ; complication inextricable.

maxime : forme qui permet d'énoncer une vérité générale ou une règle de conduite. Au XVIIe siècle : les *Maximes* de La Bruyère et de La Rochefoucauld.

Mont Valérien : (près de Paris). Mémorial national de la Résistance. Plus d'un millier de Français y furent fusillés par les Nazis.

Mur des Fédérés : mur situé au cimetière du Père-Lachaise, à Paris. C'est là que furent fusillés les derniers défenseurs de la Commune en 1871.

mutualisation : mise en commun.

mythologie : ensemble des mythes et des légendes propres à un peuple ou se rapportant à un objet, une personne, une doctrine, un thème.

O

ornithologique : qui caractérise ce qui a trait aux oiseaux.

P

pacte : accord solennel.

palier : étape intermédiaire.

pamphlet : texte court et violent qui attaque une idée établie ou une personne.

pâturage : pré.

prolifération : multiplication.

promulguer : faire connaître, rendre public une loi.

Q

quadrillage : diviser un territoire en secteurs pour le contrôler.

R

rabelaisien : de Rabelais (1483-1553). L'œuvre de Rabelais, riche de libre création verbale qui a fasciné les écrivains du XXe siècle, est une œuvre d'une immense ivresse de la pensée et du savoir. Il propose une quête du bonheur en harmonie avec la nature.

recours : emploi ; dernier moyen efficace.

récupération : le fait de retrouver quelque chose. Au travail, quand on a travaillé un jour en plus, on a droit à une journée de récupération. En politique, se dit de quelqu'un qui a été détourné de son orientation originale pour être utilisé par d'autres.

relégation : être mis en exil.

répression : punition ; rejet.

roman national : histoire commune partagée par un peuple et constitutif de son identité.

S

salon : exposition périodique d'œuvres d'artistes (peintres, sculpteurs) vivants. Le plus célèbre : le premier Salon des Impressionnistes.

sans-papiers : personne immigrée en situation irrégulière.

slogan : formule courte et frappante utilisée dans la publicité, en politique et dans les manifestations.

sonnet : forme poétique fixe de 14 vers en deux quatrains et deux tercets. La forme poétique emblématique de la poésie française de Ronsard à Baudelaire, Verlaine et Rimbaud.

sunnite (islam) : musulmans orthodoxes (qui suivent la tradition).

surréaliste : qui se réclame du mouvement surréaliste qui veut libérer l'esprit du contrôle de la raison. Aujourd'hui : bizarre, étrange, extravagant.

T

tonneau : grand récipient cylindrique pour contenir et conserver des liquides (vin) ou des aliments.

transgression : le fait de ne pas respecter, de désobéir.

V

veine : vaisseau sanguin ; chance ; dessin dans le bois ou la pierre.

Verdun : la bataille de Verdun (1916-1917) coûta la vie à 360 000 Français et 335 000 Allemands. C'est aujourd'hui l'un des lieux symboliques de la réconciliation franco-allemande (Ossuaire de Douaumont).

villégiature : séjour de repos à la campagne, au bord de la mer, dans un lieu agréable.

voltairien : de Voltaire (1694-1778), philosophe et pamphlétaire célèbre pour ses *Contes*. On parle d'esprit voltairien : synonyme d'intelligence, d'esprit critique, de tolérance, de justice et de formules qui sont des bonheurs de la langue.

TRANSCRIPTIONS

Page 11 - Activité 6

– C'est la première rencontre du genre, un millier d'insulaires réunis au même endroit, à Port-Joinville, sur l'île d'Yeu, au large de la Vendée, leur point commun : ils habitent le Ponant, c'est le nom donné à toutes ces petites îles qui regardent vers l'ouest, vers le soleil couchant, de Chausey dans la Manche à l'île d'Aix en Charente, en passant par Belle-Île ou Ouessant. Être insulaire, une véritable philosophie pour Hilaire Grondin installé depuis vingt ans sur l'île d'Yeu

– Je n'ai jamais retrouvé sur le continent la convivialité de… de l'île… cette relation… je dirais cet amour entre les gens… pour moi, c'est une terre d'accueil… faut pas qu'on soit trop nombreux… plus on est nombreux… moins on retrouve l'esprit… donc il y a un équilibre à trouver… je crois que sur l'île d'Yeu il est grand temps de s'arrêter

– Car sur ces petits bouts de paradis le moindre lopin de terre vaut désormais une fortune, un prix multiplié par dix en vingt ans… trop de résidences secondaires… des terrains désormais inaccessibles aux Islais regrette Sylvie Van den Bulk.

– Il va falloir se concerter sinon nous allons avoir des îles désertées… il est évident que quelqu'un qui travaille sur l'île d'Yeu aujourd'hui, à 530 euros le mètre carré, doit avoir des difficultés profondes.

– Derrière la carte postale, les îles du Ponant souffrent d'une économie qui repose trop sur le tourisme… à plusieurs les insulaires se sentent plus forts et l'Association des îles du Ponant pour laquelle travaille Manuela Théraud se charge de porter au plus haut niveau leurs doléances.

– Il faut qu'on réussisse à trouver de nouveaux emplois… les activités traditionnelles en fait sont en baisse… la pêche diminue… l'agriculture… on a beaucoup de mal aussi à la maintenir dans certaines îles… donc il y a le tourisme, c'est l'activité prépondérante mais il ne faut pas que ce soit la seule.

– Car rien ne fait plus de peine à Robert Leport, bellilois, que ces longs hivers où des centaines de volets restent clos… son île, il y vit et il l'aime toute l'année.

Robert Leport : On est un peu à l'abri… euh… à l'abri de l'agressivité du monde extérieur… pouvoir se retrouver tout seul au bord de la mer sur son caillou… une protection… et le fait de vivre dans un cadre qui change tous les jours, en fonction du temps, en fonction de la lumière, en fonction du soleil et en fonction des gens qui y viennent

– Après l'île d'Yeu, Robert et ses amis se retrouveront l'année prochaine à Belle-Île pour défendre un mode de vie. Ils sont seize mille habitants à vivre ainsi détachés du continent.

Posté le 14 octobre 2011 par *le français dans le monde*

Page 13 - Activité 7

– En l'espace de 10 ans seulement la commune d'Orléat a été totalement transfigurée… le village traditionnel d'agriculteurs est devenu une sorte de petite ville à la campagne… les champs d'autrefois sont aujourd'hui des jardins clôturés… des dizaines de pavillons ont été construits, essentiellement par de jeunes couples qui travaillent à Clermont-Ferrand… Grégory par exemple s'est installé il y a 3 ans avec sa femme et son fils dans une maison neuve de 200 m².

– On a voulu faire une maison un peu moderne et une grande pièce à vivre, donc voilà… le salon-séjour-cuisine qui fait 70 m²… un terrain… on a 1 500 m² environ… partie balançoires… un petit potager sur le côté… quand on veut se promener avec le petit… on a le paysan à côté avec les vaches, les biquettes, l'âne… voilà… donc le petit est super-content… on peut être dehors pendant tout l'été… il y a aucun souci et on est très très rapidement à Clermont-Ferrand.

– Pour satisfaire et garder cette nouvelle population la commune a dû investir dans des équipements lourds : une nouvelle école, une nouvelle épicerie et même un pôle de santé imaginé par le maire, Paul Alibert.

– J'ai eu l'initiative d'acheter… de faire acheter par mon conseil municipal le bâtiment où il y a la pharmacie… nous avons créé l'officine, fait les aménagements intérieurs, nous avons été chercher notre pharmacienne, le kiné, qui n'existait pas, on a été le chercher, les infirmières aussi… le docteur, c'est nous qui l'avons cherché... si on amène une population et qu'on n'amène pas de services... je crois qu'il n'y a pas... je ne respecterais pas mes administrés qui veulent venir s'installer sur cette commune .

– Dans les prochaines années Orléat devrait poursuivre sa croissance... la population pourrait atteindre la barre des 2 500 habitants d'ici 2013 contre 1 300 seulement en 1999.

Posté le 24 juin 2010 par *le français dans le monde*

Page 15 - Activité 6

– Pour marquer les esprits à l'occasion de la première alternance au Sénat la gauche a ressorti des cartons une promesse formulée par François Mitterrand pendant la campagne de 1981 : accorder le droit de vote aux deux millions d'étrangers non européens qui résident en France, un droit de vote limité aux seules élections municipales et sans possibilité pour l'électeur de devenir maire de la commune... l'élargissement du droit de vote, une question de justice, explique Esther Benbassa, sénatrice écologiste, rapporteur de la proposition de loi au Sénat.

– Des gens qui travaillent avec nous, qui vivent avec nous, dans les mêmes quartiers, qui payent leurs impôts, qui achètent des maisons, qui envoient leurs enfants à l'école... je sais pas pourquoi ils voteraient pas.

– Parce que c'est contraire à l'esprit de la République, répond le chef de l'État, Nicolas Sarkozy.

– Je crois depuis longtemps que le droit de voter doit demeurer un droit attaché à la nationalité française.

– Ne pas dissocier la nationalité du droit de voter, c'est l'argument repris en boucle à droite dans ce débat... illustration avec le ministre de l'Enseignement supérieur, Laurent Wauquiez.

– Dans le *Contrat social* de Rousseau il y a un lien indéfectible qui est fait entre la citoyenneté et le droit de vote... on est prêt à brader les idéaux de la Troisième République pour acheter un communautarisme électoral.

– Pour justifier son opposition à la réforme l'ancien Premier ministre, Jean-Pierre Raffarin fait remarquer qu'à l'étranger la réciprocité n'existe pas.

– Est-ce que les Français qui habitent aux États-Unis... qui habitent en Tunisie... qui habitent en Algérie... qui habitent au Brésil... est-ce qu'ils ont le droit de vote... donc pourquoi nous, dans notre pays, on serait le seul pays à considérer que le droit de vote et la nationalité... il y a pas un lien très fort.

– Réponse des partisans de la réforme : accorder le droit de vote aux étrangers aux élections locales, c'est un formidable moyen d'intégration, explique la sénatrice Esther Benbassa.

– Un immigré qui vote se sent responsable et puis ses enfants seront... se sentiront plus responsables... n'oublions pas que 27 % des descendants d'immigrés ne votent pas.

– Mais pour l'heure ce nouveau droit accordé aux étrangers est encore virtuel... seul le Sénat, passé à gauche, l'a adopté... tout dépendra des résultats des élections présidentielle et législatives au printemps prochain.

Posté le 9 janvier 2012 par *le français dans le monde*

Page 17 – Activité 8

– En France on a beaucoup reparlé du drapeau tricolore après les attentats du 13 novembre dernier... le Président de la République a demandé aux Français de pavoiser leur domicile en hommage aux victimes de cette soirée d'horreur à Paris... à l'autre bout de la terre, en Nouvelle-Zélande, les habitants votent pour changer de drapeau et tourner le dos à toute référence à l'Empire britannique... alors pourquoi les nations sont-elles représentées par des drapeaux et depuis quand ? Quelques éléments de réponse avec l'historien Bernard Richard qui signe notamment l'ouvrage *Les emblèmes de la République*. Bernard Richard au micro de Laure, Chloé et Timothée et c'est toi qui commence. Chloé.

– À quoi servent les drapeaux ?

– Eh ben ça sert à identifier un groupe, une communauté, un pays... c'est comme le logo du pays.

– Laure.

– Quel pays a mis le premier drapeau ?

– Ah ça alors, c'est une question piège parce qu'il n'y a pas de réponse... le premier drapeau, c'est l'homme préhistorique qui a réussi à tuer son ennemi... il a mis un tissu dans le sang de son ennemi, il l'a mis au bout d'un bâton et il est revenu chez lui et sa femme de loin voyait qu'il avait gagné puisque c'est lui qui tenait le drapeau... ça veut dire un petit drap... alors le premier pays qui a eu un drapeau, ça je ne peux pas te le dire parce que je ne le sais pas mais la question est bonne.

— Timothée.

— Comment un pays choisit-il son drapeau ?

— Timothée, ça dépend de la nature du pays... si c'est une dictature, le dictateur choisit... si c'est un pays démocratique, c'est le Parlement avec le Président, avec le... le chef de gouvernement, etc.

— Est-ce que les drapeaux des pays se sont inspirés des drapeaux des pirates, par exemple, les drapeaux pirates signifiaient les équipages et maintenant les drapeaux signifient les pays.

— Alors là, la question est bonne et elle est surprenante... les pirates, ce sont des hors-la-loi, ils n'ont pas le droit de prendre le drapeau de leur pays donc ils se sont inventé des drapeaux.

— Chloé.

— Est-ce que sur les drapeaux les couleurs peuvent signifier quelque chose ?

— Oui, très souvent... la Chine, l'Union soviétique drapeau rouge parce qu'ils étaient révolutionnaires, le Brésil, par exemple, c'est vert et jaune... alors ils disent aujourd'hui vert, c'est l'Amazonie, la forêt et jaune, c'est l'or, les richesses du pays.

— Timothée.

— Pourquoi le drapeau français a-t-il les couleurs bleu blanc rouge ?

— Ah, alors là, c'est la grosse question... on raconte que le roi Louis XVI après le 14 juillet, le 17 juillet, est venu à l'Hôtel de ville... il a été accueilli par le chef de la garde nationale de Paris, qui était le général Lafayette... le général Lafayette avait une cocarde rouge et bleue aux couleurs de Paris parce que Paris, depuis le quinzième siècle, a ces couleurs sur ses écussons, et le général Lafayette, par courtoisie, aurait rajouté le blanc qui était la couleur de la cocarde du roi mais ensuite, avant la fête de la Fédération de l'année suivante, pour célébrer l'anniversaire du 14 juillet, elle a été décrétée cocarde nationale et les couleurs bleu blanc rouge ont été décrétées couleurs nationales.

— Et pourquoi pas rouge blanc bleu ou blanc bleu rouge.

— À l'origine il n'y avait pas d'ordre dans les couleurs ni dans la cocarde... ça

pouvait être bleu blanc rouge, blanc bleu rouge, rouge blanc bleu et c'est le peintre David qui aurait dessiné, en février 94, la forme de ce qu'on appelle le pavillon... le pavillon de marine... avec trois couleurs, le bleu près de la hampe, le rouge flottant au vent, trois couleurs verticales de même taille mais ça s'est fixé très lentement... encore sous Napoléon il y avait des drapeaux qui avaient une autre forme que les trois couleurs verticales qui ont été imitées ensuite par l'Italie, vert blanc rouge, par la Roumanie, bleu jaune rouge, par l'Irlande, vert blanc orange... les pays qui ont des drapeaux à trois bandes verticales imitent et aiment la France.

Posté le 9 mars 2016 par *le français dans le monde*

Page 21 - Activité 6

— Ce n'est pas juste une distinction, c'est une véritable reconnaissance... ici, pendant trois siècles, on a exploité le charbon et des générations de gueules noires sont descendues à la mine, souvent au péril de leur vie, alors voir l'Unesco célébrer le caractère universel de la vie ordinaire de ses parents et grands-parents mineurs, c'est pour Guy Delcourt, député-maire de Lens, un vrai sentiment de fierté.

— Nous, le peuple dominé du bassin minier pendant des décennies, y compris par les cotonniers et les lainiers... mais il y a pas de rancune dans... dans ce que je dis... pas du tout... mais c'est parce que je l'ai vécu étant enfant... aujourd'hui nous redressons la tête... je pense que pour les générations futures... dans un contexte difficile... nous sommes à la fin de... du creux de la vague.

— Transformer le patrimoine noir en archipel vert, changer le regard sur ce plat pays du Nord-Pas-de-Calais, c'était l'ambition de l'élu écologiste Jean-François Caron qui a défendu la candidature du bassin minier devant l'Unesco.

— On est regonflé à bloc... on le sent chez tout le monde... il y a une... cette fierté retrouvée... elle nous permet de relever la tête et... et d'entreprendre.

— Entreprendre la réhabilitation de cette immense friche industrielle, sur 120 kilomètres, 17 fosses, 21 chevalements, 124 cités minières, 3 gares et 51 terrils, ces collines artificielles typiques du bassin minier... enjeu touristique et donc économique, souligne Florence Mini qui a elle aussi soutenu le projet.

— Depuis quelques années maintenant on

découvre... on redécouvre le patrimoine industriel... ce qui est industriel peut faire patrimoine et certains touristes vont rechercher ces... ces sites-là... qui dit tourisme dit de toute manière économie et c'est pour ça qu'on pense effectivement à un véritable enjeu.

– Et qui aurait pu imaginer qu'un hôtel de luxe 4 étoiles ouvrirait ses portes à Lens... on parle aussi d'une usine de robotique qui pourrait bientôt s'implanter dans la région... le bassin minier, attractif et prometteur pour Guy Delcourt.

– Quand je vais le soir tardivement me balader pas plus loin que cela au parc des Glissoires et que je retrouve des lacs, toute une variété de faune, de flore sur un puits de mine... encore je suis fier et quand je vais au stade Bollaert et que je me dis que le stade Bollaert et le Racing club jouent sur l'ancien site de la fosse 1, n'est-ce pas somme toute le meilleur hommage à la mémoire des mineurs qu'on puisse leur rendre ?

– Car désormais, sur la liste des sites classés au patrimoine mondial, le bassin minier côtoie le Taj Mahal, le Mont-Saint-Michel ou la Grande Barrière de corail.

Posté le 6 décembre 2013 par *le français dans le monde*

Page 33 - Activité 7

– Le Musée des civilisations de l'Europe et de la Méditerranée, dit MuCEM, est situé sur un site de près de 30 000 mètres carrés qui regroupe au total trois sites : le fort Saint-Jean, monument historique restauré qui surplombe l'entrée du Vieux-Port de Marseille, le Centre de conservation et des ressources, qui vous permet de voir comment est gardée une collection de près de 800 000 œuvres, et enfin le bâtiment neuf, un magnifique cube de 45 000 mètres carrés face à la mer Méditerranée... le toit terrasse est abrité partiellement par une ombrelle de dentelle bétonnée et construire ce cube a été l'un des plus grands défis de l'architecte Rudy Ricciotti, né en Algérie, et qui a fait toutes ses études à Marseille.

– Ce projet, je l'ai fait dans l'anxiété, il y a onze ans de ça, et j'avais la peur de me tromper et la peur de mal faire et le projet rend compte de cette difficulté d'être et finalement on voit la réponse, qui est une réponse plutôt délicate... chacun l'interprète comme il veut... j'ai entendu dire que c'était un moucharabieh, une mantille espagnole, une résille, un

monsieur il y a quelques jours m'a dit : vous voyez, lorsqu'on voit le paysage de l'Estaque, c'est exactement la peinture de Cézanne, je trouve ça très joli... moi, je peux vous dire que ce n'est simplement qu'une référence de proximité lorsqu'on voit le fond marin c'est rocheux, il y a des creux et des bosses, on découpe une tranche de fond marin, on la soulève, on se la met sur la figure et voilà ce que ça représente.

– Le bâtiment est relié au fort Saint-Jean par une passerelle aérienne de 115 mètres de long suspendue au-dessus de la mer... au total près de 5 000 mètres carrés accueillent les différentes expositions, les permanentes pour montrer aux visiteurs la diversité des civilisations méditerranéennes et, à l'étage, des expositions temporaires consacrées cette fois-ci aux sociétés, aux lieux ou aux hommes, parmi les plus appréciées des visiteurs celle de Thierry Fabre qui retrace l'histoire de la Méditerranée.

– On va dire... qu'est-ce que c'est que cette histoire ?... on invente la mer... elle a toujours existé... ben non... la mer avant faisait peur... on ne s'y baignait pas en Méditerranée... elle était sale... on considérait qu'elle portait des maladies... on avait peur d'être rapté puisqu'il y avait des pirates et des barbaresques... à partir du XIXe siècle la Méditerranée devient un lac européen... elle est pacifiée... pour les Européens c'est un lieu où on va pouvoir aller en villégiature... pour se faire plaisir et donc à travers ce tableau de Gustave Courbet, *Bord de mer à Palavas*, 1854, qui est un salut à la mer, à travers cet extrait des films de Louis Lumière qui montre la joie de se plonger dans l'eau, c'est les premières pratiques de plage auxquelles on assiste là.

– Et les Marseillais sont déjà conquis par leur nouveau musée. Cette architecture en béton qui pourrait être lourde et qui est finalement si légère est une réussite, avec cet effet de jeux de lumière. Ça... ça m'a fait quelque chose parce que je suis jamais venu visiter le fort Saint-Jean et... formidable... c'est quelque chose d'éblouissant... c'est un honneur de voir ressusciter Marseille. Moi... je trouve que c'est magnifique... c'est très grand en plus... donc on a le temps chacun... on peut passer différentes salles et voir toute l'évolution de 1900 jusqu'à aujourd'hui... moi je trouve que c'est aussi une réussite... vraiment. Le seul problème... c'est que j'ai oublié ma carte mémoire... alors j'ai l'appareil photo... mais j'ai pas la carte mémoire.

Des habitants qui peuvent être fiers de cette réalisation... le MuCEM a tout de même coûté 191 millions d'euros.

Posté le 6 novembre 2013 par *le français dans le monde*

Page 39 - Activité 7

– Sur les 28 hectares de ce verger corrézien, c'est une véritable petite armée qui est à pied d'œuvre, sac de cueillette autour de l'épaule... ils sont soixante-dix en tout, deux par rangée, à répéter huit heures par jour les mêmes gestes.

– Lorsque nous sommes devant un arbre on commence déjà par le bas... le bas et on monte... on lève la queue comme ça... surtout c'est pour éviter que le fruit ne se blesse... toujours lever la pomme par rapport à la branche... toujours en haut comme ça... et les poser délicatement dans le picking... ça s'appelle un picking... comme ça.

– C'est tout un art.

– Oui. C'est tout un art... oui... ben moi ça fait trente ans hein que je l'exerce.

– Vous ramassez combien de pommes par jour ?

– Ah ben ça j'ai jamais compté... puis c'est pas possible hein... c'est pas possible hein...

– Quelques pommiers plus loin, Pierre Borie, le chef de verger, a le sourire également... avec un printemps froid, un été chaud et sec et un début d'automne plutôt ensoleillé, la météo a été presque parfaite cette année... le cru 2010 de la pomme du Limousin s'annonce donc excellent.

– Alors comme vous avez entendu, elle est super-croquante... j'ai du jus plein la bouche et on a un bon rapport sucre-acidité... moi je les trouve très bonnes.

– En l'espace de trois semaines plus de 100 000 tonnes de pommes devraient être cueillies... des pommes estampillées AOC du Limousin qui seront ensuite... être croquées bien au-delà du Massif Central. Agnès Donzeau, la présidente du syndicat de la pomme du Limousin.

– On est à peu près dans une proportion de 60 % à l'export et 40 % sur le marché intérieur et donc à l'export c'est principalement Espagne, Portugal, Grande-Bretagne, Benelux et également la Russie...

donc on a de bons débouchés vers la Russie et sur le marché intérieur on la retrouve principalement dans les grandes enseignes, dans les moyennes surfaces et également chez quelques détaillants, des primeurs qui souvent sont soucieux d'avoir des produits de qualité.

– Atout supplémentaire, la pomme golden du Limousin se conserve très bien... elle est donc vendue et mangée avec le même plaisir pendant 9 mois, d'octobre à juillet.

Posté le 8 décembre 2010 par *le français dans le monde*

Page 51 - Activité 5

– Avec plus de neuf millions de visiteurs en 2013, le Louvre est le musée le plus fréquenté en France et dans le monde... sept visiteurs sur dix sont étrangers, les plus nombreux des Américains et des Chinois... il faut dire que le Louvre a de quoi séduire... outre la célébrissime Joconde il expose 38 000 œuvres et il y en a dix fois plus dans les réserves des sous-sols du musée, de l'art de l'islam à l'Antiquité en passant par des sculptures ou des peintures plus récentes... Jessica, Édouard, Enzo, Hugo, Clotaire et Yannis nous emmènent dans les coulisses du Louvre avec Frédérique Leseur, qui est en charge de l'éducation artistique au Louvre... on commence avec Enzo.

– Combien y a-t-il de tableaux au musée du Louvre ?

– Alors au musée du Louvre il y a beaucoup de tableaux... il y en a plus de 6 000 et puis par ailleurs il y a beaucoup de tableaux qui appartiennent au musée du Louvre et qui se trouvent en dépôt dans divers lieux en France... mais il n'y a pas que des tableaux au musée du Louvre, il y a aussi des sculptures, des objets d'art, des dessins... l'essentiel, c'est plutôt de savoir combien on peut voir d'œuvres au musée et ça, on peut en voir à peu près 40 000. donc on ne voit pas tout ça dans une même journée.

– Hugo.

– Quel est l'artiste qui a le plus de tableaux au musée du Louvre ?

– Le plus exposé... je serais incapable de te le dire... on parle de tableaux encore une fois, alors les peintres sont nombreux mais évidemment nous sommes en France, donc peut-être une des plus belles et grandes collections, c'est celle de la peinture française et les grands noms, c'est Chardin, c'est Ingres, c'est Corot.

– Clotaire.
– Combien de fois la Joconde a été volée ?
– Eh… heureusement une seule fois, à un moment historique, au début du XXᵉ siècle… elle a été volée en 1911 et puis elle a été retrouvée puisque le voleur avait voulu la vendre et l'acquéreur possible était scrupuleux donc il… il a tout arrêté.
– Alors… est-ce que c'est la vraie Joconde qui est exposée ou c'est une copie ?
– Ah… bien sûr… non… non… il n'y en a qu'une et donc elle est revenue en 1914 et désormais elle est dans une vitrine très très protégée et on ne risque plus de la voler.
– Yannis.
– Quelle est l'ambiance dans le musée du Louvre… c'est strict… c'est des fois on rigole… euh voilà…
– J'ai l'impression Yannis que tu aimes bien rigoler… un musée, c'est un lieu vivant, avec des êtres venus du monde entier qui viennent en famille, seuls, en groupe… donc les ambiances sont variées… elles sont parfois très studieuses… elles sont parfois plus détendues… et moi, ce que je vous invite à faire, c'est à venir en famille et à échanger le plus possible devant les œuvres.
– Édouard.
– Combien y a-t-il de métiers au musée du Louvre ?
– Nous sommes environ 2 300 personnes à travailler dans le musée… donc il y a des personnes qui s'occupent des œuvres et de l'accrochage des expositions… les conservateurs, les installateurs, les ateliers d'art… alors il y a des doreurs, des encadreursm des socleurs… et puis il y a des scénographes, des architectes… et il y a les personnes qui s'occupent du public, les agents d'accueil, de surveillance, les médiateurs… il y a aussi tous ceux qui entretiennent le bâtiment et ceux qui font que cette maison fonctionne, paye ses factures, les administratifs… et puis il faut pas oublier qu'on a aussi le jardin des Tuileries et toute une équipe de jardiniers… et enfin à l'intérieur même du Louvre il y a une caserne de pompiers avec 48 personnes qui sont là jour et nuit pour surveiller les œuvres, les protéger… et puis aussi et surtout pour protéger les visiteurs.
– Ah… tenez… la nuit justement, Jessica.
– Qu'est-ce qui se passe la nuit dans le musée du Louvre ?
– Ah… je vois à… à quoi elle fait référence,

Jessica.
– La plupart des… des espaces sont fermés et sous surveillance… néanmoins de temps en temps la nuit il y a des tournages, des vernissages ou des rendez-vous avec des mécènes… mais le plus souvent la nuit il y a les agents de surveillance de la nuit qui circulent avec leurs chiens dans les espaces du musée.
– Et les œuvres ne s'animent pas… c'est pas comme dans *La Nuit au musée*.
– Si si… dans notre imagination bien sûr.
Posté le 12 janvier 2016 par *le français dans le monde*

Page 61 - Activité 6
– Du combat pour l'IVG au Parlement européen le parcours de Simone Veil est intimement lié à celui de l'histoire de France… la grande Histoire mais aussi les périodes sombres… déportée au camp de Birkenau avec sa mère et sa sœur à l'âge de 17 ans, Simone Veil a tout traversé, raconte son biographe, le journaliste et écrivain Maurice Szafran.
– Cette femme qui revient des camps d'extermination… qui très très vite… c'est assez sidérant d'ailleurs… dès la fin des années quarante elle comprend que notre avenir passe forcément par l'Europe… elle a toujours su avoir un temps d'avance sur son milieu et sur la société.
– Engagement européen mais aussi combat pour les femmes… Simone Veil a donné son nom à une loi votée en 1975 et qui légalise le recours à l'avortement, l'interruption volontaire de grossesse, l'IVG, une bataille qu'elle a menée contre sa propre famille politique… à l'époque Simone Veil était ministre de la Santé du Président Valéry Giscard d'Estaing.
– Une loi qui passe grâce à la gauche… des débats d'une violence absolument inouïe… ça a l'air très très loin mais pour la France ça a été un événement tout à fait considérable… Simone Veil a toujours été du côté des femmes… elle me disait un jour très drôlement… entre mes fils et mes belles-filles, j'ai toujours pris le parti de mes belles-filles… je crois que c'est assez symptomatique de sa façon de voir la vie.
– Et Simone Veil siège désormais parmi les Immortels… c'est le nom que l'on donne aux membres de l'Académie française, institution qu'elle a rejoint au mois de mars… sur son épée d'académicienne on peut lire la devise de la France, Liberté Égalité Fraternité et le chiffre 78651, son

matricule tatoué sur le bras lorsqu'elle a connu à 17 ans l'enfer des camps de concentration.

Posté le 27 avril 2010 par le français dans le monde

Page 69 - Activité 6
– Aux grands hommes la patrie reconnaissante... c'est écrit en toutes lettres au-dessus des colonnes du Panthéon, véritable temple laïc depuis 1791... sur les marches, le chœur de l'armée interprète *la Complainte du partisan*, car en ce mercredi 27 mai, c'est la Résistance qu'on célèbre... après Jean Moulin en 1964, le président François Hollande a choisi deux hommes et deux femmes... leur point commun : la résistance à l'Occupation et au nazisme.
– Pierre Brossolette, Geneviève de Gaulle-Anthonioz, Germaine Tillion, Jean Zay, prenez place ici, c'est la vôtre.
– Pierre Brossolette, le journaliste torturé par la Gestapo... Jean Zay, le ministre du Front populaire, assassiné par la Milice... Germaine Tillion, l'ethnologue et Geneviève de Gaulle-Anthonioz, la fondatrice d'ATD Quart Monde, toutes deux déportées au camp de Ravensbrück... quatre parcours de résistants que retrace l'historien Vincent Duclert.
– Ces quatre panthéonisés subissent l'extrême hein... l'assassinat... le suicide... la survie dans un... dans un camp de la mort... ces messages sur l'engagement... sur la résistance... sur la volonté... peuvent servir à... au temps présent
– Et les leçons que François Hollande tire pour le temps présent, c'est qu'il ne faut jamais que l'histoire se répète.
– Soixante-dix ans après ces haines reviennent, dans d'autres circonstances, mais toujours avec les mêmes mots et les mêmes intentions.
– Alors si le Panthéon accueille ces quatre cercueils, ce n'est pas pour un enterrement mais pour que vive l'esprit de résistance.
– L'indifférence, voilà l'ennemi contemporain... l'indifférence face au fanatisme, au racisme, à l'antisémitisme... indifférence face aux injustices, face à l'indifférence... chaque génération a un devoir de vigilance, de résistance.
– Dans la foule massée le long de la rue Soufflot, Ludivine, 17 ans, lycéenne, a du mal à retenir ses larmes.
– Je trouve ça magnifique... mais c'est

vraiment émouvant de leur rendre hommage et face à eux, on se dit que franchement on n'a pas fait grand-chose.
– Le discours vient de s'achever... les cercueils sont portés à l'intérieur, bientôt ils rejoindront leurs caveaux dans la crypte au milieu des soixante-et-onze autres panthéonisés depuis la Révolution : Dumas, Rousseau, Zola, Voltaire, Pierre et Marie Curie... mais avant cela, moment de recueillement dans la nef en présence des familles... Claude-Pierre Brossolette est le fils de Pierre Brossolette.
– Finalement, ben... tout a été arrangé et... et maintenant les plus grands résistants et ceux qui ont apporté le plus aux réseaux, à la communication avec les Anglo-Saxons et de Gaulle, maintenant ils sont tous récompensés et tous reconnus pour leur... pour leur valeur.
– Quatre héros de la Résistance, mais qui ne cherchaient pas la gloire, au contraire, insiste François-Marie Anthonioz, le fils de Geneviève de Gaulle-Anthonioz.
– Non... non... elle aurait dit que c'était une usurpation, que c'était une imposture... elle voulait pas du tout devenir célèbre... c'est tout sauf ça.
– Les lourdes portes du Panthéon se referment pour longtemps car ces cérémonies sont rares, une seule en moyenne tous les cinq ans.

Posté le 2 juillet 2015 par le français dans le monde

Page 79 - Activité 7
– Pour les six grands instituts de sondage qui dominent le marché en France l'élection présidentielle est une vitrine... la concurrence est féroce, pas un jour sans qu'un institut associé à un média ne divulgue ses pronostics mais depuis la présidentielle de 2002 la méfiance est réelle... aucun sondeur n'avait anticipé la qualification de l'extrême droite pour le deuxième tour... un choc, un traumatisme qui pèse encore sur la crédibilité des sondeurs, reconnaît Gaël Sliman, l'un des directeurs de l'institut BVA.
– Nous aurions dû alerter au moins sur la possibilité statistique qu'il y avait de voir Jean-Marie Le Pen se qualifier au premier tour... nous ne l'avons pas fait... certains experts l'ont fait, mais ce n'était pas des sondeurs.
– Depuis dix ans les méthodes ont évolué, les sondeurs publient leurs marges d'erreur... ils donnent des précisions sur les échantillons et ont recours à la

technique dite du redressement pour offrir une photo la plus juste possible, explique Gaël Sliman.

– Ça signifie que au lieu de prendre une élection de référence, par exemple la dernière présidentielle pour établir les intentions de vote pour la prochaine présidentielle, on va utiliser ce qui a été le vote des électeurs aux scrutins intermédiaires aussi… par exemple aux régionales… donc en disposant comme cela d'un grand nombre d'éléments, de données et d'échantillons statistiques assez robustes, on arrive à être plus précis que nous ne l'étions.

– Sur les primaires socialistes, par exemple, les sondeurs avaient vu juste… mais par définition l'enquête d'opinion reste une science inexacte qui a pour effet de modifier le fonctionnement même de la démocratie et du débat public, reconnaît le politologue Roland Cayrol.

– Si on vous fait le miroir de ce que vous êtes, ça ne peut pas ne pas vous influencer de vous voir dans le miroir… si par exemple je suis un électeur de droite, que je vois que Nicolas Sarkozy est mieux placé que les autres à droite mais qu'il est menacé de pas être là au second tour… ah c'est vrai que je peux être tenté de voter utile, c'est pas scandaleux : ça veut dire qu'on prend en compte les uns et les autres les rapports de force existants pour mesurer la responsabilité de notre propre vote… on sait où on met son vote… on sait dans quel rapport de force on va exercer notre influence propre.

– Mais en dernier ressort c'est toujours l'électeur qui a le choix dans l'isoloir de faire mentir les sondages.

Posté le 20 février 2012 par *le français dans le monde*

Page 85 - Activité 6

– Est-ce que aux Restos du Cœur les pauvres ils mangent bon en fait.

– Ce qui est très important et… et c'est ce que disait Coluche… c'est pas parce qu'on est pauvre qu'on doit mal manger… donc on fait très attention à la qualité des produits qu'on distribue, on fait attention par exemple à ce qu'il y ait de plus en plus de légumes frais, de fruits frais parce que quand on se nourrit bien en même temps on soigne sa santé… chaque panier-repas distribué aux Restos est un panier-repas équilibré.

– Est-ce que ça va exister toute l'année.

– Alors les Restos du Cœur existent déjà toute l'année dans pas mal d'endroits… il y a deux mille centres de distribution en France et il y en a mille qui restent ouverts toute l'année… et puis il y a aussi dans presque une centaine d'endroits des Restos du Cœur pour les sans-abris, les personnes qui vivent dans la rue… eh bien les Restos du Cœur pour les sans-abris, ce sont des camions, des bus, dans lesquels on… on donne une soupe, un repas chaud aux personnes qui vivent et qui dorment dans la rue… ces Restos du Cœur-là sont déjà ouverts toute l'année.

– Pourquoi ils font pas la queue chez le Président.

– Ça, c'est une très bonne question… je crois que le Président n'a pas toutes les solutions à tous les problèmes de la terre mais c'est vrai qu'on pourrait imaginer que ce qu'on appelle l'État… hein… donc le Président mais aussi le gouvernement votent davantage de budget et aident davantage les personnes pauvres… c'est pas le cas… alors comme disait Coluche, nous on sait ce qu'il faut faire, donc on le fait.

Posté le 6 avril 2010 par *le français dans le monde*

Page 95 - Activité 6

– Vous vous croyez branché, à la mode parce que vous utilisez en toute circonstance des formules comme c'est clair, improbable ou encore c'est que du bonheur… eh bien vous êtes atteint de MAT, une maladie auditivement transmissible… dans son livre *Mots en toc et formules en tic*, le journaliste Frédéric Pommier s'amuse avec beaucoup d'humour de ces tics d'expression qui uniformisent notre langage et qui sont largement propagés par les médias… Frédéric Pommier.

– Moi, je me suis amusé à décrypter cinquante tics de langage, cinquante expressions qui saturent un petit peu l'espace médiatique qu'on entend en permanence… chez les journalistes, chez les animateurs de la télévision et parfois qu'on se met à entendre dans la rue également, dans sa famille, chez les boulangères… on se rend compte qu'on se met tous à employer les mêmes formules… exemple, rebondir… l'expression rebondir… j'ai envie de rebondir… moi j'ai appelé ça la kangouroute, c'est la maladie de la kangouroute… aujourd'hui dans les débats à la télévision, à la radio également, dès que quelqu'un a envie de prendre la parole il dit : j'ai envie de rebondir, j'ai envie de rebondir sur ce que vous venez de dire... en fait c'est simplement une façon de prendre la parole, en fait personne ne rebondit, pour rebondir il faut un trampoline ou des chaussures élastiques mais à force d'entendre les gens dire à la télévision ou à la radio qu'ils ont envie de rebondir ben... dans la vie de tous les jours on se met à réemployer cette formule-là qui foncièrement n'a strictement aucun sens.

– Et vous-même, vous êtes victime aussi de certaines expressions en... en toc ?

– Je suis moi-même atteint par un paquet de ces petites maladies-là... j'en ai relevé une petite dizaine... mais je me soigne... j'avais la décalette, j'avais la justouille, j'ai chopé la justouille, la décalette... c'est l'emploi du mot décalé... dès que je trouvais que quelque chose était un peu bizarre et que j'arrivais pas à trop définir, dans mon métier même de journaliste, j'employais le mot décalé... une mise en scène décalée, un chanteur un peu décalé et parfois pour faire un peu mieux, parce que je l'avais entendu et que je trouvais ça joli, je disais il est juste décalé... et ceci n'est pas grave en soi, c'est simplement un constat... le seul problème, c'est qu'on se met tous à parler de la même façon, à force de se refiler nos petites maladies et nos tics de langage, et tout cela amène une petite musique journalistique... et ce que je me suis amusé moi à faire, c'est à les pointer en confrontant ces expressions médiatiques à des expressions de la vie quotidienne... et c'est en les confrontant à des expressions de la vie quotidienne qu'on voit toute leur absurdité et qu'on peut vraiment en sourire.

– Quelle est l'espérance de vie de... de ces formules.

– Je pense que ces expressions se chassent les unes les autres... en ce moment on parle pas mal de fraîcheur... tout ce qui est bien, on va dire que c'est frais... normalement c'est... c'est pour les produits ménagers qu'on parle de fraîcheur ou pour les... les... pour les poissons... comme si en ces temps d'inquiétude sur le réchauffement climatique la fraîcheur était devenue une qualité suprême.

– Bien sûr on ne remarque que les tics de langage des autres... donc pour vous en guérir, demandez à vos amis de vous établir un diagnostic et vous saurez si vous êtes atteint de justouille, de ducoupette ou de toutafiole... mais pas d'inquiétude, il n'y a rien de grave, ça se guérit assez vite.

Posté le 1er juin 2011 par *le français dans le monde*

Page 99 - Activité 7

– Avec son roman *Kamal Jann* Dominique Eddé signe une fresque hallucinante qui nous plonge au cœur de la machine à tuer syrienne... on se retrouve dans la famille Jann, le nœud de vipères du sanguinaire chef des services secrets syriens... dans cette famille terrifiante on se tue, on s'empoisonne, on trahit... ce roman est une performance littéraire qui donne le sentiment d'être dans Shakespeare, dans la tragédie grecque et dans un thriller, avec de machiavéliques tractations entre Américains, Mossad et diplomatie française... cette famille Jann, au cœur du roman, symbolise la chute d'un Moyen-Orient malade... Dominique Eddé.

– Elle me paraissait réunir à elle seule presque tous les fils de cette complexité incroyable qui fait qu'on peut trouver d'un côté un islamiste engagé sur la voie de l'extrême, prêt à sacrifier sa vie et à en sacrifier d'autres, de l'autre son frère qui au contraire à une carrière d'avocat aux Etats-Unis, très brillant, dans un milieu décadent et... et très friqué, du troisième une femme qui vit entre Beyrouth et Damas... enfin il y avait cette géographie des sentiments et géographie tout court, tellement complexe que là j'avais le luxe inouï de pouvoir entrer dans chaque vie et avec chaque vie creuser un peu plus dans cette matière... quand même c'est vrai très pourrie.

– Est-ce que cette famille syrienne, c'est une allégorie du Moyen-Orient aujourd'hui.

– Je ne dirais pas qu'ils... ils représentent tout le Moyen-Orient... je dirais qu'ils représentent au contraire la maladie du Moyen-Orient... ils en sont vraiment le cœur malade.

– On est au cœur d'une machine à broyer tout espoir... est-ce que vous avez eu le sentiment finalement de devancer une actualité... de devancer une réalité que, nous, on ne connaissait pas encore si bien finalement.

– J'ai l'impression d'avoir écrit ce livre en retard et en avance... en retard parce que ça fait des décennies que ce monde arabe agonise dans des conditions épouvantables... ce monde-là, celui dont je parle, le politique... le... le... celui du pouvoir et du fric, celui qui fait main-basse sur les vies, ça fait des décennies qu'il est très malade... et que nous tournons autour... nous n'en disons que des morceaux... et donc là il y a du retard... en avance... oui... parce que effectivement j'ai constaté que j'ai terminé ce livre deux mois avant les révolutions et que la crise de mon personnage qui résume à lui seul tous les conflits qui sont en jeu... sa crise est en quelque sorte... oui... prémonitoire d'une crise qui allait se... se passer à un autre niveau et qui allait mettre radicalement en cause cet équilibre détestable.

– *Kamal Jann* est sans doute l'un des premiers romans à mettre en scène la fin d'un Moyen-Orient avec d'un côté un pouvoir gangrené par la répression et la corruption et de l'autre un peuple qui rêve de liberté.

Posté le 16 mai 2012 par *le français dans le monde*

Page 101 Activité 7

– Combien sont-ils ? les autorités congolaises ont bien du mal à donner un chiffre : 25 000, 30 000, 50 000 enfants, adolescents, réduits à l'état de mendiants ou de prostituées, après avoir été chassés de leur famille... en cause, leur prétendue sorcellerie... des enfants jetés dehors et souvent battus parce qu'un pasteur a détecté en eux la présence du diable... une réalité banale et encore largement acceptée en RDC, comme l'explique André-Abel Barry, chargé des questions liées à l'enfance au sein de l'ambassade de France à Kinshasa.

– L'enfant est le bouc émissaire... faut trouver une explication au malheur... faut trouver une explication à la pauvreté... ce n'est plus la grand-mère qui est la sorcière, c'est l'enfant... celui qui naît... celui qui naît quand la mère meurt... celui qui est l'orphelin du VIH... celui qu'il faut nourrir aussi... donc faut trouver des explications quand on ne peut plus nourrir.

– Alors un simple pipi au lit, une colère, une porte laissée ouverte dans la chambre... ces choses banales deviennent des signes que l'enfant serait possédé... la famille consulte alors l'église... il y en a plus de 7 000 indépendantes à Kinshasa... qui confirme le malheur et cautionne l'abandon de l'enfant... heureusement les structures d'accueil se multiplient pour lutter contre cet obscurantisme. Valérie Loulendo accueille une trentaine de jeunes dans son association AVT, Vivre et travailler autrement.

– Nous faisons des tours de la ville de Kinshasa, dans les rues, dans les hôtels... tous les lieux publics... alors, quand nous abordons les filles, nous leur parlons, nous nous présentons... celles qui sont d'accord, elles viennent... et celles qui ne sont pas d'accord... je ne prends pas par force.

– Mais après plusieurs années de survie dans les rues la transition est souvent difficile... drogue, prostitution, mendicité, VIH... la rue est paradoxale, explique André-Abel Barry.

– Il y a une certaine forme de resocialisation... oui... dans la rue... faut briser cela... faut pouvoir briser ce cercle finalement qui... qui fait que nous en sommes aujourd'hui à la troisième génération d'enfants des rues... faut pouvoir les ramener en famille... faut trouver les familles d'accueil.

– Et pour se reconstruire, il faut mettre des mots sur la souffrance... Clarisse en a fait une chanson pour que tout le monde sache que chaque mois 650 nouveaux enfants comme elle se retrouvent livrés à eux-mêmes.

– « Un enfant n'est pas sorcier... un enfant ne peut pas être un sorcier ».

Posté le 2 juillet 2013 par *le français dans le monde*

Page 111- Activité 7

– Je ne sais pas comment il a fait son compte l'arbre pour pousser de cette façon-là... mais il avait poussé en écarté... c'était comme deux immenses branches qui étaient là.

– Tout commence avec un pommier à deux branches... l'une des deux donne des fruits empoisonnés... mais personne ne sait laquelle.

– Il y avait une légende qui disait que rien que l'une des deux branches qui donnait des pommes d'empoisonnées... d'empoisonnées... de toxiques... tu comprends ce que je dis... maligne.

– Un pommier, un cimetière et Fred Pellerin est parti pour quatre-vingts minutes d'histoires extraordinaires qui toutes prennent leur source à Saint-Élie... Saint-Élie-de-Caxton... petit village de Mauricie... à deux heures de route de Montréal... c'est le berceau et la source d'inspiration de Fred Pellerin, 34 ans, conteur professionnel sans même l'avoir voulu.

– Moi en fait je suis guide touristique au

départ... quand j'avais 17 ans ou 18 ans... c'est juste que je suis un guide touristique qui a fait de l'hypertrophie de la glande d'accueil... j'ai la glande d'accueil qui s'hypertrophie... ce qui fait qu'aujourd'hui je continue à faire un peu la visite guidée de mon village mais dans une forme de spectacle... sinon c'est... pour moi c'est le même travail que je faisais au départ... parce que j'avais une visite guidée et au bout de trois fois, j'en avais déjà assez de répéter les dates là... et puis je me mettais à délirer... puis à inventer de la connerie... puis c'est là que sont nés tous mes personnages... puis à Saint-Élie tu fais la file à l'épicerie et puis t'attends... c'est pas parce qu'il y a beaucoup de clients... c'est parce que les gens ils attendent en parlant... puis aujourd'hui ce village-là il est dans ma bouche... puis dans ma vie de tous les jours.

– Fred Pellerin joue avec les mots... il les mange, les dissèque et en invente de nouveaux... dans ses histoires il fait entrer la poésie et le fantastique en gardant toujours les pieds sur terre... car à Saint-Élie la mort rôde... elle n'est jamais loin... Fred Pellerin, conteur multiforme qui raconte, chante, joue de la guitare, de la mandoline et de l'harmonica... un amoureux des mots et un défenseur acharné de la langue française.

– Je pense que la meilleure façon de défendre la langue, c'est de la faire sonner... de la faire parler, pas de l'enfermer dans le carcan grammairien trop fort... parce qu'au Québec pendant longtemps on s'est fait dire qu'on parlait mal... parce qu'on parlait pas bien français... ça fait qu'aujourd'hui il y a encore le sentiment de mal parler chez bien des Québécois... puis qu'est-ce que ça fait quelqu'un qui pense qu'il parle mal... ça fait quelqu'un qui ferme sa gueule... c'est dangereux ça... je pense qu'il faut arrêter de penser qu'on parle mal et puis juste se dire qu'on a peut-être un Bescherelle différent du vôtre.

– Et dans la Belle Province Fred Pellerin est une véritable star... 300 000 Québécois sont déjà venus écouter ses histoires... un engouement dont profite directement Saint-Élie-de-Caxton... grâce à Fred Pellerin le petit village de Mauricie a trouvé une seconde jeunesse... nouveau café, nouvelle boulangerie, réfection du presbytère... on vient de tout le Québec pour visiter l'épicerie de Toussaint Brodeur, l'un des personnages-clés des récits de Fred Pellerin.

– On a un noyau de monde qui croit au village puis qui prennent l'attitude... qui quand combien de monde qui disait il se passe rien au village... donc on va déménager en ville... nous on se dit, il se passe rien au village... cool... on peut tout faire ce qu'on veut... puisqu'il y a rien donc on peut tout faire... dès qu'on trouve qu'il y a pas assez de spectacles, on organise des spectacles... puis si on trouve qu'il y a pas de fanfare pour faire de la musique dans la parade ben on trouve des fanfares pour faire de la musique dans la parade... tu sais on peut tout faire ce qu'on veut faire dans ce village... ça ça fait que c'est un lieu de vie ben... dynamique... puis ça fait qu'il y a beaucoup beaucoup de jeunes... dans la trentaine... début de famille... avec deux enfants là... qui déménagent au village... ça fait qu'on connaît une croissance démographique là parmi les plus élevées au Québec.

– Et même quand il est en tournée de l'autre côté de l'Atlantique, à Marseille ou à Paris, Fred Pellerin n'oublie jamais Saint-Élie, ses pommiers, ses lutins et sa grand-mère Bernadette qui lui a transmis l'amour du conte.

Posté le 8 décembre 2010 par *le français dans le monde*

Page 115 - Activité 7
– Bonjour, est-ce que vous estimez qu'avec la catastrophe nucléaire au Japon on doit aujourd'hui euh repenser la manière dont on utilise l'énergie nucléaire ? est-ce qu'on doit sortir du nucléaire ?

– Déjà ça m'interpelle... une fois que c'est déclenché on peut pas vraiment revenir en arrière... après ça prend des millions d'années pour revenir à la normale... mais c'est vrai qu'on devrait peut-être rechercher quelque chose d'autre quoi... rechercher un autre type d'énergie... bon... je pense que l'éolien, le solaire, je sais pas si ça pourra remplacer totalement l'énergie nucléaire... mais je pense qu'on devrait vraiment s'y pencher et c'est vrai que ça m'effraie un peu quoi.

– C'est un choix un peu bizarre le... le pour... c'est qu'on n'a pas de problèmes avec le carbone... et le contre, c'est qu'on ne sait pas gérer les déchets.

– C'est pire avec les déchets nucléaires qu'avec le... l'effet de serre.

– Grosso modo, c'est peut-être ça la réponse.

– Mais le nucléaire, il faut pas l'abandonner parce que pour l'instant, c'est celui qui fait qu'on ne mange pas à la bougie... de toute façon il faut absolument le sécuriser de plus en plus... et dans ce genre de catastrophe, l'homme est tout petit.

– C'est efficace, ça pollue relativement peu... on risque pas de tremblement de terre ou de tsunami comme au Japon hein.

– C'est des particules qui... qui traversent le monde hein... donc je pense qu'il faut... il va falloir se mobiliser.

– Ça continue et on voit ce que ça donne et... et je pense que c'est vraiment la mort de nos enfants quoi.

– Je suis moins catégorique que... que ma femme... mais effectivement là le... le fait de cette explosion qu'on... qu'on contrôle absolument pas, c'est vraiment le... on joue un petit peu les apprentis sorciers quoi... donc ça, ça nous fait peur effectivement.

– Ah oui... faut en sortir maintenant... oui... oui... il faut prendre la décision maintenant... c'est sûr que c'est notre fleuron soi-disant français... c'est... c'est juste ridicule quoi.

– Pour l'instant y a pas d'autre énergie que... que le nucléaire en France... peut-être que dans une quarantaine d'années... pour l'instant on est obligé de passer par là... y a pas le choix... quand on parle d'énergie propre... aucune énergie n'est propre... c'est une question d'arbitrage, de choix entre différents niveaux d'inconvénients... euh... une énergie qui est relativement propre, qui n'émet rien et cetera, c'est l'énergie hydraulique... mais qu'on se rappelle en France, quand on a construit des grands barrages, il y a eu des levées de boucliers parce que on a noyé des terres... donc il faudra de tout... et là-dedans il y aura encore du nucléaire.

– C'est trop dangereux.

– À long terme c'est... ça... ça reste un danger... faut revoir notre... vraiment notre position quoi.

Posté le 26 avril 2011 par *le français dans le monde*

Page 117 - Activité 7

– Comme tous les mardis pendant deux heures la petite salle municipale du quartier s'est transformée en un marché effervescent... pour faire de la place on a poussé les chaises... les tables servent de comptoirs pour empiler les marchandises et les commandes... chaque semaine 130 adhérents viennent faire leurs courses ici... François par exemple fait partie des convaincus de la première heure.

– Alors moi, dans mon panier de légumes... faut juste que je jette un coup d'œil... j'ai des betteraves, j'ai des blettes, j'ai des carottes... en général c'est des produits de saison... donc ça va être des trucs qui poussent en ce moment... c'est le début... c'est le renouveau... bientôt il y aura des tomates, des fines herbes, plein de trucs bons.

– La certitude d'avoir des bons produits, des produits sains.

– Sains, j'espère... il y a beaucoup moins d'emballages... ce qui est sûr, c'est que comme ça fait pas 1 500 bornes... ou ça, c'est pas pêché en mer d'Irlande, dépecé en Chine, et revenu ici congelé... en général c'est... c'est meilleur... il y a plus de goût.

– Tous les consommateurs viennent ici chercher des produits commandés à l'avance à des tarifs qui ne sont pas les mêmes pour tout le monde... plus le niveau de revenus du client est élevé... plus les prix augmentent... côté producteurs, ils sont une dizaine sur place, tous installés dans le département du Puy-de-Dôme : maraîchers, bouchers, fromagers, boulangers et même un pisciculteur bio... Jacky Mavire vend des truites et il ne voit que des avantages au système de l'Amap.

– Tout est commandé à l'avance... tout ce qu'on livre... on est sûr que ça part et il y a pas de perte, il y a pas de rebut... c'est la différence par rapport au... au marché quoi... où on ne sait pas où on va... tandis que là on sait ce qu'on livre, c'est pris.

– Le contact avec le client, c'est un plus également.

– Ah oui là c'est très important parce que... on échange sur la manière d'élever les truites... et bon, c'est quelque chose qu'est pas commun... donc on arrive des fois à des discussions très importantes.

– Vous parlez beaucoup plus de votre métier du coup.

– Ah oui beaucoup plus oui... surtout actuellement le gros souci, c'est la nourriture... qu'est-ce qu'on leur donne à... à manger... et surtout ça, ils veulent être sûrs d'avoir quelque chose de sain.

– Et pour renforcer encore un peu plus le lien avec les adhérents les producteurs organisent régulièrement des visites de leurs exploitations... l'occasion pour les consommateurs de voir et de comprendre l'origine et le processus de fabrication des produits qu'ils mangent.

Posté le 11 mai 2011 par *le français dans le monde*

Page 123 - Activité 7
– On connaissait les sites, les monuments classés à l'Unesco, le Mont-Saint-Michel, la cathédrale de Chartres... mais depuis 2003 le patrimoine mondial qu'il faut sauvegarder est aussi immatériel... c'est ainsi qu'à l'automne dernier la cuisine française est devenue la première du genre à intégrer la liste de ces traditions populaires désormais protégées... Lucia Iglesias est porte-parole de l'Unesco à Paris.
– Le comité intergouvernemental qui a décidé cette inscription... ce qu'il a reconnu, c'est que le repas gastronomique entre autres, c'est un repas festif... dans les conduites pratiques... l'art du bien manger, du bien boire... il met l'accent sur le fait de... du bien être ensemble, du plaisir du goût... on a reconnu que ce repas joue un rôle social actif et il est transmis de génération en génération... il fait partie intégrante de l'identité française.
– Mais attention... être classé par l'Unesco, ce n'est pas un label commercial... il n'y a pas de hiérarchie... cela ne veut pas dire que l'art culinaire français serait meilleur qu'un autre.
– La liste du patrimoine immatériel n'est pas du tout une liste exclusive des meilleurs... ce n'est pas du tout une compétition... il y a eu aussi le... la cuisine mexicaine, en reconnaissant ses valeurs ancestrales... ce n'est pas seulement des... des cuisines... il y a aussi l'acupuncture chinoise comme une façon de... de... une technique de guérison.
– L'acupuncture donc mais aussi la fauconnerie, le compagnonnage, la dentelle d'Alençon, certains chants liturgiques corses... au total la liste compte déjà près de deux cents pratiques protégées. Ameline gère un bistro français dans le centre de Paris... elle se réjouit qu'on ne fasse plus de distinction entre patrimoine matériel et immatériel.
– Moi, quand j'ai sur les papilles un pot-au-feu ou quelque chose de traditionnellement français, je trouve ça tout à fait matériel... c'est très agréable... on trouve ça aussi parfois tout aussi matériel quand on prend quelques kilos de trop... puis effectivement je crois que la culture est à la fois matérielle et... et immatérielle.
– Et tout l'intérêt du travail de l'Unesco, c'est qu'il ouvre de nouveaux horizons pour les chercheurs, explique Lucia Iglesias.
– Faire des inventaires, faire des enregistrements, faire de la recherche, faire de... de l'enseignement... histoire, sociologie, cuisine, ethnologie... tout ce que vous voulez... l'a... l'agriculture aussi... je pense que c'est... il y a tout un tas de chemins qui s'ouvrent... parce qu'en fait la... l'inscription sur la liste, ce n'est pas la fin en soi, c'est le début .
– L'enjeu est de taille... il s'agit de protéger la diversité face à la mondialisation, de sauvegarder les différences... dis-moi ce que tu manges, je te dirai qui tu es.
Posté le 26 avril 2011 par *le français dans le monde*

Page 127 - Activité 7
– Bonjour, si je vous dis le mot « mariage », à quoi est-ce que vous pensez ?
– C'est avant tout la... la création de la famille... le bonheur... le bonheur de voir un homme et une femme qui s'aiment s'unir dans le cadre de... d'une institution... et afin de créer une famille, d'avoir des enfants... c'est pas le bonheur est dans le pré, mais c'est un peu ça.
– Mariage, ça vient du latin « matrimonium »... comme matrimonium ça... ça renvoie à maternité, filiation... c'était certainement un cadre institué pour... pour organiser la... la descendance des couples.
– De façon pluriséculaire on a bien une... une continuité que l'on retrouve d'ailleurs sur la plupart des continents.
– Mariage... c'est une institution.
– Si je vous dis le mot mariage :
– Fidèle à la personne... dans tous ses sens... dans tout son sens... enfin tous ses sens voilà... fidélité, morale, etc... surtout quand on a des enfants après... c'est important.
– Ça n'est pas que l'amour...ça n'est pas qu'un contrat.
– Vous partez quand même dans un système où la femme était mineure et où il n'y avait pas de droit au divorce ou... ou alors pour faute grave... et donc aujourd'hui ce que le mariage est devenu, c'est un contrat à égalité entre deux partenaires... il y a pas de différence à faire selon l'orientation sexuelle de ses partenaires.
– Union... union de deux êtres qui s'aiment... tout simplement... c'est beau si c'est sincère, l'union de deux personnes... pour moi c'est vraiment magnifique.
– Oh Balzac vous dira que vous pouvez

vous marier... alors ça va de a à... à z... vous pouvez vous marier par ambition... vous pouvez vous marier par bêtise, par calcul... vous pouvez vous marier par dépit... vous pouvez vous marier par enthousiasme... vous pouvez vous marier par folie... gaieté... par honte... vous pouvez vous marier pour des raisons de joie... il y en a de bien plus pittoresques évoquées par Balzac.

– Ça engage trop... c'est faire un choix... et puis pareil, je suis avec quelqu'un depuis longtemps... mais je ne me suis jamais mariée parce que je ne sais pas si... si je peux choisir pour la vie.

– Moi j'ai beaucoup de jeunes amies qui se marient à l'église parce que c'est une question de tradition et d'habitude... et vis-à-vis de leurs parents ou voire même des grands-parents... ça se fait pas de ne pas se marier à l'église.

– Mariage... ben tout de suite du blanc hein... c'est bizarre parce que en fait au temps des Romains, les mariés étaient habillés en rouge... ça a pas toujours été blanc.

– Dans le langage public on dit... on dit bien le mariage de la carpe et du lapin mais... et ce qui montre bien que le mot mariage peut être ensuite étendu à... à tout ce qui s'unit et qui se ressemble... sauf que le paradoxe, c'est que le mariage entre un homme et une femme, c'est justement que ça s'unit parce que ça ne se ressemble pas.

Posté le 22 juillet 2013 par *le français dans le monde*

Page 135 - Activité 8

– Fin juin... juste avant les grandes vacances... ils se placent en tête des ventes dans les librairies... quatre-vingts ans après leur invention les cahiers de vacances s'écoulent désormais à plus de quatre millions d'exemplaires chaque été en France... des cahiers qui viennent avant tout rassurer les parents angoissés et qui permettent aussi de vérifier que les notions fondamentales de l'année écoulée ont été bien assimilées... mais attention... un cahier de vacances ne permettra jamais de sauver l'année si trop de lacunes ont été accumulées, prévient Frédérique Rollet du SNES, le principal syndicat d'enseignants.

– Les cahiers de vacances... ou quelles que soient d'ailleurs la... les formes de révision... ne vont pas compenser le retard d'un élève qui aura pas réussi avec un enseignant... qui va pas y réussir seul... de même il faut pas chercher à anticiper le programme de l'année suivante... c'est vraiment renforcer les acquis.

– Pour tous les enfants... et a fortiori dans les familles les moins favorisées... le cahier de vacances offre un excellent support de révision et de travail que les parents ne peuvent pas toujours fournir seuls... à deux conditions, explique la psychologue et psychanalyste Monique de Kermadec, que le cahier ne soit pas imposé à l'enfant... mais proposé... et à condition aussi de bien choisir le moment de la journée pour le travailler.

– Parce que parfois l'enfant ne... ne veut pas travailler à une certaine heure... psychologiquement il est important de lui donner un choix... veux-tu le faire le matin avant de commencer la journée ou à l'heure de la sieste... la pire heure de la journée bien évidemment, c'est avant le dîner du soir... parce que c'est une heure où on ne rentre pas toujours régulièrement à la maison... donc se mettre d'accord sur un temps et bien veiller à ce que ce temps soit limité... dans la mesure où l'enfant a participé au choix il n'aura pas l'impression que c'est simplement quelque chose d'imposé.

– Alors seulement le cahier de vacances pourra apporter un bénéfice à l'enfant, même s'il ne faut pas attendre de miracles, poursuit la représentante syndicale des enseignants, Frédérique Rollet.

– Un enfant qui est en échec lourd ne va pas tout d'un coup miraculeusement devenir excellent parce qu'il a fait des cahiers de vacances... mais celui qui a eu une difficulté ponctuelle, passagère... qu'on va remettre en selle avec confiance en lui disant : tiens tu vois... tu vois... c'est pas si difficile que ça... par ce biais-là on y arrive... ça peut avoir un effet positif.

– Et qu'importe si toutes les pages ne sont pas noircies... il existe bien d'autres moyens d'apprendre et d'enrichir ses connaissances, rappelle la psy Monique de Kermadec.

– Le meilleur cahier de devoirs de vacances, c'est jouer avec le parent... pendant tout le primaire, en tant que parent j'ai joué à certains jeux qui ont permis de reprendre toutes les notions, qu'elles soient mathématiques ou d'apprentissage de la langue française... si l'enfant est petit vous pouvez avoir une activité où il est le directeur d'un poney-club... ou plus grand, il tient un hôtel... et pour tout ça ils doivent pouvoir compter, utiliser toutes les opérations, savoir rédiger un courrier... on peut intégrer absolument tous les apprentissages dans le jeu... et en effet on n'apprend pas simplement quand on est assis en classe ou quand on ouvre un cahier de devoirs de vacances... la vie est une occasion permanente de découverte et d'apprentissage.

– Le marché des cahiers de vacances est estimé aujourd'hui à 25 millions d'euros annuels... il faut dire que les éditeurs ont su créer le besoin en vendant de la peur... la peur de la non-réussite l'année suivante, à tel point qu'il existe désormais des cahiers qui préparent à l'entrée en maternelle.

Posté le 6 novembre 2013 par *le français dans le monde*

Page 143 - Activité 7

– L'iPhone ou le BlackBerry fait souvent partie du kit de bienvenue dans l'entreprise lors de l'embauche d'un cadre... il est ludique, sympathique et gratifiant même... mon rôle est important puisque je dois être joignable à tout moment où que je sois... Virginie, une jeune cadre de 29 ans en est convaincue.

– Où qu'on soit, c'est justement l'intérêt d'avoir un smartphone, c'est qu'on peut être n'importe où et continuer à travailler... dès qu'il y a besoin de nous, on est là.

– Mais il peut devenir très vite un fil à la patte... Grégoire, un jeune cadre bancaire de 32 ans, en fait chaque jour, week-end compris, l'amère expérience... de manière pernicieuse son smartphone grignote petit à petit sa vie privée.

– Ce sont surtout les mails qui arrivent le week-end de partout... et la réaction c'est que je regarde ou que je regarde pas finalement je finis toujours par regarder... et en fonction de la gravité de la chose ben ça prend le dessus sur le moment qu'on est train de passer quoi... On n'est plus dans le fil à la patte... on est dans le fil autour du cou.

– Bernard Salengro, porte parole de la CFE-CGC, un syndicat de cadres.

– Le problème, c'est que les gens... ils ont du mal à respirer... le téléphone, les mails, les SMS et j'en passe et des meilleures... sans parler de Twitter et de Facebook... puisqu'il y a des entreprises qui fonctionnent avec ça... c'est devenu intrusif par rapport à la vie privée... il y a plus de vie privée.

– Les enquêtes montrent qu'un cadre sur deux ne se sent pas le droit d'éteindre son smartphone le soir... un tiers reste connecté même pendant ses vacances... à la clé du stress et de la souffrance... à tel point qu'aux États-Unis la question est déjà arrivée devant les tribunaux... les cadres de la mairie de Chicago ont fait analyser la mémoire de leur BlackBerry et ils réclament le paiement des heures passées en dehors de leur temps de travail à consulter leurs courriels... en France les syndicats commencent à se saisir de la question.

– On s'appuie là-dessus pour étudier avec les juristes... pour négocier avec nos employeurs des chartes ou de la prise en compte de cette astreinte supplémentaire à la fois dans la charge de travail et aussi dans la reconnaissance de cette charge de travail... et la pression continue que ça génère le soir, le week-end et pendant les vacances.

– Certaines entreprises commencent à trouver des solutions, à aménager des temps de déconnexion... chez l'informaticien Intel on a inventé les vendredis sans courriels et chez Atos Origin les journées sans courriels entre collaborateurs... un début de prise de conscience et de prise en compte de cette nouvelle souffrance au travail.

Posté le 1 juin 2011 par *le français dans le monde*

Page 145 - Activité 7

– Sur la planète chanson Stromae est un extra-terrestre... sur scène, ce grand ado fait preuve d'un charisme fascinant... sa diction, sa théâtralité, sa gestuelle rappellent inévitablement Brel... et pourtant le jeune Belge a fait ses classes dans le rap... Stromae a déjà aussi réussi l'impossible, faire danser toute l'Europe sur des rythmes électro avec des textes dépressifs, sur le désamour et sur la crise... mais Paul Van Haver, c'est son vrai nom, semble gérer son succès avec une certaine distance... et quand on le compare à Brel, ça ne génère pas chez lui une montée de mégalomanie.

– Je crois qu'il faut le voir comme un compliment... il ne faut pas non plus s'emballer et puis commencer à se dire que ça y est, je suis le Brel... c'est pas ça...

c'est juste que forcément dans la gestuelle et dans l'interprétation il y a une grosse influence de sa part... ça je le reconnais... après de là à dire que j'ai les textes ou la mélodie, la musique et cetera... ça n'a rien à voir... moi je l'écoutais mais c'é... c'était la seule musique, avec Ibrahim Ferrer aussi, les Buena Vista Social Club... c'étaient les seuls que je me permettais d'écouter à côté du rap... parce que le reste il fallait absolument en rester dans le rap parce que c'était la vraie musique, et cetera... parce que dans ma période bien sûr adolescente et un petit peu radicale et donc abrutie... mais forcément faut en passer par là... et c'est comme ça qu'après on grandit et on se rend compte qu'on fait de la musique avant tout.

– Pourquoi il y a un tel décalage entre les paroles extrêmement violentes, extrêmement dures que vous chantez et cette musique qui donne envie de danser.

– Moi je pense que c'est en soignant le mal par le mal... donc en parlant des problèmes... même si on est en boîte de nuit et qu'on est soi-disant là pour oublier... ben en attendant je crois qu'il faut plutôt en rire et avoir de la dérision à ce... à ce sujet-là... je crois que c'est comme ça qu'on se soigne... c'est comme ça que moi j'ai envie de danser quoi... c'est en rigolant de ma propre vie et en l'amenant sur les dance floors.

– Et c'est avec une chanson d'amour, *Te Quiero*, version électro de *Ne me quitte pas* que Stromae est le plus bouleversant.

Posté le 3 octobre 2011 par *le français dans le monde*

Page 151 - Activité 12

– Bonjour... si je vous parle de *L'Étranger* d'Albert Camus, qu'est-ce que ça vous évoque.

– J'ai... j'ai un souvenir... oui... très précis de cette lecture... oui... c'est être étranger à soi-même au fond... c'est... c'est une forme de distanciation à... à... par rapport à ce qu'on peut faire de... d'incapacité à assumer ses actes aussi.

– *L'Étranger*... oui... je l'ai en tête... c'était une de mes lectures de lycée avec *La Peste*... le message que moi, j'en ai retenu... c'est que... c'est quand même un appel à la tolérance et à la fraternité... ce n'est pas incompatible avec l'engagement et Camus était très engagé... et c'était un grand connaisseur de foot.

– On oppose souvent culture et sport...

c'est assez facile d'ailleurs... il en parlait avec beaucoup de passion... il disait que d'ailleurs qu'il avait beaucoup appris du football, pas simplement en termes de gestes techniques mais aussi en termes d'apprentissage d'une forme de règle de vie

– C'est pas simplement *L'Étranger*... il y a plusieurs livres de... de Camus qui parlent admirablement bien du pays qui était le sien... enfin où il était né... où il avait en... en partie grandi... c'est un amoureux de... de l'Algérie et très peu d'écrivains en ont parlé aussi bien... voilà... moi c'est... c'est une écriture à la fois lumineuse mais très, très sensible... parfois même charnelle en fait.

– Ça invite à... à une double réflexion... on vit dans un univers qui est le nôtre et qui peut ne pas être compris par les autres... et qu'il y a finalement entre nous souvent beaucoup d'incompréhension... et d'ailleurs le personnage de Camus dans *L'Étranger* souffre peut-être d'ailleurs de troubles autistiques... et donc cette difficulté qu'il y a à communiquer avec les autres... c'est un vrai défi pour notre société d'aujourd'hui.

– Ça dit que... que la société peut être froide et que les gens peuvent être un peu... un peu déboussolés et qu'il faut continuer à... à donner du sens à l'homme.

– Pour moi, Camus c'est deux sujets : c'est l'absurdité et c'est la liberté... c'est les deux grands thèmes de Camus pour moi et il y a un décalage formidable entre ses aspirations et la complexité du monde... et puis la liberté parce que le héros de *L'Étranger*, Meursault, il meurt parce qu'il est libre.

– Camus... on a peut-être plus en tête *Le Mythe de Sisyphe*, *L'Homme révolté*, tous les écrits de ceux qui comme Camus, Malraux, Sartre aussi, ont écrit après... après 1945... c'est vrai qu'ils étaient au milieu d'un siècle de... de... de barbarie... c'est des hommes qui ont été mêlés à tout ça et ils en ont sans doute tiré sur la condition humaine effectivement une forme de... de... de pessimisme avec lequel nous vivons encore.

– Et en fait la grande leçon de... de... de ce livre magnifique, c'est qu'il y a finalement entre nous souvent beaucoup d'incompréhension et... et à effacer ces incompréhensions... eh bien on vivrait dans un monde meilleur.

Posté le 2 septembre 2013 par *le français dans le monde*

Page 155 - Activité 6

– Avant de partir en vacances avez-vous bien préparé votre valise de geek... voici cinq choses à ne pas oublier pour passer un été branché... premièrement le GPS... c'est une évidence... si vous partez surtout en voiture... si vous partez dans un endroit que vous ne connaissez pas... et puis on y pense moins... mais même à pied le GPS peut être utile... et là votre smartphone peut faire office de GPS piéton... alors attention tout de même... pour les chemins de traverse pensez à télécharger une application spéciale ou même à investir dans un... un GPS spécialement dédié à la randonnée... deuxième gadget de geek qui prend de la place dans la valise en général... ben tout dépend du modèle qu'on utilise... l'appareil photo... l'appareil photo si possible étanche pour prendre des photos et des vidéos sous l'eau... ou bien tout simplement le smartphone qui fait de plus en plus office d'appareil photo pendant les vacances... mais attention dans ce cas-là prévoyez une coque étanche qui va protéger votre précieux joujou... aussi bien du sable, de l'air, des saletés, des chocs que même des éclaboussures... certaines coques permettent même d'utiliser l'appareil carrément sous l'eau... troisièmement, pour écouter de la musique et regarder des films... alors là, c'est le baladeur ou la tablette ou encore l'ordinateur... accessoire original, le disque dur Wi-Fi pour avoir en quelque sorte son petit réseau personnel même pendant les vacances... un disque dur auquel chacun peut se connecter avec son écran personnel pour regarder des vidéos, écouter de la musique, regarder des photos, ça fonctionne sans fil donc... en Wi-Fi... et même en voiture puisqu'il y a une batterie... ça coûte environ 150 euros un disque dur Wi-Fi... quatrième gadget pour un été high-tech réussi... là on rentre dans des choses un petit peu plus sophistiquées... le routeur de voyage qui permet par exemple à toute une famille de se connecter à Internet lorsqu'il n'y a pas de Wi-Fi sur le lieu de vacances... il faut donc un abonnement 3G ou 4G... attention le débit est partagé entre tous les utilisateurs... donc en général c'est moins confortable qu'à la maison pour surfer sur le Net... enfin, cinquième chose à ne pas oublier pour des vraies vacances de geek... et ça, c'est un vrai bonheur, les chargeurs qui encombrent nos valises... vous pouvez également essayer un chargeur solaire... mais c'est un peu plus long en général pour recharger un appareil... pensez aussi aux petites batteries de secours qui peuvent dépanner lorsque l'on se trouve loin d'une prise de courant.

Posté le 3 juillet 2014 par *le français dans le monde*

Page 157 - Activité 6

– Vous, ça vous touche encore ce genre de journée... où on parle des violences faites aux femmes, de l'égalité hommes femmes... ou ça vous paraît un peu gadget.
– Pour moi c'est très fort... hein... parce qu'il y a nos mères, nos grands-mères, nos arrière-grands-mères qui se sont battues et qui étaient quand même opprimées pendant des... des années et même des siècles... et je trouve que maintenant la femme a quand même sa place dans la société... il y a encore beaucoup à faire, mais c'est pas mal.
– On ne peut pas dire que cette journée ait une importance exceptionnelle puisque réellement au quotidien on pense aux femmes... on pense à être correct, à être respectueux envers tout le monde... mais pas seulement envers les femmes.
– Dès notre enfance on nous... on nous prépare en tant que femme à... à suivre une route et un chemin qui est typiquement féminin... que... on m'a offert une dînette quand j'étais petite... on m'a pas offert un... un Action Man, par exemple... ben des trucs comme ça qui font que en effet on nous considère pas tous comme humains et égaux.
– Oui je vois pas l'utilité quoi en fait... elles se démerdent très bien les femmes aujourd'hui, vous ne trouvez pas non.
– Pour moi c'est la journée de l'amour parce que la femme symbolise autre chose qu'une personne qui attend son mari à la maison... ça va plus loin que ça quoi... donc ouais c'est indispensable pour moi... c'est reconnaître le plus que... que peut apporter une femme au quotidien.
– Ça me paraît pas du tout gadget... je pense que c'est hyper-important... on n'est pas encore à l'aise avec tout ça et je pense que c'est important de dire qu'une fille en jupe ou en talons n'est pas une pute et que c'est pas pour forcément draguer les hommes et que c'est juste pour elle.
– On parle de... d'égalité mais en réalité

elle est toujours en état d'infériorité... et ce jour-là elle retrouve une... une place de choix qui la hisse au-dessus des hommes et je crois qu'il faut pas être jaloux... il faut applaudir.

– Il faut savoir qu'une fille, quand elle rentre le soir toute seule, elle se fait quasiment aborder au moins trois, quatre, cinq fois par des mecs... ça peut vraiment être lourd.

– Si on est obligé de passer par là pour sensibiliser les gens... faut que ça continue... gardons-le, faisons-le gardons-la cette... cette journée de la femme.

Posté le 15 mars 2011 par *le français dans le monde*

Page 165 - Activité 7

– À la farine blanche, complète, au seigle, aux céréales, en miche, en pain long, en petit pain individuel ou tout simplement la traditionnelle baguette, celle que l'on appelle la « parisienne »... chacun a ses préférences en matière de pain... la recette est pourtant simple et immuable : de la farine, de l'eau, un peu de sel et du levain... ce qui va faire la différence, c'est la noblesse de la matière première, le temps et le savoir-faire... les gestes ancestraux deviennent une véritable expertise que Rodolphe Landemaine est allé peaufiner lors de son tour de France chez les Compagnons du Devoir... il est passé par Reims, Lyon et Paris... il a pétri et cuit du pain dans les plus grandes maisons : Pierre Hermé, Paul Bocuse... ou encore l'hôtel Bristol face au palais de l'Élysée... à présent ce grand boulanger est à la tête d'une école à Tokyo et de six boutiques à Paris où il propose notamment la baguette de tradition dont il a fait un mets de grande gastronomie.

– C'est important déjà que la baguette de tradition soit cuite... ni trop ni pas assez... mais qu'il y ait une caramélisation des sucres... on voit qu'elle est grignée, c'est-à-dire que quand on a mis le coup de lame elle a explosé au four et il y a cette petite arête sur le côté qui est tranchante... qui est le signe que la baguette a vécu au four... elle a développé... quand on va la couper on va vouloir trouver cet alvéolage très sauvage, cette mie très crème... on veut pas que ce soit quelque chose de régulier, on veut que ce soit très anarchique... donc là on l'a coupée en deux, on l'a coupée dans le sens de la longueur et quand on l'ouvre on voit cet alvéolage super crème et... et très anarchique... et là pour finir, ce qui est important... c'est de voir cette espèce de croûte très fine sur les côtés... et tout de suite on... on engage sur la mie de crème alvéolée.

– Le pain est un produit vivant, il doit se reposer, respirer, se faire chouchouter... il faut entre 24 et 36 heures... du temps pour une fermentation lente et naturelle... du temps pour un pétrissage presque amoureux et cela va faire toute la différence avec une vulgaire baguette à la mie trop blanche et trop dense faite à la va-vite en quelques heures... les Français consomment en moyenne 58 kilos de pain par an... c'est cinq fois moins qu'il y a cent ans... le pain est pourtant au cœur de notre alimentation, riche en vitamines et en minéraux... pour peu qu'il ne sorte pas d'une boulangerie industrielle.

Posté le 1er juillet 2013 par *le français dans le monde*

Page 169 - Activité 6

– Bonjour... si je vous dis « gagner »... le verbe « gagner », qu'est-ce que ça vous évoque.

– Gagner c'est... c'est relever un défi... c'est ... c'est arriver à un objectif... ça peut être sportif... ça peut être dans la vie, par exemple réussir à faire le métier qu'on aime... moi, c'est mon cas... donc j'ai gagné sur ce plan... ça peut être aussi ben arriver au niveau cœur hein... trouver la femme de sa vie c'est... ça peut être gagner aussi.

– Oh ben gagner ça va avec le mot perdre... c'est triste à dire... mais on retrouve ça dans la nature... c'est la loi de la jungle et quand on est faible ou quand on perd, on se fait manger.

– Je trouve pas ça forcément formidable de gagner parce que ça sous-entend perdre... gagner c'est pas forcément gagner... ça l'est si c'est pour tout le monde... si c'est pas pour tout le monde, ça n'a aucun intérêt.

– Bon c'est... c'est pas... c'est pas une revanche hein... c'est ça de gagner... moi, c'est un plaisir... donc vous avez les... les Jeux olympiques... c'est gagner aussi bien l'équipe en elle-même que pour une nation.

– 1998, la victoire des... des bleus... de la France en coupe du monde de football... là c'était vraiment la très grande satisfaction... c'était dans un domaine sportif très populaire chez nous.

– La devise des JO : l'important, c'est de participer... gagner, c'est... c'est

l'aboutissement d'une démarche... c'est plus... plus le processus qui est intéressant que le résultat... l'aventure de... qui mène à la victoire.
– Le plaisir, la victoire, c'est une sensation de pouvoir... de montrer aux autres que voilà on sait ce qu'on fait et on est assez content.
– C'est pas toujours de l'argent... ça a pas toujours rapport à l'argent... ça peut être gagner quelque chose de bien ou je sais pas.
– Gagner la confiance de quelqu'un.
– Exactement ouais... gagner un ami... gagner je sais pas... un petit copain... plein de choses quoi.
– Ce qui est le plus malheureux, c'est que je trouve qu'il y a tellement des... des gens qui... qui sont dans la misère et qui jouent en pensant qu'ils vont gagner... mais en réalité il y en a très peu.
– Personnellement... ah non, j'ai jamais gagné moi... ou deux euros ou un truc comme ça.
– Tout de suite ce qui vient à l'esprit c'est ça... c'est le jeu... alors il y a toujours évidemment des mauvais perdants et des bons gagnants... pour remédier à ça... moi je... j'ai des petits-enfants... mais je leur achète des jeux coopératifs... on se détache un petit peu de... de cet esprit un peu de compétition... il s'agit de gagner ensemble et pas tout seul contre les autres, par exemple on fait équipe contre le loup et on gagne tous.
Posté le 5 septembre 2012 par *le français dans le monde*

Page 171 - Activité 7
– C'est un endroit assez étonnant d'ailleurs... pour se donner une idée il faut vraiment imaginer un hall de gare un jour de grands départs avec des guichets et une salle d'attente... 80 % des objets déposés sont des montres ou des bijoux... mais on vient aussi apporter des instruments de musique, des tableaux, des manteaux de fourrure ou encore des collections de timbres... alors lorsqu'un objet est déposé, un expert évalue sa valeur, juge de sa valeur... prenons un exemple : si un bien est estimé à 1 000 euros par exemple, son propriétaire repartira avec la moitié de la somme, 500 euros, en liquide... et cette semaine parmi les 600 clients quotidiens, il y avait Assyé, une étudiante en mal d'argent.
– Je suis venue déposer des bijoux parce que là j'avais besoin de sous pour payer mon loyer... donc là ils vont les... les gager pour un an je pense... il y a... il y a un an et puis au bout d'un an il faut payer les intérêts
– On vous a proposé quelle somme.
– 1 300 euros... pour pas mal de bijoux... mais ça fait un dépannage dans des moments difficiles... comme ça au moins on les vend pas et puis quand ça ira mieux... j'espère bientôt... je pourrai les récupérer.
– Et ce site, c'est un peu la caverne d'Ali Baba... il y a des étagères sur plus de 24 000 m^2 sur lesquelles sont entreposés plus de 900 000 objets... et les rayons continuent encore et encore à se remplir... plus 30 % de clients en un an, vous l'avez dit et c'est ce qu'explique Serge Nardelli, le directeur des services opérationnels.
– C'est directement en lien avec le tarissement des crédits à la consommation... on sait que les banques sont un petit peu dans le collimateur des instances gouvernementales... donc pour obtenir un prêt bancaire, c'est pas toujours facile... il faut fournir un tas de justificatifs, les investigations sont relativement lourdes... au prêt sur gage on vous demande une pièce d'identité et un justificatif de domicile et vous obtenez un prêt.
– Plus de 9 objets sur 10 sont récupérés par leurs propriétaires en moyenne au bout d'un an... les autres biens sont vendus aux enchères.
Posté le 24 juin 2010 par *le français dans le monde*

Page 175 - Activité 7
– Objectif de ces forçats de la course à pied, partir de Chamonix et revenir à Chamonix sans jamais se retourner, après avoir contourné le mont Blanc par l'Italie et la Suisse... l'Ultra-Trail du mont Blanc : 168 kilomètres de course à pied, soit quatre marathons et 9 600 mètres de dénivelé positif, l'équivalent de deux fois l'Everest depuis le camp de base... parmi les concurrents, Patrick Gunsett, 50 ans... il a couru tous les UTMB depuis la création de l'épreuve il y a 9 ans mais son corps en garde les stigmates.
– Le corps, il est foutu... ça tire de partout... ça casse de partout... j'avance malgré tout... je dis : j'ai pas mal... bon j'ai pas mal... j'écoute pas la douleur et puis hop... la douleur est inévitable... mais la souffrance est une option et c'est ce que je

me dis à chaque fois quand je commence à avoir mal… tout ça ne consiste qu'à mettre un pied devant l'autre, plus ou moins rapidement, parfois en pente montante ou descendante, à plat mais c'est toujours avancer donc… avançons.

– Le départ est donné à la tombée de la nuit… sur le parcours près de 2 000 bénévoles assurent le ravitaillement des coureurs… le dispositif de secours est lui aussi à la hauteur de cette épreuve exceptionnelle parmi les plus difficiles au monde : une centaine de secouristes, trente médecins, trois hélicoptères et 80 m^3 de matériel médical… au PC course le docteur Bruno Basset coordonne les secours.

– Une blessure simple, une entorse simple de la cheville ou du genou peut devenir très vite problématique et devenir une pathologie vitale en montagne quand la personne est immobilisée parce que ben… elle va se refroidir et donc on peut être confronté cette année à… à… à des hypothermies… les principales pathologies qu'on rencontre, c'est de la traumatologie du sport : des entorses, des tendinites, des problèmes ostéo-articulaires, musculaires… mais on peut avoir des grosses détresses vitales, des défaillances cardiaques.

– Parmi les 2 300 concurrents un petit dixième de femmes et dix d'entre elles jouent les cobayes… elles participent à une étude médicale sur la résistance à la fatigue et à l'effort… des recherches coordonnées par le docteur Guillaume Millet.

– Nous espérons montrer que les femmes ne sont pas moins résistantes que les hommes à la fatigue et même il n'est pas complètement impossible qu'elles soient un petit peu plus résistantes à la fatigue que les hommes… il y a un certain nombre de données scientifiques qui sont liées par exemple à des apports énergétiques particulièrement adaptés sur les efforts longs et également à une meilleure résistance musculaire aux contractions que l'on peut avoir lorsque que l'on court en descente par exemple.

– Cela va mettre à mal quelques attitudes un peu sexistes.

– Voilà… mais je l'espère bien.

– Le mauvais temps, tempête de neige et vent glacial, obligera les organisateurs à modifier profondément le parcours et c'est finalement au petit matin, après une nuit entière de course à pied en haute montagne à la lampe frontale, que le vainqueur franchit la ligne d'arrivée… quant à Patrick Gunsett, il arrive, lui, à Chamonix dans l'après-midi… il vient de boucler son dixième Ultra-Trail du mont Blanc.

– La dernière bosse qu'on nous a collée là-haut avant l'Argentière… vous savez… j'ai failli mourir… donc c'est là où la tête est importante… mais j'en ai bavé comme un cochon… pour parler vulgairement… excusez-moi d'avance.

– Après ce dixième UTMB Patrick Gunsett sera-t-il au départ du onzième l'an prochain ?

– J'ai promis que non… mais bon… il y a des promesses parfois que je ne tiens pas toujours… moi, je prends ce qui est à prendre… et puis à force d'économiser ben on n'a jamais le temps d'en profiter… donc je bouffe… je croque… je… j'avale… hop goulûment.

– Sur les 2 300 coureurs sur la ligne de départ près de 800 auront abandonné en cours de route, vaincus par le froid et l'épuisement.

Posté le 2 janvier 2013 par *le français dans le monde*

Page 177 - Activité 6

– Pour moi le voyage ça évoque un peu comme Rimbaud le dérèglement de tous les sens… tout est perturbé aussi au niveau des repères temporels, des repères géographiques… et voilà, je trouve ça excellent.

– Voyages voyages la la la la… l'évasion, le rêve, les îles, le sable fin, l'eau chaude, la mer, les Caraïbes, le cliché typique, voilà… pas la culture.

– On peut envisager des voyages immobiles dans le sens que… de la lecture… partir dans sa tête ou des choses comme ça.

– Dans le rêve on en fait tout le temps hein des voyages… on est là et puis en esprit on est ailleurs.

– Si je te dis le mot « voyage » tu penses à quoi.

– Au sud… à voyager dans le sud… cocotiers… là-bas il y a la piscine et là-bas il fait soleil.

– Je ne suis plus là… enfin c'est moi et ce n'est plus moi en même temps.

– Il faut pas que ça dure très longtemps… grappiller… des petites choses… c'est une question d'avoir un peu plus faim mais pas me gaver… surtout pas me gaver…

ni... ni des lieux mais surtout pas des autres.

– Regarder autour de soi... tous les jours... marcher dans la rue... en fait il suffit d'ouvrir les yeux, c'est tout.

– Le dépaysement est au bout de la rue... même au bout de la mienne... même dans mon appart... je voyage en train... voilà je voyage en train de banlieue moi... quand je passe au-dessus du... au-dessus de la Seine... il y a un pont comme ça qui passe au-dessus de l'A4... chaque fois même si je lis je ferme mon livre et je regarde... parce que l'endroit il est trop... trop bien quoi.

Posté le 16 juillet 2010 par *le français dans le monde*

Page 183 - Activité 8

– Le vendredi 13, ça vous inspire quoi ?

– Rien de particulier... moi je... j'y crois pas trop... euh... on dit que ça porte chance ou que ça porte malheur... mais je... moi j'ai jamais rien remarqué de spécial... pour moi, c'est un jour comme les autres.

– Ben... vendredi 13... moi je vais au PMU hein... là c'est mon jour hein... ah non je crois beaucoup à la chance du vendredi 13 hein... le... le 13 hein... je joue.

– Ben oui le vendredi 13 porte bonheur normalement.

– Pour moi le vendredi 13, c'est un jour comme les autres... je me lève le matin, je prends mon café, je vais travailler et... et tout va bien.

– Voilà... ça c'est la notion de journée pourrie puisque vous savez... moi, dans ma famille on est très... très superstitieux.

– C'est vrai que ce jour-là quand il y a une grosse cagnotte au loto ou... ou des jeux de hasard ben je suis le premier à aller évidemment tenter ma chance... pour l'instant la chance, je l'ai pas eue... mais je continue quand même.

– Disons que moi le vendredi 13 j'aime bien prendre des billets à gratter... on sait jamais... je me dis que si la chance tombe ce jour-là... pourquoi pas... donc je prends plein plein plein plein de billets : loterie, grattage, etc... même si je gagne pas à chaque fois, je me dis qu'un jour ça va bien tomber... donc je suis contente quand même.

– J'ai dans mon entourage beaucoup de copines qui ont vraiment peur de ce jour-là et je comprends vraiment pas parce qu'elles sont superstitieuses... moi ça me fait rien... mais bon... je sais pas... elles sont bizarres... du coup j'arrive pas à voir des gens... quand je veux sortir le vendredi 13... elles ont trop peur de se casser une jambe... je sais pas.

– Surtout côté sentimental, je pense que ça va marcher... je vais tenter ma chance et ça va marcher.

– Vendredi 13... une journée comme les autres.

– C'est à chaque fois une journée de malheur pour moi... je reste enfermé chez moi hein... ben à coup sûr c'est un pépin... c'est... c'est des objets perdus... c'est... je sens qu'il peut m'arriver mais tout et n'importe quoi ce jour-là hein.

– Le vendredi 13 pour moi... pas grand chose hein... alors là... oh peut-être si là, c'est mon départ en congé... mais ce sera juste pour cette fois-ci.

– Vendredi 13... ça me fait toujours hyper peur... je pense qu'il va toujours y avoir quelque chose de très bizarre qui va m'arriver... bon, en règle générale il m'est toujours rien arrivé... mais j'appréhende toujours ce jour... voilà... je suis peut-être un peu superstitieuse.

– Ça me fait sourire parce qu'effectivement tout le monde croit à la chance... c'est un jour ordinaire et il y a pas plus de chance ce jour-là qu'un autre... hélas... sinon tout le monde gagnerait ce jour-là.

Posté le 2 mai 2012 par *le français dans le monde*

N° éditeur : 10291739 - Dépôt légal : mai 2017
Imprimé en France en avril 2023 par Dupliprint,
733, rue Saint-Léonard, 53100 Mayenne
N° d'impression : 2981342P